Wolfgang Paetzold

Teflonherz und Liebesgier

I
Suchen und Finden

Leben ist einfach das, was dir zustößt, während du eifrig dabei bist, andere Pläne zu schmieden.

John Lennon

Hohe Ansprüche machen einsam: Die Singlefalle

Anna ist 33. Sie konnte sich noch nie auf eine längere Partnerschaft einlassen.[1] Anna sieht gut aus und hat einen interessanten Job. Trotzdem ist sie unglücklich:

»Es sollte eigentlich nicht so schwer sein, einen Freund zu finden. Ich verstehe nicht, warum ich noch Single bin. Na gut, ich habe einige Ansprüche an einen Partner, aber wer hat die nicht?«

»Wie sehen Ihre Ansprüche denn aus?«, frage ich.

»Tja. Es muss schon ein Mann aus meiner Stadt, also aus Hamburg sein. Gerne etwas älter.«

»Können Sie das genauer bestimmen?«

»Nun, am besten er ist zwischen dreißig und vierzig Jahre alt und mindestens einen Meter achtzig groß. Rauchen kommt gar nicht in Frage. Auch ausreichend gebildet sollte er sein, Abitur und Studium setze ich mindestens voraus.«

»Keine anderen festen Kriterien?«

»Doch, natürlich«, antwortet Anna und kommt weiter in Fahrt: »Er muss auf jeden Fall einen Beruf haben, in dem er mit Menschen arbeitet. Ein Pädagoge oder Arzt, zum Beispiel, oder einer aus der Werbebranche. Techniker und Typen aus dem IT-Bereich kommen gar nicht in Frage, denn erstens sind die so maulfaul, und zweitens haben sie keinen Geschmack. Ich will meinem Freund doch nicht morgens Hemd und Krawatte rauslegen müssen! Haarausfall und Bart gehen auch nicht. Schlank muss er sein und sportlich – und außerdem auf Klassik stehen, sonst hält er es nicht aus, wenn ich Geige übe. Ich glaube, jetzt habe ich alles. Ach nein: Er sollte tätowiert sein, so wie ich!«

»Gut«, antworte ich, »dann lassen Sie uns rechnen.«

»Rechnen?«, fragt Anna.

»Ja, rechnen. Ein kleiner Realitäts-Check. Wir prüfen, wie viele Männer dieser Art es wohl für Sie gibt.«

»In Ordnung.«

»Also: Hamburg hat mit Umland 2 Millionen Einwohner. Die Hälfte davon sind Männer. Das macht eine Million. Auf die Gruppe der 30- bis 40-Jährigen fallen maximal 150 000, dann haben wir bereits großzügig gerechnet. Einverstanden?«

»Einverstanden«, nickt Anna zögernd.

»Davon sind allerdings zwei Drittel bereits verpartnert, also bleiben noch 50 000 übrig. Abitur haben etwa 30 Prozent, das macht 15 000. Davon studieren etwa 70 Prozent, das sind 10 500. Tja, was schätzen Sie, wie viele dieser Männer haben einen sozialen oder kommunikativen Beruf, so wie Sie es wünschen?«

»Weniger als ein Drittel.«

»Dann kommen wir auf etwa 3000. Einverstanden?«

»Einverstanden.«

»Also weiter: Da mindestens 50 Prozent der Männer in Deutschland unsportlich sind oder Übergewicht haben, reduziert sich die Zahl auf 1500. Die Durchschnittsgröße aller Männer liegt bei etwa ein Meter achtzig, wir kommen so auf 750, Haarausfall und Bart lassen die Zahl auf 500 schrumpfen, davon sind maximal 20 Prozent Klassikfans, demnach haben wir 100.«

»Stimmt«, meint Anna resigniert.

»Und ohne Ihnen zu nahe zu treten: Ich glaube, höchstens 10 Prozent sind tätowiert. Also bleiben 10 Kandidaten übrig.«

Anna seufzt: »Die müssten erst einmal gefunden werden.«

»Stimmt, aber es gibt noch eine weitere Schwierigkeit.«

»Ja, welche?«

»Ihr Traummann führt vielleicht eine eigene Liste – und auf dieser Liste stehen ebenfalls nur wenige Frauen.«

»Ich glaube, Sie wollen mir den Tag verderben. Wenn ich Pech habe, bleibt gar keiner für mich übrig!«

»Tja, so streng wollte ich es nicht formulieren.«

Anna sieht auf den Boden: »Ich könnte zum Beispiel auf die Tattoos verzichten ... «

»Zum Beispiel. Ich glaube, wir kennen jetzt das Problem, oder?«

Wir wachsen in einer Welt auf, in der sich Menschen aus der Mittel- und Oberschicht prinzipiell jeden halbwegs normalen Wunsch erfüllen können. Es beginnt bereits im Supermarkt: Früchte aus Südafrika, Wein aus Chile, japanisches Sushi, egal nach was uns gelüstet, wir können es jederzeit nach Hause tragen. In jedem besseren Kaufhaus finden wir Dutzende unterschiedlicher Jeans, Pullover, Hemden und Blusen, Jacken und Mäntel, Krawatten und Tücher in allen Regenbogenfarben, und wenn wir sparen, sind auch ausgefallenere Dinge wie eine Reise nach Australien, ein gebrauchter Mercedes oder ein Krokodil als Haustier möglich. Wir sind es gewohnt, auszuwählen und halten es für selbstverständlich, dass ein Verlangen, nur weil wir es haben, auch erfüllbar sein muss. Mit zunehmendem beruflichen Erfolg wachsen die Ansprüche, wir gewöhnen uns an das erweiterte Maß und vergessen, welche Glücksgüter wir bereits besitzen und wie viele Wünsche sich längst erfüllt haben.

Ein Klient erzählt:

»Ich war im Coffee-Shop. Man traut sich kaum, einen einfachen Kaffee zu bestellen. Da gibt es ja endlose Variationen. Man wird dreimal gefragt, ob man nicht Petersilie drauf möchte oder ihn gleich in den Schuh gegossen haben will, weil einem kalt ist.«

Wir leben in einer kindlichen Wunsch-Welt, richten unsere Wohnung ein wie eine Traumoase und haben die Illusion, alles sei machbar und erreichbar. Aus diesem weich gepolsterten Wünschdir-Was-Utopia fallen wir dann ganz ungefedert auf den harten Beton des »Partnermarktes«, reiben uns verwundert die zerschundenen Glieder und müssen erkennen: Hier richtet sich nicht alles nach meinen Wünschen.

Eigentlich eine Frechheit, oder? Im Glutofen der Fantasie hat man sich seinen Traumpartner schon längst gebacken und in wilden Träumen mit ihm die schönsten Stunden erlebt – doch in der Wirklichkeit erscheint er unauffindbar.

Eine Klientin:

»Wenn ich mit meinen Freundinnen über Männer rede, dann geht das immer gleich aus. Irgendwann hat man alle Eigenschaften durchgeleiert und sagt: Ich finde den zwar klasse, mir fehlt aber das und das und das und das ... «

Wer Single ist, mache sich ruhig einmal den Spaß und rechne seine Traummann- bzw. Traumfrau-Chancen aus. Man sollte natürlich ehrlich sein und wirklich *alle* Kriterien berücksichtigen, die man im Alltag anwendet. Aus meiner Praxis weiß ich: Sehr oft, wenn ein Großstadt-Single diese Statistik durchrechnet, ergibt sich am Ende eine Zahl zwischen fünf und fünfzig.

Die gute Nachricht ist, dass sich daran etwas ändern lässt. Wer die Partnersuche nicht wie ein Supermarktkunde startet, sondern seine »Ansprüche« kritisch prüft, der erhöht deutlich die Wahrscheinlichkeit, ein passendes Gegenstück zu finden. Wenn Anna auch dem nicht-tätowierten Popfan eine Chance gibt, erweitert sich ihr Spektrum schon auf mehrere hundert nette Männer, die in Frage kommen.

Ich höre, diese Rechnerei sei profan und albern? Soso, aber die strengen Partnerkriterien sind es nicht?

Jeder kann zwar exakt erklären, wie sein Traumpartner aussehen soll und welche Kriterien er zu erfüllen habe. Sobald allerdings die Gegenfrage kommt, was man denn selbst auf dem Partnermarkt »anbietet«, folgt meist erstauntes Schweigen. Wie man selbst auftritt, welche Eigenschaften man selbst zeigt, ist den meisten nur wenig bewusst. In Beratungsgesprächen sind die Partnerkriterien meist in Kürze aufgezählt, die eigenen Vorteile müssen jedoch mühsam erarbeitet werden. Man hat über diese Seite des Spiels einfach noch nie nachgedacht.

Wir selbst wollen keineswegs von unserem Gegenüber einer anspruchsvollen Prüfung unterworfen werden. Sobald der Fokus auf uns gerichtet ist, werden die Checklisten verdächtig und das Schachern um äußerliche Kriterien und vermeintliche Charaktereigenschaften erscheint nicht mehr angemessen. Wir fühlen uns nicht wirklich gesehen und beschrieben, denn aus der Innenperspektive sind wir weitaus mehr als die bloße Summe einzelner Fakten.

Wir wollen geliebt werden, so wie wir sind und nicht für das, was wir darstellen. Eine Liebe, die nur unter Vorbehalt gegeben wird, ist kalt. Die Liebe, die uns für unsere gute Wirkung auf andere geschenkt wird, ist eine vergiftete Liebe. Sie gleicht der Liebe von Eltern, die ihre Kinder nur für Leistung zu lieben bereit waren, für gute Zeugnisse, braves Benehmen und anspruchsvolle Hobbys, mit denen das Kind die stolzen Eltern beeindrucken sollte. Weil wir alle immer über irgendwelche Stöckchen hüpfen mussten und weil heute unsere leistungsstarken Freunde und unser Beruf das Gleiche von uns verlangen, fordern wir diese überhöhten Ansprüche einer falschen Liebe auch von potentiellen Partnern ein.

Doch das luftig-leichte Wesen namens Liebe lässt sich durch eine plumpe Rasterfahndung nur selten erhaschen. Unsere Supermarkthaltung kann zwar alles Mögliche an Land ziehen: Männer, die im Alltag gut funktionieren, und Frauen, mit denen man auf die richtigen Partys gehen kann. Doch wie soll ein Partner aus Fleisch und Blut zwischen all dem Anspruchsgerümpel noch Atem schöpfen? Vielleicht ist unser Kriteriendenken das eigentliche Problem.

Ein Partner ist kein Möbelstück, das sich in passender Farbe erwerben lässt, sondern ein Mensch mit einer ganz eigenen Welt aus Sehnsüchten, Träumen, Fantasien, Emotionen und Verletzungen. Nur für diese Welt lässt sich ein Mensch lieben, denn nur dieser Bereich ist bei jedem Menschen einzigartig und individuell.

Doch unsere Liebe ist anspruchsvoll geworden. Sie ist nicht mehr eingebunden in alte Zwänge und Normen und man sagt, sie sei frei. Aber ist sie das wirklich? Oder wurde sie nur Spielball der Launen und Begierden? Nie war mehr Sehnsucht. Sehnsucht nach erotischem Taumel, menschlicher Nähe und echter Begegnung. Und nie war mehr Anspruch und Kalkül, wie sich diese

Sehnsucht im Alltag ausformen solle in dem, was wir mit den Worten Liebe, Sex, Beziehung und Partnerschaft bezeichnen.

Liebe, Sex, Beziehung und Partnerschaft sind geläufige Begriffe und oft fürchten wir, ihr Wesen werde vom allzu trockenen Sprachgebrauch absorbiert: Wir *machen* Sex, *leisten* Beziehungsarbeit, *investieren* in unsere Partnerschaft und ahnen doch gleichzeitig, dass dieses angestrengte Bemühen uns daran hindert, erotischen Taumel, menschliche Nähe und echte Begegnung wirklich zu erfahren.

Wir glauben zwar, man könne sich aufmachen, um Liebe zu suchen, doch aus jeder besseren Liebesgeschichte lernen wir: Als Kind des Zufalls und des gelungenen Augenblicks lässt sie sich nur *finden*. Es lohnt daher, das Suchen, Drängen und Begehren genauer zu betrachten, vielleicht schaffen wir es dann auch, die Ansprüche und Begierden souveräner zu gestalten und die Liebe und unsere Partner zu entlasten. Sobald es gelingt, den schlimmsten Anspruchs-Krempel zu entsorgen, ist einiges gewonnen. Eine wesentliche Erfahrung aus Therapien mit Großstadt-Singles lautet: Wenn sie erst einmal zur Ruhe kommen und zu sich finden, dann erscheint auch jemand, der gerne sein Leben mit ihnen teilt.

Warum das Universum nie liefert: Beziehungen sind kein Wünsch-dir-Was

Margritt, 32 Jahre, in einem Beratungsgespräch:

Ich ziehe mit keinem Partner zusammen. Ich fahre lieber eine halbe Stunde mit der U-Bahn nach Hause, in meine kleine, bunte Welt und hocke dann da, in meiner Glaskugel.

Menschen sind Säugetiere. Säugetiere unterscheiden sich von Reptilien durch die enge Bindung zwischen Eltern und Kind. Ohne Eltern kann kein Säugetier überleben. Anfangs waren Säugetiere unter Saurierhufen zitternde Winzlinge. Erst die Mutterbrust ermöglichte ihren Aufstieg: Die Mutter-Kind-Bindung ist der Prototyp aller Beziehungen, der soziale »Urknall«, und sie ist die Grundlage aller weiteren komplexen Beziehungen. Durch sie wurden höhere Säugetierarten fähig, in Rudel, Herde oder Horde vielschichtige Hierarchien auszubilden, Primaten erfanden das soziale Lernen, und Menschen die Kultur, das Dorf, die Stadt, die Zivilisation.

Sozial sind Beziehungen nur dann, wenn sie auf Gegenseitigkeit beruhen. Krokodile pflegen keine innigen sozialen Kontakte. Sie sind eher Fressfreunde. Eidechsen ist ihre Brut zudem egal. Manchmal frühstücken sie sie auch. Echsen sind kalt und Säugetiere warm. Säugetiere lieben Kuscheln, Schubbern, Lecken, Lausen, Knuffen, Übereinanderliegen. Nähe hält die Wärme im Körper, vertieft die Beziehung und schafft Glück.

In Großstädten wie Berlin, Hamburg und München leben über 50 Prozent der Menschen in Ein-Personen-Haushalten. Positiv formuliert wohnen sie in Ein-Personen-Haushalten, weil sie es sich leisten können. Negativ formuliert leben sie so, weil ihnen nahe Beziehungen nicht gelingen oder weil sie diese nicht wünschen. Die Wohnhöhle ist doch so komfortabel. Fernseher, Internet und Telefon täuschen Nähe von Artgenossen vor und die

Zentralheizung ersetzt menschliche Wärme. Aus Perspektive eines Menschen-Forschers vom Mars wären Großstadt-Wohnungen Einzelkäfige mit Tages-Auslauf. Für ein Säugetier ist das keine artgerechte Haltung.

Wer kein Menschenfeind ist oder aufgrund eines schweren Schicksalsschlags allein lebt, den treibt oft der Schmerz gescheiterter Beziehungen dazu, alleine zu bleiben. Hat man einen neuen Partner, so sichert die räumliche Trennung eine seelisch-hygienische Distanz. Das Alleine-Leben ist auch nicht immer schlecht. Manchmal kann es notwendig sein, um sich auf sich selbst zu besinnen oder auf große Aufgaben vorzubereiten. Für viele ist alleine leben jedoch auch ein »Einsam-sein« – und dieser Sachverhalt wird oft nur notdürftig geleugnet.

Robert, 38 Jahre:

»Frauen? Die kommen mir zugeflogen wie die Vögel. Dann sitzen sie auf der Stange und ich habe sie an der Backe.

Nein, nein. Dann lieber die kurze Liebe: Serielle Monogamie, Liebe-Aufregung-Langeweile-Trennung.

Zwei Wochen nach der Trennung ruft sie dann an und sagt: Ich hab noch ein Buch und ein T-Shirt von dir! Das sind die letzten Geiseln. Aber ich lass mich nicht erpressen. Dann sag ich nur: Gut. Das Buch kannst du durchlesen, das ist ein gutes Buch – und das T-Shirt kannst du wegschmeißen.

Dann macht man gute Vorsätze wie zu Neujahr: Man nimmt ab, macht Sport, trinkt weniger Alkohol. Das kann ich mir schenken. Lieber bleibe ich gleich allein, mache wieder die Partyratte und turne in der Stadt herum.«

Am Ende der Therapie berichtet derselbe Klient:

»Ich gebe zu: Ich bin nicht gerne allein. Ich wusste auch, dass Sie mir das nicht abnehmen, wenn ich behaupte, ich sei gerne alleine.«

»Warum haben Sie es mir dann erzählt?«

»Ich brauchte das für mich. Um stark zu bleiben. Um nicht zusammenzubrechen.«

Es gibt grundsätzliche Spannungen, die in fast jeder Beziehung auftauchen. Sie lassen sich drei Konfliktachsen zuordnen: Wir sind erstens hin- und hergerissen zwischen dem Ideal persönlicher Freiheit und dem Wunsch nach Intimität, zweitens zwischen unseren hohen Ansprüchen an Beziehungen und den Kompromissen, die der Alltag erfordert und drittens zwischen unseren Wünschen nach einer sicheren, lebenslangen Bindung und nach aufregender, immer wieder spannender Sexualität.

Ohne diese Pole wäre unser Leben ein langer ruhiger Fluss. Schön und beschaulich – aber langweilig wie ein Sonntag bei Nieselregen. Positiv formuliert sorgen diese Konflikte also für Bewegung und Spannung in unserem Leben, doch negativ formuliert sorgen sie für den Verletzungsschmerz, der immer mehr Menschen in ihre Ein-Personen-Zellen treibt.

Dieses Buch geht davon aus, dass es keine glatten Lösungen für menschliche Konflikte gibt: Es gibt keine menschliche Nähe ohne Verletzungen, und das gilt es auszuhalten. Beziehungen sind ohne Konflikte kaum denkbar, daher ist es sinnvoll, diese zu benennen.

Oft wird in einschlägiger Literatur unterstellt, es ließen sich alle Schwierigkeiten harmonisch und einverständig lösen. Dies kommt dem vordergründigen Bedürfnis entgegen: Wasch mir den Pelz, doch mach mich nicht nass. Die windigsten Versprechungen machen die höchsten Profite: Am besten, man bestellt seine kindlichen Wünsche direkt beim Universum[2] – Gott steht derzeit anscheinend nicht zur Verfügung. Zum Glück gibt es Ersatzreligionen. Beliebte Mantras aus esoterischen Ratgebern lauten:

- »Sei ganz du selbst!«
- »Deine guten Gedanken schaffen eine gute Welt!«
- »Lebe im Licht!«
- »Berühre dein wahres Sein!«

Häufig erzeugt dieses Gesundbeten aber nur Ratlosigkeit und ein schlechtes Gewissen: Jetzt habe ich mich so stark auf das Gute konzentriert und ziehe dennoch das Negative an – was mache ich bloß falsch?[3]

Die Wahrheit lautet: Beziehungen sind konfliktreich, sie tun weh, und oft lassen sich nur Kompromisse finden, denn Menschen haben unterschiedliche Bedürfnisse. Menschen können sich auf vielfältige Arten in die Quere kommen, nerven, missverstehen und verletzen – all das ist jedoch kein Grund, sich im Ein-Personen-Bunker zu verstecken.

> »Kinder, Liebe ist Arbeit, Arbeit, Arbeit.«
>
> (Hape Kerkeling als Paartherapeutin Evje van Dampen)

Es gilt, die Grundkonflikte auszuhalten und das Beste daraus zu machen. Unsere Aufgabe besteht darin, Verletzungen so gering wie möglich zu halten, um die schönen Seiten von Beziehungen zu genießen, wie Nähe, Vertrauen, Wärme und Inspiration. Die gute Nachricht lautet nämlich: Gelungene Beziehungen sind die stärkste Quelle von Glück.

Vom Ertrinken im Meer der Möglichkeiten: Bindungsangst

> Sokrates: Wie ist es also mit der Liebe? Wollen wir also sagen, dass sie zu den widerspruchsvollen Dingen oder zu den anderen gehöre?
> Phaidros: Doch zu den widerspruchsvollen ...
> (Platon: *Phaidros*)

Es gibt viele Menschen, die von sich aus sagen: »Ja, eine Beziehung einzugehen fällt mir schwer.« Gleich zu Beginn einer neuen Liebe oder auch erst nach einigen Wochen und Monaten stellt sich ein mulmiges Gefühl ein, ein inneres Schwanken bis hin zu einer ausgeprägten Panik. Es sind auf keinen Fall nur distanziert-unterkühlte Menschen, die unter solchen Bindungsängsten leiden. Im Gegenteil: Wenn die Liebe naht, werden oft genau diejenigen von Panik heimgesucht, die sich eigentlich nichts sehnlicher wünschen als eine Partnerschaft. Paradox? Nein. Denn wir wissen, das, was wir uns am sehnlichsten wünschen, kann uns zugleich am tiefsten verletzen.

Wer jahrelang nur für sich lebt, der spürt: Mit einer Liebe wird alles anders. Mein abgegrenztes, stabiles Ego muss sich öffnen – und dieses Sich-Öffnen ist auch bedrohlich. Pathetisch aber einprägsam wird in einem Gedicht von Rilke[4] auf die Angst vor der seelischen Zerstörung angespielt: »Denn das Schöne ist nichts als des Schrecklichen Anfang.« Gerade *weil* Liebe das schönste Phänomen der Menschenwelt ist, graust es so manchem unbewusst vor ihr. Sensible und einfühlsame Menschen fürchten die Liebe oft am stärksten, denn sie ahnen, wie verletzlich sie sind, sollte die Liebe scheitern. Ein anderer Grund für Bindungsangst kann darin bestehen, dass das Bekenntnis zu einem festen Partner schwerfällt, weil es vor dem Hintergrund der Liebesbemühungen früherer Jahre gesehen und »verrechnet« wird.

Sehen wir uns einen Großstadt-Single an, der wählerisch war. Im Alter zwischen 20 und 30 Jahren hat er oder sie eine Menge Angebote für eine feste Bindung ausgeschlagen. Die Partner waren attraktiv und charmant, doch reichte es nicht für eine Beziehung. Es wurde gewartet. Jetzt, zwischen 30 und 40, wäre das Bekenntnis zu einem lieben, netten Partner zwar möglich. Doch da dieser die hohen Standards an Attraktivität, Bildung oder Charme der vorigen Anwärter nicht erfüllt, würde der neue Partner täglich schmerzlich vor Augen führen, wie oft man sich früher irrte, als man - aus heutiger Sicht - vermeintlich bessere Bewerber ablehnte. Liebe als Ware, um die gefeilscht wird wie auf einem orientalischen Basar. Das Ganze wirkt berechnend wie die Kalkulationen eines Immobilienhändlers, der sich beklagt: Ach, hätte ich doch damals Villen in Strandlage gekauft, heute gibt es ja nur noch Objekte in zweiter Reihe.

Wir treffen hier auf ein grundsätzliches, ein existentielles Problem: Manchen Menschen fällt es schwer, sich zu entscheiden -, egal ob es sich um Beruf, Wohnort oder Partnerschaft handelt - da alles Entscheiden bedeutet: Ich lege mich fest. Wenn ich mich festlege, dann weiß ich: Es wird in meinem Leben nur diesen Weg geben, ich bemerke die Endlichkeit meiner Möglichkeiten und werde in meinen Träumen beschnitten. Eine große Anzahl an Wahlmöglichkeiten verstärkt hierbei das Problem, denn auswählen heißt jetzt, sich gegen eine große Anzahl von Möglichkeiten zu entscheiden. Indem ich diesen Mann oder diese Frau wähle, verzichte ich vermeintlich auf viele andere. Die vielen Wahlmöglichkeiten sind ein wesentlicher Grund, warum Großstädter sich in der Partnerwahl schwerer tun als Bewohner eines Dorfes auf der Schwäbischen Alb. Da uns Verluste mehr schmerzen als ein vermeintlicher Gewinn - siehe Teil V: Die ewige Party: Über Glück und Unglück -, ist es für den Großstädter fast schon eine Strafe, frei auf dem Partnermarkt aussuchen zu können. Man spricht in diesem Zusammenhang von sogenannten Opportunitätskosten, also von Nebenkosten, die eine freie Auswahl mit sich bringen.

Es handelt sich jedoch bei diesen Opportunitätskosten letztendlich um nichts anderes als um egozentrische Illusionen, und zwar aus zwei Gründen:

1. Die freie Wahl ist zum größten Teil nur eingebildet. Viele der ersehnten Partner kommen einfach deshalb nicht in Frage, weil sie zwar in unser Beuteschema fallen, wir aber nicht in ihres – auch wenn wir uns das manchmal schönreden.
2. Viele Wege kann man nur einmal im Leben gehen: Wer Arzt werden will, der legt sich fest. Ihm fehlt zumeist die Zeit, noch ein Handwerk zu lernen, ein Spitzensportler oder Konzertpianist zu werden. Wir können unser Leben nur einmal leben, und wenn wir eine bestimmte Weggabelung nehmen, werden wir nie erfahren, wie es gewesen wäre, hätten wir eine andere Wahl getroffen. Dennoch halten viele an der aufgeblähten Fantasie eines unbegrenzten Lebens fest – und reagieren empfindlich, sobald dieser Ballon zerplatzt.

Unser Problem besteht also ironischerweise darin, dass unser Gehirn *zu gut* funktioniert: Vernunft und Fantasie erkennen genau, was einem einzelnen Menschen durch Zufall, Wille und Arbeit erreichbar wäre. Vernunft und Fantasie basteln daher tagtäglich jede Menge kleine Strategien, Listen und Jagdfallen, in denen sich die Wirklichkeit verfangen soll. Diese Fallen tragen geläufige modische Namen wie *Ansprüche*, *Pläne* oder *Lebensziele* und folgen dem uneingestandenen Grundgefühl der Moderne, jeder sei etwas Besonderes, jeder sei von Adel und daher stehe die Welt auch jedem zur freien Verfügung – und dementsprechend klingt das Stimmengewirr einer ewig pubertierenden Erwachsenenwelt:

- »Mit dreißig bin ich Millionär, mit fünfzig gehe ich in Rente.«
- »Musik ist mein Leben, die Bühne ist meine Welt, ich werde Superstar.«
- »Ich möchte jedes Land der Erde bereisen.«
- »Ich möchte halbtags arbeiten, viel Geld verdienen, frei von Sachzwängen sein und öffentliche Anerkennung finden.«

- »Ich warte auf einen reichen, schönen Partner, ich verkaufe mich nicht unter Wert.«
- »Ich bin ein Renaissance-Mensch, ich kann alles – ein bisschen.«

Ja sicher, all das lässt sich realisieren: Wie wir wissen, ist die Welt ein magischer Ort und wir sind alle kleine Zauberer, weise Frauen oder unsterbliche Götter – die entsprechende Literatur verkauft sich wie Fruchteis in der Sahara – und da wir es so häufig lesen, hören und von geschmeidigen Propheten versichert bekommen, wird ja wohl etwas dran sein: Unsere Gedanken schaffen unsere Welt.

Dass im wirklichen Leben von allem Erdachten, Erhofften und Gewünschten nur ein Bruchteil gelingen kann, ist angesichts dieser Fantasien überaus kränkend, deshalb wird dieses Wissen – noch bevor es das Frontalhirn erleuchten kann – mit allen Mitteln verdrängt: Nein, für mich gelten diese Grenzen nicht.

Der Schriftsteller John Irving berichtete bei einer Lesung, er werde oft von Menschen angesprochen, die sagen: »Wenn ich in Rente gehe, dann beginne ich auch, Romane zu schreiben.« Insbesondere Ärzte neigten seltsamerweise zu dieser Fantasie. Zuletzt habe er diesen Satz in Los Angeles von einem Hirnchirurgen gehört. Irving habe ihm entgegnet: »Natürlich. Sie beginnen nach Ihrer Berentung mit dem Schreiben, und ich werde nach meiner Berentung Hirnchirurg.«

Hart, aber wahr: Die wichtigsten Dinge müssen wir vor unserer Rente vollbringen und wir können nicht beliebig viele Projekte beginnen, sonst bleiben wir Dilettanten. Aus genau diesem Grund können wir auch nicht jedes Jahr eine neue Beziehung beginnen – denn es gibt auch einen Dilettantismus der Liebe.

Der amerikanische Psychotherapeut Irving D. Yalom weist seine Klienten oft darauf hin: Alles vergeht, und Alternativen schließen einander aus. Deshalb haben wir Angst vor dem Handeln. Mit jedem Weg, den wir einschlagen, müssen wir einen anderen Weg aufgeben:

> »Sich einlassen hat die Konnotation von Endlichkeit, und viele Menschen können sich nicht in einer dauerhaften Beziehung einrichten, weil dies bedeuten würde: ›Das ist es‹, keine Möglichkeiten mehr, keine glorreichen Träume ständigen Aufstiegs mehr.«[5]

Es gibt nur einen Weg zu privatem, künstlerischem oder beruflichem Erfolg: Man muss sich auf eine Sache oder einen Menschen voll und ganz einlassen und alle ablenkenden, nebensächlichen Ansprüche aufgeben – auch wenn es keine Garantien dafür gibt, dass der Verzicht wirklich lohnt. Es ist eine existentielle Tatsache: Wir müssen im Leben Entscheidungen treffen, wir müssen uns festlegen, und wir müssen die Verantwortung für jede einzelne Entscheidung übernehmen, denn es gibt keine Reise zurück.

Anna berichtet von einem Mann, der mit ihr flirtet, obwohl er eine Freundin hat. Sie sei verwirrt, wisse nicht, ob er es ernst meine. Zuletzt habe sie gesagt:

»Sag mir, was du von mir willst. Aber vielleicht weißt du das gar nicht. Kann es sein, dass du von mir hören willst, wie du dich entscheiden sollst? Doch das sage ich dir nicht. Nein, das ist dein Ding. Entscheide selbst und frage nicht mich.«

Die Angst vor Freiheit und Verantwortung ist eine existentielle Angst. Als solche ist sie eher ein philosophisches als ein therapeutisches Problem. Wer mit existentiellen Ängsten kämpft, findet daher auch eher in philosophischen, religiösen oder auch esoterischen Texten Trost als in psychologischen Sachbüchern. Es ist wichtig, hierauf hinzuweisen, denn ein »psychologisches Problem« zu haben wird als ein individuelles Problem gesehen, ein Problem, das nur mich allein angeht. Die grundsätzliche Begrenztheit unserer Existenz betrifft jedoch uns alle, auch wenn der materielle Wohlstand und die Versprechungen der Medizin dazu verführen, sich über die engen Grenzen des Lebens Illusionen zu machen. Doch all diese Versprechungen sind nur Täuschungen, die vor allem daran hindern, sich mit der Gewissheit auseinanderzusetzen, dass unser Leben zeitlich begrenzt ist.

Nebenbei: Der Arzt wird nur deshalb Halbgott in Weiß genannt, weil er unbewusst den Priester ersetzt, dessen Aufgabe in früheren Zeiten es war, die Grenzen des Lebens - Geburt und Tod - zu verwalten; und die heftige Empörung über das Versagen von Ärzten ist nur zu erklären mit der kindlichen Illusion, sie könnten uns vor dem Sterben bewahren.

Ein psychologisches, also individuelles Problem sind Bindungsängste natürlich dann, wenn sie Folge einer längeren Geschichte belastender Lebenserfahrungen sind. Vor allem die Erlebnisse unserer Kindheit sind maßgebend, denn unsere ersten Beziehungen prägen unser Bild der Welt. Insbesondere frühe Traumatisierungen durch Gewalt oder sexuelle Übergriffe, aber auch Vernachlässigung durch die Eltern oder häufige Entwertungen können das Selbsterleben so beeinträchtigen, dass Bindungen als gefährlich und ängstigend erlebt werden. In diesen Fällen kann eine Psychotherapie sinnvoll sein. Manchmal kann aber auch schon ein verständnisvoller Partner die alten Schmerzen im Lauf der Jahre vergessen machen.

Gier und Liebe: Ein schwieriges Paar

Der uneingestandene Anspruch, man habe ein Recht darauf, einen bestimmten, erdachten Menschen als Partner zu finden – ein optimiertes Wunderwesen, wie es sich die eigene Vorstellung erträumt –, diese Fantasie hat etwas Gieriges: Der Mensch, das Gegenüber, ist nicht mehr ein unverwechselbares Ereignis, ein einzigartiges Wesen, ein DU, sondern er wird zur austauschbaren Ware, die bei Mängeln empört reklamiert werden kann. Es fehlt der Wille, die Tiefe, das Besondere, das Unbekannte des Gegenübers zu erkunden und damit auch an sich selbst wahrzunehmen. Das Ergebnis sind Charaktere, die austauschbar sind wie die Rollenklischees einer Vorabendserie.

Es ist daher fragwürdig, die hohen Ansprüche als bloße Folge von Freiheit und modernem Individualismus zu diskutieren.[6] Durch die Begriffe »Freiheit« und »Individualismus« wird die Gier überhöht, als resultiere sie aus den edelsten Idealen des griechisch-römisch-europäischen Zivilisationsprozesses. Ob Menschen überhaupt frei entscheiden können, wurde schon immer kontrovers diskutiert. So geht der Philosoph Spinoza davon aus,

> »dass alle Menschen der Ursachen der Dinge unkundig geboren werden und dass alle das Bestreben haben, das für sie Nützliche zu suchen, dessen sie sich bewusst sind. Hieraus folgt erstens, dass die Menschen sich für frei halten, weil sie sich ihres Wollens und ihres Strebens bewusst sind und an die Ursachen, von welchen sie dazu veranlasst werden, etwas zu begehren und zu wollen, da sie ihrer unkundig sind, nicht im Traume denken. Es folgt zweitens, dass die Menschen alles um eines Zweckes willen tun, nämlich wegen des Nützlichen, das sie begehren.« [7]

Die vermeintliche Freiheitsentscheidung ist Spinoza folgend also durch bloßes sinnliches Begehren und Nützlichkeitsdenken unterfüttert, eine Tatsache, die bei der Partnerwahl sicher nicht ohne weiteres von der Hand zu weisen ist.

Immanuel Kant nahm diesen Gedanken auf: Eine wirklich freie Entscheidung, also eine intelligente Freiheit, sei eine Freiheit, die den sinnlichen Einflüssen widersteht, die also, wenn sie wählt, sich der intelligenten Steuerung unterwirft. Sie folgt nicht der bloßen Gelegenheit und Wahlmöglichkeit, nur weil sie eben da ist, weil sie opportun ist. Intelligente Freiheit (bei Kant: *intelligible* Freiheit[8]) futtert den Kühlschrank nicht leer, nur weil er voll ist, sie folgt also nicht dem Diktat der Lust, sondern kann sich, sollte es ihr sinnvoll erscheinen, auch gegen den Druck der Sinne stellen.

Man sollte die postmoderne Vielzahl an Lebensoptionen daher nicht automatisch mit einer vergrößerten persönlichen Freiheit gleichsetzen. Das wäre eine Begriffsverwirrung, die in die falsche Richtung führt. Eine Freiheitsentscheidung ist ein bewusster, überlegter Akt, der viele andere Möglichkeiten ausschließt. Die Freiheit *von* etwas entspricht daher eher dem inneren Sinn des Begriffs »Freiheit« als die vermeintliche Freiheit *zu* etwas – denn die Freiheit, etwas zu wählen, etwas zu konsumieren, schafft eine neue Bindung. Spricht man vom Begehren, dann ist der Begriff »Freiheit« also unscharf und irreführend. Sinnvoller erscheint es, über Wahlmöglichkeit, Einschränkung und Bindung zu sprechen, wenn man die seelischen Auswirkungen des Begehrens verstehen will.

Das Begehren ist kein Kind der Freiheit – und höchstens ein Stiefkind des Glücks, denn im Begehren ist der Mangel immer mitgedacht. In unserem konsumistischen Verhalten zeigen wir uns daher wenig bewusst und überlegt und fühlen uns selten glücklich und frei, sondern sind vom kalten Glanz der toten Objekte Gelockte und Getriebene; getrieben durch die Macht der Affekte, durch kindliche Prägung und die immer gleiche Verführungsmacht der Warenwelt.

Selbst Romantik wird heute primär über Konsum erfahren und dem Partner vermittelt. Es scheint, als steige der Grad romantischer Erregung mit den materiellen Kosten: Früher galt als romantisch, was den Alltag überhöht und verklärt – um das Paar zu verzaubern, reichte eine Chrysantheme im Haar und ein gelungenes Gedicht. Wer heute romantische Momente erzeugen möchte, reserviert einen Tisch im Restaurant, kauft Karten für Kino, Oper oder Musical und plant, bei ausreichender finanzieller Potenz, eine Ferienreise zu exklusiven Ressorts auf entlegenen Inseln im Indischen Ozean.[9] Schon aus dem Tierreich kennt man die Gabe kleiner Geschenke an den Brunftpartner – meist Nistmaterial oder Leckerhäppchen, von Hauskatzen werden dem zweibeinigen Partner auch gerne tote Mäuschen zugesteckt. Im Menschenreich funkeln dafür die in Platin gebetteten Ein-Karäter, um der Liebe auf die Sprünge zu helfen – extremere Materialschlachten bieten schließlich die Hochzeiten der Reichen und Schönen, die mit Prunk und Gloria den gesellschaftlichen Status sichern und jedes Zartgefühl erdrücken.

Frei sein hieße, zu all dem Nein zu sagen – denn die Freiheit *von* etwas, also von Dingen frei zu sein, steht über der neue Bindungen verursachenden Freiheit *zu* etwas, also Dinge *zu* konsumieren. Man sollte daher nicht versuchen, Gier-Entscheidungen zu beschönigen, indem man sie am Blattgold der Ikonen Freiheit und Individualismus reibt.

Unsere Konsumgewohnheiten sind erst 40 bis 60 Jahre alt, die Zeiten zuvor waren von Mangel geprägt. Der bloße Gedanke, ein Leben ließe sich nach Plan und Wunsch gestalten, wäre damals lächerlich gewesen. Leben hieß all die Jahrtausende vor uns, aus dem Gegebenen zu wählen: nicht etwas Bestimmtes zu suchen, sondern im Vorhandenen zu finden. Der Heilige Gral wird gesucht, kein Wunder, er ist ja ein Mythos. Ein Partner dagegen will in der Realität gefunden werden.

Gier wird in der psychoanalytischen Fachsprache etwas feiner als *Oralität* bezeichnet. Das lateinische Wort *oral* bedeutet *zum*

Mund gehörig. Unter Oralität versteht man die stetige Begierde, sich etwas einzuverleiben, zu konsumieren. Im heutigen Alltag zeigt sich eine früher nie gekannte orale Kultur. Viele Menschen sind es gewohnt, ständig an etwas zu saugen, als sei die Welt ein einziger großer Schnuller: Egal ob Zigaretten, Kaugummi, Hustenbonbons, Plastikwasserflaschen, Kugelschreiber, irgendetwas befindet sich stets am Mund. Wie überdimensionale Säuglinge in einem riesigen Kinderwagen erwarten wir permanent, von der Welt gesäugt und gefüttert zu werden, mit wohltuenden Melodien berieselt, von buntem Tand umgeben, bei gleichbleibend warmer Temperatur beschnuselt und beduselt zu werden.[10] Das Handy wird zur elektronischen Nabelschnur zum anderen – die kindliche Angst und Empörung, sobald die Verbindung einmal ausfällt und die nahe Bezugsperson verloren geht, bestätigt die Unverzichtbarkeit dieser elektronischen Bindung. Noch in den 1970er-Jahren war es Glückssache, ob man jemanden zu Hause per Telefon erreichte. Heute ist es für manche ein Trennungsgrund, wenn der Partner sein Handy wiederholt über Stunden ausgeschaltet lässt.

Die mühsam erkämpfte Autonomie des freien Bürgers versinkt in hunderten Abhängigkeiten. Die Welt wird zur weichen Windel, in der wir seit der Kindheit liegen, in der wohligen Erwartung, all unsere Sinne würden jahrzehntelang angenehm betört. Trauriger Höhepunkt dieses Unwillens, erwachsen zu werden, sind die vielfältigen Parfümierungsapparate für Toilettenräume, die uns selbst hier über Wahrheit und wirklichen Geruch einer Welt hinwegtäuschen sollen, die alles sein darf, nur eines nicht: unangenehm, frustrierend und manchmal auch enttäuschend.

Jenseits der grundlegenden Funktion, das Leben aufrechtzuerhalten, dient oraler Konsum als alltägliches Suchtmittel zur Betäubung und zur Ablenkung von sich selbst. Auch plapperndes Reden, in Fachkreisen Logorrhoe (Sprechdurchfall) genannt, also das beständige In-Gang-Halten der Sprachwerkzeuge, ist nur eine getarnte Form von passivem Konsum – es wirkt durch die beständige verbale Entäußerung ähnlich abstumpfend wie aufnehmender oraler Konsum und verhindert damit genau das, was es vorgibt anzustreben: Sich selbst und den anderen zu spüren, also Selbsterkenntnis und Besinnung darauf, wer wir wirklich sind.[11]

Hinter der oralen Massenkultur versteckt sich eine auf Jahrzehnte verlängerte Kindheit, der die Signale fehlen, aufzubrechen und zwei wichtige Lebensziele zu erlernen: Frustrationstoleranz und Erwachsenwerden. Es wäre jedoch zu einfach, diese gierig-kontrollierende psychische Grundhaltung nur auf den durch materiellen Wohlstand möglichen Konsumismus zurückzuführen. Die Liebe wird nicht nur von der Gier gefressen, sondern auch vom Verlangen nach zwanghafter Kontrolle. Selbstverständlich möchte jeder Mensch in einem gewissen Grad seine Umgebung kontrollieren. Schon eine Amöbe definiert durch ihre Zellmembran einen Innenbereich, den sie vom Außen abgrenzt und eigenen Regeln unterwirft. Leben bedeutet immer, die Umwelt zu beeinflussen und zu gestalten. Es stellt sich nur die Frage, ob man seine Energie für mögliche oder für unmögliche Ziele einsetzt – in den Folgekapiteln wird hiervon wiederholt die Rede sein.

Unsere modernen Kontrollfantasien leben von der Propaganda, wir alle seien kleine Titanen und könnten die Welt aus den Angeln heben. Diese Propaganda funktioniert auch deshalb so gut, weil unsere Seelen und Körper unbewusst mit der technischen Macht verschmelzen: Die Maschine dient der Ausweitung, Verlängerung und Verstärkung unseres Wirkungsbereichs, im Straßenverkehr identifiziert sich unser Körper so perfekt mit unserem Auto, dass wir *fühlen*, wie wir einparken müssen – und wird der Lack des Autos beschädigt, reagieren wir emotional, als sei unser eigener Körper verletzt. Wir halten uns für überlegen, weil wir Maschinen kontrollieren, die mächtig sind, und wir übertragen dieses Machtgefühl ganz selbstverständlich auf den gesamten Alltag.

Die These der menschlichen Überlegenheit dank technischer Intelligenz war bis vor kurzem noch sehr populär und wird doch immer wieder durch scheiternde technologisch geführte Kriege, abstürzende Satelliten und explodierende Kernkraftwerke widerlegt. Dennoch sind unsere privaten Kontrollfantasien äußerst kritikresistent. Dies liegt auch daran, dass sie durch Erfahrungen verstärkt werden können, die zwar nicht jeder in gleichem Maß kennt, die jedoch in der biografischen Entwicklung vieler Menschen eine wichtige Rolle spielen.

Unsere biografische Verletzlichkeit lässt sich auf unsere biologische Herkunft zurückführen. Auch wenn es bereits gesagt wurde – es kann nicht oft genug wiederholt werden: Säugetierkinder großzuziehen ist eine anspruchsvolle Aufgabe. Kleine Schildkröten schlüpfen aus dem Ei und krabbeln über den Strand ins Meer – und wenn sie dabei nicht von Möwen gefressen werden, haben sie eine reelle Chance auf ein langes Leben in den Ozeanen der Welt. Sie haben einen dicken Panzer, der sie schützt, und wenn eine Meeresgegend ihnen nicht gefällt, schwimmen sie einfach weiter – ein Leben in Sicherheit und Freiheit zugleich: Schildkröten entwickeln keine Neurosen. In Tierfilmen wirken sie zumindest sehr gelassen und entspannt.

Säugetierkinder haben keinen dicken Panzer, sondern eine warme weiche Haut. Sie sind auch nicht frei, sondern abhängig von der Umgebung, in der sie leben. Insbesondere für Eltern von Menschenkindern ist es keine leichte Aufgabe, das richtige Maß an Fürsorge zu finden.

Heute ist der Grat zwischen Überversorgung und Unterversorgung schmal und auch das liegt an den Anforderungen der modernen Zivilisation: Solange Menschen in engen, kleinen Gemeinschaften leben, gilt alle Fürsorge dem Kind, denn das schafft Bindung und hält die Gruppe zusammen. In der heutigen Arbeitswelt dagegen müssen sich Menschen als berufliche Einzelkämpfer beweisen. Erziehung muss daher auch die Fähigkeit zu selbstständigem Handeln vermitteln. Deshalb wurde bis Mitte des letzten Jahrhunderts eine zu starke Verwöhnung als problematisch angesehen, weil sie das Kind nicht ausreichend auf »den Ernst des Lebens« vorbereite. Kinder bürgerlicher Familien wurden meist streng in ihre Schranken verwiesen und bei Grenzüberschreitungen empfindlich bestraft.

Seitdem ist die Erziehung deutlich liberaler geworden. Als Reflex auf die autoritären Exzesse der Vergangenheit, als Reaktion auf die körperlich strafende Erziehung, die sogenannte »schwarze Pädagogik«, erfahren Kinder heute weniger Strenge und unterliegen weniger Regeln. An sich ist eine liberale Erziehung auch am ehesten geeignet, um aus Kindern selbstbewusste, liebevolle und kreative Menschen zu machen. Sie setzt allerdings voraus, dass Eltern ausreichend Zeit und seelische Energie aufbringen, um liebevoll und zugewandt auf ihre Kinder zu reagieren und um ihnen in verschiedenen Lebenslagen als positives Rollenvorbild zu dienen.

Moderne Eltern sind jedoch vor allem eins: verunsichert und ausgelaugt. Die Oberschicht hat es in Erziehungsfragen noch am einfachsten, denn sie verlagert bei Problemen den Erziehungsauftrag in kostspielige Internate. Normale Eltern hingegen müssen ihre Probleme selber lösen. Oft sind sie damit überfordert, gleichzeitig dem Beruf, dem Partner sowie den Konsum- und Freizeitwünschen ihrer Kinder gerecht zu werden. Pure Erschöpfung und Zeitnot erlauben es ihnen nur selten, die eigene Position zu reflektieren und grundsätzlich neue Verhaltensregeln in der Familie zu etablieren. Die meisten Familien sind auch keine geschützte Einheit mehr – »my home is my castle« –, sondern über Schule, Freunde und elektronische Kommunikation nach allen Seiten offen und transparent. Um etwaige Erziehungsversuche zielsicher zu torpedieren, genügt dem Nachwuchs daher hinhaltender Widerstand und der quengelnde Verweis auf Mitschüler und Nachbarskinder, die von weniger strengen Eltern vermeintlich besser behandelt werden.

Erziehungsprobleme haben sich also nicht verringert, sondern nur verändert. So wurde in den letzten Jahren zwar wiederholt thematisiert, wie wichtig es sei, Kindern auch Grenzen zu setzen, weil sie sonst die Orientierung verlieren[12] – doch letztlich handelt es sich hierbei um eine Diskussion, die außerhalb des

Buchmarkts und des Feuilletons kaum Wirkung zeigt. Zunehmend werden viele Kinder weder autoritär noch liberal erzogen, sondern überhaupt nicht. Die überforderten Eltern haben aufgegeben, kümmern sich gar nicht mehr und lassen den Nachwuchs zwischen Spielzeugbergen emotional verhungern. Man nennt dies auch Wohlstandsverwahrlosung.

Natürlich rächt sich das. Ein Kind, das sich nicht geliebt fühlt, beginnt zu fordern: Ich will dies, ich brauche das, Ken und Barbie mit dutzendem Zubehör, das Playmobilschloss, den eigenen Fernseher, die neueste Spielekonsole, den schnellste Computer samt I-Pad, -Pod und -Phone. Bonbons statt Liebe heißt der innerfamiliäre Kuhhandel – und Eltern, die sich schuldig fühlen, erfüllen die Wünsche prompt und ohne großen Widerspruch. Zeit zum gemeinsamen Kuscheln oder Spielen ist nicht vorhanden, doch zweihundert Euro sind schnell in die Hand gedrückt. So erzieht man ein kleines Menschenjunges zum hungrigen Konsumenten, der immer mehr will, mehr und mehr...

Was jedoch noch fataler ist: Das Kind bekommt den Eindruck, es könne seine Eltern kontrollieren – »Sie machen ja, was ich will« –, und dieser Anspruch, andere steuern zu dürfen und zu können, wird im späteren Leben zur stetigen Quelle von Frustrationen.

Im Gegensatz dazu stehen überbesorgte Eltern, die all ihre Liebe auf ihr Kind werfen, die etwas Besonderes, Einzigartiges in ihm sehen und es auf jede erdenkliche Art und Weise fördern möchten. Am Kind wollen sie wiedergutmachen, was sie selbst als Mangel erlebten, und das Kind soll durch seinen Erfolg beweisen, dass es perfekte Eltern hat. Nie gab es mehr Hochbegabte als heute – zumindest wenn man den verklärten Aussagen der Eltern hyperaktiver Störenfriede glaubt.

Überbesorgte Eltern werden auch als Helikoptereltern bezeichnet. Wie ein Polizeihubschrauber flattern sie mit Getöse über ihrem Kind, verfolgen alle seine Wege und sind bereit – sollte die Straße einmal uneben werden –, mit emotionalem Druck, Scharfsinn und Finesse alle Hindernisse aus dem Weg zu räumen. Lehrer können von diesem Eltern-Fanatismus vielstrophige Balladen singen. Das Ergebnis dieser Erziehung: Das Kind entwickelt, neben einer zweifellos guten Bildung, unbewusst eine selbstbezogene Anspruchshaltung gegenüber der Welt: Als Sohn kaiserlicher Eltern erwarte ich vom Leben einen reich gedeckten Tisch, gefüllt mit den Gaben, die man mir in der Kindheit versprach. Was ich fordere, steht mir aufgrund meines natürlichen Adels zu und wenn ich etwas nicht erreiche, dann muss irgendjemand anderes schuld sein und ein schlechtes Gewissen haben.

Alles in allem sind Eltern heute wirklich nicht zu beneiden. Den Mittelweg zwischen Fördern und Fordern zu finden, ist eine anspruchsvolle Aufgabe.

Die durch Wohlstandsverwahrlosung oder Überfürsorge erzeugten Ansprüche und Kontrollfantasien werden im Berufsleben zwar schnell korrigiert, im Privatleben dafür umso unerbittlicher durchexerziert: Falls der Partner nicht funktioniert, falls es Reibungshitze gibt, sobald er nicht liefert – Sex, Aussehen, Zuwendung, gute Gespräche und Spaß –, dann muss ja etwas falsch sein an ihm. Sollte er sich trotz Vorhaltungen nicht schuldig fühlen, umso schlimmer: Er ist ja so verstockt – eine vermeintliche Tatsache, die gierige Freundinnen und Freunde wiederum seufzend bestätigen und am Beispiel ihrer eigenen unzureichenden Partner ebenso farbenreich beklagen.

Oft tauchen in Beratungsgesprächen mit jungen Singles Passagen auf, in denen sich ein freundlich-bestimmter Narzissmus zeigt.

So berichtet Jessica, 29 Jahre, über ihren Partner:

»Warum er sich ändern soll? Weil er mich so toll findet!«

Ich antworte: »Aber er könnte doch mit gleichem Recht sagen: Ändere du dich, weil du mich so toll findest.«

Jessica schweigt überrascht. Sie reagiert nicht gekränkt auf meine Antwort, sondern ist bereit, ihr Verhalten zu überdenken – das zeigt, dass sie nicht »krankhaft« narzisstisch ist (siehe Teil IV:

Selbstbewusstsein: Das Drama der Narzissten). Ihre Selbstbezogenheit ist eher eine Gewohnheit, die sie bisher nur wenig überdacht hat. In der modernen Welt sind Ansehen und persönlicher Wert nicht mehr – wie früher – durch festgelegte, soziale Rollen definiert, sie müssen stetig neu erworben werden. Dieser stetige Kampf um den Selbstwert konzentriert sich auf die Bereiche Partnerschaft, Beruf und Konsum. Man kann das stete Kämpfen um den eigenen Wert einen erlernten, gutartigen Narzissmus nennen. Es ist heute kulturell nicht anstößig, sich »toll« zu finden, nein, es ist sogar erwünscht und eine ganze Optimierungsindustrie versorgt uns mit Sich-toll-fühl-Ware: Toll-fühl-Schminke, Toll-fühl-Parfum, Toll-fühl-Kleidung und Toll-fühl-Autos. Wir alle sind ganz toll und haben daher auch Partner verdient, die uns toll finden müssen und uns deshalb verwöhnen sollen. Die Welt als große Service-Einrichtung.

Es ist wichtig, diesen erlernten Narzissmus von dem frühkindlich bedingten zu trennen. Der frühkindliche Narzissmus wird durch schwere Störungen in den ersten Lebensjahren verursacht und ist daher tief in die Seele eingegraben – der in späteren Jahren erlernte Konsum-Narzissmus lässt sich dagegen leichter verändern, ganz einfach, weil er der Einsicht und dem Verstand prinzipiell zugänglich und nicht so tief in der Seele verankert ist wie der frühkindliche Narzissmus.

Was ist Narzissmus eigentlich? Kurz gefasst bedeutet Narzissmus, sich selbst als so wichtig zu nehmen und als begehrenswert einzuschätzen, dass man den anderen nicht mehr realistisch wahrnimmt. Der Narziss kann das Gegenüber nicht als eigenständige, fremde Person anerkennen, sondern bewertet den anderen, indem er von seinen eigenen Bedürfnissen, Wünschen und Vorstellungen ausgeht. Unausgesprochen glaubt der Narziss an den Leitsatz: »Andere müssen so funktionieren, wie ich es mir wünsche. Es darf im Anderen nichts geben, was ich nicht verstehe.« Und: »Wenn mein Gegenüber dem widerspricht und sagt: Du verstehst mich nicht! Dann beweise ich dem Gegenüber, dass er sich über sich selbst täuscht.«

Eine Klientin hat das so formuliert:

»Jeder von beiden Partnern hat ein Konzept vom anderen. Man trifft sich und es schlagen die Funken, weil der andere sich dem Konzept nicht fügen will. Dann geht man nach Hause und träumt wieder von diesem schönen Konzept, dass man vom anderen hat und dass man nicht aufgeben will.«

Ein anderer, sehr reflektierter Klient berichtet nach einer Trennung:

»Ich hänge dieser Frau nach. Zu ihr zurück will ich nicht, sondern nur zu der, die ich mir gebaut habe, von der ich gedacht habe, das ist sie. Ich liebe wohl nur ihr Bild in mir. Es ist also eigentlich ein Anteil in mir, mit dem ich mich in mich selber verliebe. Ich bin also verliebt in eine Idealisierung, in einen Irrtum.«

Außer den durch Konsum und Erziehung vermittelten kindlichen Kontrollfantasien gibt es noch weitere, sehr wesentliche Veränderungen unserer Umwelt, die perfektionistische Charaktere fördern:

Durch den zunehmenden Aufenthalt in virtuellen Welten haben wir uns daran gewöhnt, dass Dinge per Mausklick sofort reagieren und funktionieren. Wenn eine Anwendung nicht schon nach wenigen Sekunden antwortet, beginnen wir nervös mit den Fingern zu trommeln und sind geneigt, den vor zwei Jahren gekauften Computer gegen ein Nachfolgemodell mit dreifachem Arbeitsspeicher und fünffacher Festplatte auszutauschen. Sobald der Internetanschluss zu langsam läuft, zweifelt mancher sogar am vernünftigen Lauf der Welt.

Dieses Phänomen, dass sich die virtuelle Welt in Millisekunden unserem Willen unterwirft, hat bereits eine ganze Generation geprägt. Wir entfremden uns dadurch unmerklich der Wirklichkeit, die ja so unendlich langsam getaktet ist und in der die Anwendungen (andere Menschen) äußerst fehlerhaft und kaum kontrollierbar sind.

Ein junger Programmierer:

»Ich habe einen Wirklichkeitsverlust. Im Computer ist alles perfekt, alles folgt einer tiefen Logik und das Beste: Ich kann es verstehen und kontrollieren.

Wenn ich dagegen durch die Straßen laufe, dümpele ich wie durch eine Fantasiewelt. Auch wenn ich ihnen gegenübersitze, Dr. Paetzold, habe ich eine extreme Distanz.

Ich habe die Vorstellung, durch Bits und Bytes sei alles ersetzbar. Ob Sie da sitzen oder jemand anderes – im Endeffekt ist jeder ersetzbar.«

»Menschen unterscheiden sich voneinander. Kein Mensch ist gleich«, antworte ich.

»Das stimmt zwar. Es ist auch interessant, von jemandem Input zu bekommen. Doch ist es irrelevant, von wem ich den Input bekomme. Es ist irrelevant, woher die Information kommt, weil es sieben Milliarden Menschen gibt.«

»Sie sind blind an dieser Stelle.«

»Ich weiß. Deswegen sitze ich ja auch hier.«

Die Annahme, Menschen seien dazu da, uns etwas zu liefern – Bits, Bytes, Streicheleinheiten, materielle Versorgung –, macht blind für die Tatsache, dass Menschen mehr sind als ihre einzelnen Funktionen. Das Ganze ist mehr als die Summe seiner Teile, in der Philosophie heißt dieses Phänomen *Emergenz*. Ab einer bestimmten Komplexität bekommt jedes System eine neue Qualität und wird auf eine unvorhersehbare Art und Weise anders, besser, schöner: Es erreicht eine höhere Ebene, die nicht durch seine Einzelfunktionen erklärbar ist.

Biologische Moleküle zum Beispiel sind einfach zu beschreiben. Sie bestehen aus Kohlenstoff, Wasserstoff, Sauerstoff, ein paar Stickstoffatomen und wenigen anderen einfachen Elementen. Rührt man diese Moleküle zusammen und backt einen Schoko-Muffin daraus, lässt sich das Phänomen, das man aus dem Ofen zieht – seine Form und Farbe, sein Geruch und Geschmack –, jedoch nicht mehr hinreichend anhand einer chemischen Sprache beschreiben. Und um einem anderen Menschen die angenehme Sättigung zu vermitteln, die wir erleben, wenn das Muffinblech leer ist, reicht einfache Sprache nicht aus: Dieses Gefühl ist mit Worten nicht umfassend zu benennen, sondern nur aus der Ich-Perspektive erfahrbar. Das Ganze ist mehr als die Summe seiner Teile und eine neue Welt entsteht: sinnliche Empfindung. Das ist Emergenz.

Sprache ist ebenfalls eine einfache Sache: Setze sechsundzwanzig Buchstaben auf ein Blatt Papier und verwende dabei ein geläufiges Vokabular und die passende Grammatik; damit ist alles erklärt – oder?

Doch dann stößt man auf wenige Zeilen eines Gedichts: »Über allen Gipfeln ist Ruh / In allen Wipfeln spürest du / Kaum einen Hauch … «[13] Wer sich diesen Worten nähern will, braucht etwas anderes als ein Wörterbuch und eine Grammatik. Das Ganze ist mehr als die Summe seiner Teile und etwas Neues entsteht: seelische Empfindung. Auch das ist Emergenz.

Wir werden die Liebe nie verstehen, wenn wir sie auf biologische, soziologische und psychologische Modelle und rationale Zwecke reduzieren, statt sie selbst zu erfahren. Wir gehen also an anderen Menschen wesentlich vorbei, wenn wir sie, aus unserer gierigen Perspektive, nur als Lieferant einer Summe wohltuender Funktionen verstehen. Wir werden auch einen Partner nie verstehen, wenn wir ihn nur von der Warte unserer Bedürfnisse betrachten. Wir werden ihn vielleicht erotisch begehren, für uns gewinnen und eifersüchtig bewachen wollen. Doch eines werden wir nicht verstehen: Was ist ein Mensch? Und was ist Liebe?

Jeder Versuch, Liebe zu definieren, findet seine Grenzen in der Vielfalt der vorhandenen Liebeserfahrungen und Liebesbegriffe. Versucht man dennoch, die Liebe vom Begriff des Begehrens zu trennen, kommt man zu folgenden Überlegungen: Das Begehren ist ein Ausdruck unseres Willens. Wir wollen etwas, begehren es, handeln, um das Begehrte zu erreichen, und empfinden Befriedigung und Lust, wenn unser Wille sich erfüllt. Der Pfeil des Begehrens richtet sich also vom Innen auf das Außen.

Ein Begriff von Liebe, der sich vom Begehren absetzen möchte, beschreibt den umgekehrten Weg: Etwas Äußeres strömt in uns hinein. Wir öffnen uns, um das Geliebte aufzunehmen, »in unser Herz zu lassen«. Liebe ist damit keine Funktion des Willens, sondern eher sogar Folge eines reduzierten Eigen-Willens – nur so kann unsere Seele sich öffnen, um das Andere, Fremde, das Geliebte in uns einzulassen.

Während der Pfeil des Begehrens sich also vom Innen auf das Außen richtet, weist der Pfeil der Liebe – genau entgegengesetzt – vom Außen auf das Innen. So kann es geschehen, dass wir uns leichter verlieben in Lebensphasen, in denen wir leer, offen und auf Neues gerichtet sind: in der Jugend, auf Reisen und in der Stille der Nacht. Wir bräuchten eigentlich zwei Begriffe: einen für die Liebe als Gier und einen für die Liebe als inneres Erweitern und Öffnen zur Welt.

Die Problematik des Begehrens besteht also darin, dass gerade die Gier uns eindimensional macht. Einfach. Flach. Und leider auch dumm. Die Buddhisten haben dies gut erkannt. Im Mahayana-Buddhismus gibt es das Bild der Hungergeister: ruhelose Seelen voller Begehren, die nicht sterben können, doch deren Bäuche sich auch nicht füllen, denn was immer sie sich einverleiben, es rutscht durch sie hindurch und verliert sich ohne Spur.

Menschen lassen sich nicht konsumieren und nicht kontrollieren – doch das wollen wir nicht wahrhaben und nicht verstehen. Wir Hungergeister.

Wie ruiniere ich mein Date: Das Verhörkaffeetrinken

Ein Blick auf den Alltag zeigt: Das moderne Anspruchsdenken ist vielfältig und schillernd. Schon beim ersten Kennenlernen kann – trotz guter Vorsätze – unbewusstes Perfektionsstreben beider Partner die Liebe im Keim ersticken. Es ist daher sinnvoll, sich dieses Kennenlernen genauer anzusehen.

Wer nach langem Single-Winterschlaf endlich erwacht, wer Sehnsucht nach Nähe, Wärme und Vertrautheit spürt, der muss seine Wohnhöhle verlassen und aktiv werden. Nein! Prinzen klopfen nie an Wohnungstüren – die beiden netten jungen Herren im dunklen Anzug sind garantiert von den Mormonen.

Es gilt also, sich zu zeigen, aktiv zu werden, zu flirten und zu verabreden. Für souveräne Menschen kann Flirten wie ein Spiel sein:

Nicole, 26 Jahre:

»Man überlegt, was man tun soll, um den zu kriegen, und fragt sich gleichzeitig, will man den überhaupt haben.«

Das Balzritual der höheren Wirbeltiere verläuft folgendermaßen: Das Weibchen zeigt sich abwartend, das Männchen dagegen muss sich nähern und trägt das Risiko, abgewiesen zu werden. Auch beim Menschen ging in vormodernen Zeiten die Partnerwahl erschreckend vonstatten. In den meisten Kulturen der Vergangenheit zog die Frau zum Mann, schon bei den Neandertalern war das so, wie umfangreiche DNA-Analysen ihrer Knochenreste zeigen.[14] Die Brautwerbung war für den Mann seit Beginn der Ackerbaukultur weitgehend ritualisiert: Es wurde manchmal eine Mitgift für die Braut mitgegeben und manchmal auch ein Brautpreis verlangt, dann musste der Mann sich bemühen und mindestens eine kleinere Schafherde und ein paar warme Worte aufbringen, um die Angebetete nach Hause zu führen. Dieser Brauch der Ackerbauzeit hielt sich bis weit ins industrielle Zeitalter; bis zum Ende des 19. Jahrhunderts musste ein Mann aus besseren Kreisen zunächst bei den Eltern vorsprechen und ein ausreichendes Auskommen vorweisen, bevor er sich einer behüteten jungen Dame nähern durfte. Die Frau war zur Passivität verdammt und das Risiko, abgelehnt zu werden, trug der Mann. Dies ist übrigens ein wesentlicher Grund, warum in dieser Zeit die Romantik in Hochblüte stand. Junge Studenten hatten keine Aussicht auf eine Heirat, solange sie kein Auskommen hatten. Geheiratet wurde daher erst im fortgeschrittenen Alter. Das Ergebnis: Während Frauen bereits früh verheiratet wurden, litten junge Männer jahrelang erotische Not. Und so blieb ihnen nichts anderes übrig, als diese in schwärmerischen literarischen Ergüssen zu sublimieren – der Literatur und Philosophie hat dies einen enormen Auftrieb gegeben. Zeiten erotischen Mangels kultivieren meist das romantische Liebesideal: »Nur wenn man sehnt und schmachtet, ist es wahre Liebe«. Es kann gar nicht genug betont werden, dass dieses Liebesideal von Männern – und auch Frauen – erschaffen wurde, die von der körperlichen Seite der Liebe zumeist lange ausgeschlossen waren.

Das Risiko, zurückgewiesen zu werden, empfinden viele Männer bis heute als große Belastung.

Marcel, Student, 23 Jahre, berichtet:

»Wie ich Frauen kennenlerne? Wie soll das schon gehen? Ich gehe mit ein paar Kumpels in einen Club auf die Reeperbahn. Dort lassen wir uns dann zulaufen, bis wir mutig genug sind. Dann labern wir besoffen ein paar Frauen an. Das Ergebnis ist auch meistens entsprechend katastrophal.«

Dank der modernen Gleichberechtigung ist das klassische Balzritual aber nicht mehr zwingend – und das hat Folgen: Das Risiko und die Angst, zurückgewiesen zu werden, sind heute auf beide Geschlechter verteilt. Am deutlichsten zeigt sich dies beim Online-Dating.

Isabell, 36 Jahre, berichtet über ihr Dating-Portal:

»FINYA ist etwas zwischen unendlicher Einöde und Irrenhaus. Es ist nichts so stressig, so Las-Vegas-mäßig, wie Finya. Da herrscht Damenwahl: Die Männer werden zugetextet, als ob es kein Morgen gibt.

Alles ist anonym. An den Sätzen, die man dort ganz unzensiert von sich gibt, lernt man sich selbst gut kennen. Mit der Zeit lernt man Kröten von Fröschen unterscheiden und Haifische von Delfinen. Doch es ist nicht nur eine künstliche Welt und nicht alles ›virtuell‹. Wenn einer sich nicht mehr meldet, dann bekommt man den nassen Fisch ins Gesicht, dann tut es so weh, wie wenn einer nicht zurückruft. Es tut immer weh, wenn das Pflaster abgerissen wird, auch im Internet.«

Während junge Männer oft in ihrer Rolle unsicher sind, zeigen sich Frauen beim Flirten und Daten meist routinierter. Vielleicht liegt dies auch daran, dass sich Frauen regelmäßig untereinander über Männer austauschen. Frauen sehen meist kein Problem darin, mit der besten Freundin alle Eigenschaften eines neuen Partners genau zu diskutieren; zudem sind sie mit Flirt-Tipps und Ratschlägen zum gelungenen Date aus Zeitschriften und Vorabendserien gut versorgt. Dennoch fühlen auch Frauen sich in ihrer neuen Rolle keineswegs wohl. Die traditionelle Vorstellung, begehrtes Objekt der männlichen Lust zu sein, kollidiert mit der ernüchternden Wahrnehmung, dass nunmehr der Mann als begehrtes Objekt zu umwerben sei.

Die Soziologin Eva Illouz sieht bei diesem vermeintlich gleichberechtigten modernen Liebeswerben die Frau im Nachteil[15]: Der Wunsch der Frau nach Anerkennung und Bindung kollidiere mit dem Wunsch des Manns nach Unabhängigkeit. Letztlich sei die Frau gezwungen, sich dem Autonomiebedürfnis des Mannes anzupassen und ihre Bindungswünsche zu verleugnen.

Illouz beschreibt den modernen Partnermarkt ausdrücklich »aus der Perspektive von Frauen, die sich für die Ehe, Kinder und einen Lebensstil der Mittelschicht entscheiden«.[16] Aus deren Perspektive erscheine der Heiratsmarkt verengt, denn die Auswahl an bindungswilligen Männern sei begrenzt. Dieser Männermangel beruhe unter anderem auf der weiblichen Tendenz, »nach oben« heiraten zu wollen, also auf dem Wunsch, einen Mann mit vergleichbarem oder höherem Bildungsstatus und Einkommen auszuwählen – man spricht hier von *Hypergamie*. Die klassischen Alpha-Männchen wüssten natürlich um ihren Wert und zeigten sich wählerisch und bindungsscheu. Illouz sieht hierin ein deutliches Machtgefälle zuungunsten der Frau.

Ein neutraler, geschlechtsloser Beobachter – nehmen wir ruhig ein kleines grünes Marswesen – könnte an dieser Stelle durchaus fragen:

»Moment – besteht wirklich ein Machtgefälle zuungunsten der Frau auf dem Liebesmarkt? Was ist denn mit den weniger wohlhabenden Männern, die im Partner-Wettbewerb unterliegen, die keinen Status und keine Wirtschaftsmacht aufweisen und daher an Frauen schwerer vermittelbar sind? Nicht jede Frau kann exklusiv mit einem Alpha-Männchen verheiratet sein – auch wenn sie es noch so sehr wünscht.«

Selbstverständlich trifft es zu, dass kinderwilligen Frauen weniger Lebenszeit zur Verfügung steht als Männern, um den Kinderwunsch zu realisieren. Der wohlhabende, gebildete Mann steht – aus rein statistischen Gründen – nicht allen Frauen zur Verfügung, die ihn begehren, und er nutzt daher seine Macht. Dies wird von Frauen subjektiv als Frustration und Mangel erlebt. Den gleichen Mangel und die gleiche Frustration ihrer Ansprüche und Wünsche erlebt jedoch auch die Mehrzahl der Männer, denn das Objekt ihrer Sehnsucht, die überdurchschnittlich attraktive Frau, kann ebenfalls aus rein statistischen Gründen nicht allen willigen Männern zur Verfügung stehen und so nutzt sie ebenfalls ihre Macht. Auch von Männern wird die Konkurrenzsituation also subjektiv als Frustration und Mangel erlebt.

Es bleiben Zweifel, ob die Reduktion des Liebesbegehrens auf soziologische Kriterien das Leiden an der Liebe wirklich zu erfassen vermag. Schuldzuweisungen im Geschlechterkampf führen an dieser Stelle nicht weiter und enden im Unentschieden. Der Anspruch beider Seiten, der optimale Wunschpartner habe zur Verfügung zu stehen, erweist sich auch in dieser Analyse als stete Quelle des Leids. Die Angelegenheit erscheint nur dann als ungerecht, wenn man das eigene Interesse (ökonomische Sicherheit) gegen das andere Interesse (erotisches Begehren) in Rechnung stellt und die Bedürfnisse der jeweils anderen Seite abwertet oder leugnet. [17] Sowohl das Begehren des Mannes als auch das Begehren der Frau sind letztlich kein Selbstzweck, sondern erfüllen ihre Aufgabe im ewigen Streben der Gene nach optimaler Fortpflanzung. Es gibt nur wenige Schokoplätzchen in jeder Kekstüte und nur wenige Rosinen auf jedem Kuchen – das gilt für Männer und das gilt für Frauen, das galt für vergangene Jahrhunderte und das gilt für das 21. Jahrhundert. Doch wer die Rosinen nicht aus dem Kopf bekommt, der sollte seine Kompromisslosigkeit nicht zur Ideologie veredeln.[18]

All das theoretische Wissen moderner Singles um Chancen und Risiken führt in der Praxis zu einem der Liebe abträglichen Dating-Verhalten. Natürlich wollen die meisten ihr Date nicht absichtlich scheitern lassen. Die Fülle der Ansprüche und Wünsche macht sie jedoch übervorsichtig und kritisch. Gerade *weil* sie wissen, auf was sie beim Gegenüber achten müssen, und gerade *weil* sie wissen, was alles falsch laufen kann, wenden sie, ganz ohne Absicht, eine Methode an, die leider zum Tod einer möglichen Liebe führt: *das Verhörkaffeetrinken.*

Während Heranwachsende bis Anfang zwanzig sich meist ungezwungen verabreden und abwarten, was geschieht, neigen ältere Singles zur strategischen Planung. Nehmen wir als Beispiel Lena und Paul: Beide, durch Erfahrung klug geworden, wollen dieses Mal nichts dem Zufall überlassen. Im Internet wurde schon ausführlich gechattet, zudem haben sie bereits miteinander telefoniert. Damit das Interesse nicht durch wochenlangen elektronischen Kontakt verflacht – wie bei früheren Gelegenheiten –, haben beide beschlossen, sich nun kennenzulernen. Daher haben sie sich in einem ruhigen Café in der Innenstadt verabredet. Sie treffen sich vor dem Eingang und finden sich auf Anhieb sympathisch: Paul mag Lenas heiteres Lachen und Lena gefällt Pauls ruhige Art. Sie setzen sich ins Café und versuchen Small-Talk.

Ein Problem entsteht nun dadurch, dass beide sehr genaue Vorstellungen haben, wie ihr idealer Partner zu sein habe – und noch wichtiger: Sie wissen beide, mit welchen Eigenschaften sie auf keinen Fall zurechtkommen werden. Man denkt praktisch: Mögliche Hindernisse einer Partnerschaft sollen gleich beim ersten Treffen erkannt, Risiken eingeschätzt und Charakterfehler geprüft werden. Deshalb flechten beide Nachfragen in das Gespräch – natürlich nur vorsichtig und nebenbei, in einen kleinen Witz verpackt, vermeintlich ganz ohne Hintergedanken.

Zunächst versucht Lena zu testen, wie Paul materiell dasteht – selbstverständlich nur, damit sie weiß, ob die Rechnung nachher halbiert wird:

»Das ist aber ein schöner Wagen, den du hast. War offensichtlich nicht billig. Da zahlt man sicher hohe Raten. Oder hast du den direkt bezahlt?«

Zum Glück steht Paul sehr sicher im Leben und kann dementsprechend antworten, der Wagen sei neu und gehöre nicht der Bank. Fast unbewusst wird er kurz registrieren, dass Lena auf materielle Reize reagiert.

Paul hingegen hat schlechte Erfahrungen mit einer Exfreundin, die sich zu oft die Nase pudern ging. Auf keinen Fall will er wieder eine Partnerin, die Drogen nimmt. Das möchte er natürlich nicht offen sagen:

»Dieser gute Freund von mir, Karl, der hat ja immer gekifft ... und auch gekokst ... Und das nicht nur einmal. Der war dann immer ganz anders. Vielleicht kennst du so etwas. Hast du eigentlich schon mal Koks probiert?«

Zum Glück kann Lena verneinen, doch ihr Unbewusstes wird registrieren, dass dies eine seltsame Frage war, deren Sinn sie nicht ganz erschließen kann. Sie überspringt ihr kurzes Unbehagen, denn auch sie hat noch viele Fragen. Da ihr letzter Freund, ein Bankkaufmann, sehr konservativ war, geriet er auf Partys immer wieder mit den eher alternativen Partnern ihrer Freundinnen in Konflikt. Derlei Rivalitäten will Lena künftig auf jeden Fall vermeiden, also lenkt sie die Gesprächsrichtung zur Tagespolitik. Heute habe sich ihr Vater ja so sehr über die Regierung aufgeregt, er habe richtig Stress gemacht wegen der neuen Ökosteuern, stellt Lena als offene Bemerkung in den Raum und sieht Paul interessiert an.

Nun fühlt sich Paul leicht unbehaglich, denn er mag Lena, weiß allerdings nicht, wohin ihre Frage zielt, und vermutet, dass jede seiner Antworten falsch sein könnte. Daher versucht er, zum vermeintlich passenderen Thema Erotik zu wechseln, und antwortet scherzhaft, aber ausweichend: *»Nur die Liebe bleibt steuerfrei ... «*

Doch Lena nimmt den Ball nicht auf. Durch die Nennung ihres Vaters wechseln ihre Gedanken jetzt zu ihrer Familie: Sie legt Wert darauf, dass ein möglicher Partner sich mit seiner und mit ihrer Familie versteht. Von Männern, die sich um nichts und niemanden kümmern, hat sie genug. Sie geht davon aus: Wer sich um seine Familie sorgt, ist sozial und nimmt Rücksicht auf andere. Natürlich will sie ihre Überlegungen nicht offen durchscheinen lassen – und genau deshalb behauptet sie zunächst, ihre eigenen Eltern seien ziemliche Nervensägen. Sie glaubt, dadurch werde Paul offenherziger ausplaudern, ob sein Kontakt zur eigenen Familie eingeschlafen ist:

»Mein Vater nervt immer auf diese Tour. Das geht jede Woche so. Er ruft laufend bei mir an. Na ja, Eltern ... Wie oft telefonierst du denn so mit deinen Eltern?«

»Einmal die Woche!«, kann Paul wahrheitsgemäß antworten – doch er will immer noch wissen, ob Lena eher ein Partygirl oder eine Frau fürs Leben ist, daher kommt er jetzt zum entscheidenden Punkt, der Frage nach früheren Beziehungen:

»Meine letzte Freundin habe ich verlassen, weil ich sie mit ihrem Exfreund erwischt habe. Nachts. Um drei. Bei uns zu Hause. Ich war eigentlich mit Freunden bei einem Open-Air-Konzert, kam aber wegen Dauerregen früher nach Hause. Na ja, Menschen sind nicht immer verlässlich ... wie war das denn bei deinem Exfreund?«

Lena ist ziemlich erleichtert, dass Paul hiermit das Thema aller Themen angesprochen hat: die früheren Beziehungen. So können beide ihre Expartnerschaften durchdiskutieren und verleben damit drei unterhaltsame Stunden. Paul fühlt sich von Lena verstanden und Lena von Paul. Beide versprechen, sich anzurufen, und beide gehen zufrieden nach Hause. Allein.

Seltsamerweise entwickelt sich am Folgetag nur spärlicher Internet-Kontakt. Ein Telefonat am übernächsten Abend bleibt nett, aber folgenlos. Beide erkennen: Der Funke ist nicht übergesprungen. Schade. Es hätte doch so gut gepasst. Sie fragen sich: Warum hat das mit uns nicht funktioniert?

Die europäische Geschichte ist durch jede Menge Kriege, Katastrophen und Hungersnöte geprägt. Dementsprechend steht in der europäischen Gesellschaft eines im Vordergrund: Sicherheit. Europäer mögen es nicht, wenn die Dinge schwer zu berechnen sind, lieber versichern sie sich gegen alle Gefahren. Daher leben wir in einer Versicherungsgesellschaft. Das Leben soll planbar sein und ohne große Risiken. Spaß muss es natürlich auch machen, doch soll es ein Spaß sein, den man berechnen kann.

Dieses Berechnen funktioniert in vielen Bereichen des Lebens erstaunlich gut: Arbeitgeber und Staat garantieren Kranken- und Sozialversicherungen, wir stocken mit einer privaten Rentenversicherung auf, packen noch Haftpflicht, Rechtsschutz und Berufsunfähigkeit dazu, und weil der Versicherungsvertreter das so schön erklärt, folgen Versicherungen gegen Fahrraddiebstahl, Sturmschäden, Einbruch und Verlust des Reisegepäcks. Am liebsten würden wir uns gegen das ganze Leben versichern - weswegen die Lebensversicherung eigentlich eine Mogelpackung ist, denn sie deckt zwar viele materielle Risiken ab, doch eines ganz sicher nicht: das Risiko der Liebe.

Die Liebe ist eine seltsame kleine Pflanze. Sie gedeiht auf hohen, kargen Felsen besser als in fetter, schwarzer Erde - sie liebt als Dünger das Ungeplante, die Aufregung, den Zweifel, den Taumel und manchmal auch die Gefahr. *Kairos,* ein griechisches Wort, bezeichnet den besonderen Augenblick. *Kairos* - ein unerwartetes Lächeln im Hochhaus-Fahrstuhl, der freundliche Blick an einem Novembermorgen, ein gemeinsam verpasster Bus, das Ungewisse, der ungewöhnliche Moment, kurz: Überraschung, Herzklopfen und ein besonderer Ort standen am Anfang so mancher großen Liebesgeschichte.

Hierbei handelt es sich keineswegs um wolkige Beziehungslyrik, sondern um konkret nachweisbare Effekte. Das klassische psychologische Experiment hierzu sah so aus: Junge Männer bekamen die Aufgabe, auf eine Brücke zu gehen und ihre Eindrücke der Landschaft zu beschreiben. Dabei teilte man zwei Gruppen auf: Die Teilnehmer der ersten Gruppe mussten über eine stabile Holzbrücke gehen, die zweite Gruppe wurde auf eine Hängebrücke geführt, die über einem gähnenden Abgrund schwankte. In beiden Fällen begleitete sie eine junge Frau als Versuchsleiterin. Am Ende des Experiments füllten alle Studenten einen Fragebogen aus; doch dabei handelte es sich lediglich um eine Ablenkung. Das eigentliche Ziel des Versuchs bestand darin, herauszufinden, wie attraktiv die Teilnehmer die junge Frau fanden. Das Ergebnis: Die junge Frau wurde von den Studenten, die sie im Augenblick der Ungewissheit und Gefahr kennenlernten, als deutlich attraktiver eingeschätzt als von den Teilnehmern der anderen Gruppe [19]

Überraschung und Ungewissheit sind also wesentliche Katalysatoren der Liebe, vielleicht weil Liebe den offenen Raum der Fantasie benötigt, um ihre zarten Luftwurzeln zu schlagen und wachsen zu können. Sicherheitsdenken dagegen tötet die Fantasie. Wer beim ersten Treffen alles über sich erzählt oder sogar im Internet bereits alles ausgeplaudert hat, der muss bei den nachfolgenden Treffen schon ein ordentliches Feuerwerk zünden, damit die Sache abenteuerlich und spannend bleibt.

Für die Anfangsphase des Kennenlernens möchte ich daher das Sprichwort *Die Liebe ist ein Kind der Freiheit* abwandeln in: *Die Liebe ist ein Kind der Ungewissheit.* Das gilt es zu berücksichtigen, trotz allem berechtigten Sicherheitsdenken. Konkret: Singles sollten bei den ersten Treffen darauf achten, nicht ihre Biografien rauf und runter zu hecheln – man kann sich sowieso nicht gegenseitig therapieren, und ein Rest an Geheimnis erhält das gegenseitige Interesse. Auch die Beziehungsfragebögen, die man in anspruchsvolleren Internet-Portalen ausfüllen muss, sind vor diesem Hintergrund kritisch zu sehen. Liebe ist nicht wirklich planbar, und mögliche Partner lassen sich nicht durch Verfahren finden, die eher einem Assessment-Center als einem Liebesroman angemessen sind.

Liebe entsteht nicht aus der maximalen Summe von Übereinstimmungen zweier Menschen – sonst wären alle Zwillingspaare ja unsterblich ineinander verliebt. Manche Psychologie-Statistiker meinen zwar, herausgefunden zu haben, es fördere die Partnerschaft, wenn man maximal gleiche Interessen und Hobbys habe. Doch wie ist diese Erkenntnis zu bewerten? Was wurde bei diesen Untersuchungen wirklich gefunden? Die Wahrheit über Partnerschaften? Das Herz der Liebe?

Man kann diese Statistiken auch ganz anders lesen: als Krankheitsbericht. Die vermeintliche Wahrheit wäre dann nur ein Symptom. Das Symptom weist auf die Pathologie: Paare sind nur dann bereit zusammenzubleiben, wenn alles übereinstimmt, gut geht und funktioniert.

Das Dilemma der unreflektierten statistischen Psychologie besteht darin, dass sie die Beschreibungsebene ihrer Daten nicht hinterfragt. So wird schnell aus einem Ist-Zustand eine Norm. Das Symptom der egoistischen Konsumforderung »Schaff mir den Partner-Zwilling« wird so von den Jüngern einer statistikverliebten, aber werteblinden Psychologie als Lösung verkauft. Eine rein an äußeren Fakten haftende Wissenschaft, die auf innerseelische Beschreibungsebenen verzichtet, erkennt den narzisstischen Virus nicht und reicht die Infektion an populärwissenschaftliche Publizisten weiter, die die Krankheit in Talkshows, Beziehungsratgebern sowie Männer- und Frauenzeitschriften als Ideal verkaufen: Ja. Dein Partner muss so sein wie du!

Natürlich sind Fragen nach Drogenkonsum, Einkommen, Sozialverhalten und vorherigen Partnerschaften durchaus von Interesse. Man sollte nur überlegen, ob sie gleich beim ersten Treffen zu klären sind. Wer davon nicht lassen kann, tue es bitte sehr dezent. Wie bei jedem eleganten Verhör ist es am besten, wenn das Gegenüber gar nicht merkt, dass es verhört wird.

Zudem gelingt es nur selten, äußerlich eine vermeintlich entspannte Unabhängigkeit zu zeigen, während man innerlich die Liebe als religiöses Erweckungserlebnis herbeimanipulieren möchte – diese routinierte Unaufrichtigkeit färbt jedes Gespräch künstlich und unecht.

Wer die Spannung der Liebe auf jeden Fall vermeiden möchte, der sollte seinem zukünftigen Partner durch umfassende Internet-Recherchen hinterherspionieren:

»Für mich gab es vor dem ersten Date nur eine Möglichkeit: Google (...) Man will Gesprächspausen vermeiden, peinliche Missverständnisse verhindern und mögliche Konfliktthemen beim ersten Treffen aussparen. Unvorhergesehenes soll eliminiert werden. Volle Kontrolle. Warum Risiken eingehen, wenn man doch auch alles vorbereiten kann?«[20]

Tja, wieso also Risiken eingehen?
Wieso Unvorhersehbares wagen?
Wieso Verzicht auf Kontrolle?

Vielleicht, weil ein Leben in Sicherheit langweilig ist und aus uns selbst große Langeweiler macht.

Vielleicht, weil man einem anderen Menschen sowieso nicht in die letzten Winkel der Seele blicken kann.

Vielleicht, weil im Internet nur die Selbstdarstellung, sprich die Propaganda-Version, unseres Gegenübers zu finden ist.

Vielleicht, weil man Männer und Frauen nicht rational einkaufen kann wie Ware auf einem Markt.

Vielleicht, weil derjenige, der misstrauisch auf Charakterfehler des anderen lauert, nur Anspannung, Argwohn und schlechte Gefühle verbreitet.

Und schließlich - auch wenn ich mich wiederhole: Weil es ohne Risiko keine Liebe gibt.

II
Zusammenbleiben

»Man erzählt, ein Hund und ein Pferd waren befreundet. Der Hund sparte dem Pferd die besten Knochen auf, und das Pferd legte dem Hund die duftigsten Heubündel vor, und so wollte jeder dem anderen das Liebste tun, und so wurde keiner von beiden satt. Das gibt genau ein Elend noch zwischen sich nächsten Menschen wieder, vorab verschiedenen Geschlechts.«

Ernst Bloch

50 Prozent Freiheit, 50 Prozent Intimität: Die Bierdeckeltheorie der Liebe

Eines Tages erzählte mir ein Klient von seinen letzten Beziehungen. Er berichtete von sehr unterschiedlichen Frauen mit unterschiedlichen Bedürfnissen. Am Ende des Gespräches sagte er: »Das mit der Liebe ist doch immer die gleiche Sache, Dr. Paetzold. Ich habe da ein einfaches Modell: Mit der Liebe ist es so wie mit zwei Bierdeckeln.«

Damit keine Zweifel aufkommen: Das Gespräch fand mittags in meiner Praxis statt – und nicht abends in der Kneipe.

»Erzählen Sie!«, ermunterte ich mein Gegenüber.

Mein Klient nickte zufrieden. »Nehmen Sie zwei Bierdeckel, und prüfen Sie, wie man sie übereinanderlegen kann: Beide Scheiben können sich vollkommen decken, sie können sich halb überschneiden, zu einem Viertel, zu einem Achtel, zu einem Sechzehntel und so fort ...!«

»Oder gar nicht«, antwortete ich.

»Nein«, antwortete mein Klient, »ein wenig Überschneidung muss sein, sonst haben die Deckel keine Beziehung.«

»Da widerspreche ich nicht.«

»Nun, so wie mit den Bierdeckeln verhält es sich auch mit der Liebe. In manchen Beziehungen teilt man alles miteinander: Wohnung, Arbeit, Freizeit. Das funktioniert natürlich nur, wenn beide Partner die gleichen Wünsche haben.«

»Das sind seltene Beziehungen, aber zugegeben, es gibt sie!«, sagte ich. »Beide Partner müssen vor allem viel Nähe aushalten!«

»Ja, und deshalb findet man auch so viele Halbdeckelbeziehungen, Vierteldeckelbeziehungen und Achteldeckelbeziehungen. Und jetzt kommt der wichtigste Punkt: Wissen Sie, wann eine Liebe unglücklich verläuft?«

»Natürlich. Wenn die Deckel nicht passen!«

»Genau«, antwortete mein Klient. »Ich war zeitlebens ein Mensch für Vierteldeckelbeziehungen und bin leider immer an Frauen mit Ganzdeckelbeziehungswunsch geraten. Mit einem Sechzehnteldeckel würde ich es allerdings auch nicht aushalten.«

So weit mein Klient. Vielleicht klingt seine Bierdeckeltheorie der Liebe etwas simpel. Mit ihrer Hilfe lassen sich Partnerschaftsprobleme jedoch sehr gut beschreiben. Oft existieren unterschiedliche Vorstellungen darüber, wie viel man miteinander teilen soll und wie viel Freiraum jeder Partner behalten darf. Dass aus diesen Differenzen ein Konflikt wird, ist keineswegs selbstverständlich. Wenn beide Partner der Meinung sind, unterschiedliche Vorstellungen seien vollkommen in Ordnung, dann sind diese Differenzen kein »Problem« und man rauft sich irgendwie zusammen. Das Paar ignoriert dann zwar die trendige psychologische Überzeugung unserer Zeit, eine Beziehung müsse immer harmonieren und alle Bedürfnisse befriedigen – dafür aber kann jeder der Partner ertragen, dass sein Gegenüber einfach anders ist.

Zum »Problem« werden unterschiedliche Auffassungen erst dann, wenn beide Partner überzeugt sind, es müsse eine fast hundertprozentige Deckung der Grundeinstellungen geben. Besonders tückisch ist dabei, dass Beziehungssprengstoff sich sowohl in banalen als auch in sehr grundlegenden, kaum zu greifenden und daher gut versteckten »Grundeinstellungen« verbirgt.

Offensichtliche Konflikte sind diejenigen, die aus unterschiedlichen Gewohnheiten des Alltags entstehen. Was helfen einem der schönste Partner, die größte Sympathie und der beste Sex, wenn zeitlebens die einfachsten Alltagsdinge nicht zueinander passen? Im ersten Liebesrausch steht man solche Probleme vielleicht locker durch und spricht dann verharmlosend von Startschwierigkeiten. Doch das ist Selbsttäuschung. Auch langjährige Beziehungen scheitern an ungelösten, vermeintlich »banalen« Problemen, die auf Dauer nicht toleriert werden, an Themen wie Verlässlichkeit, Ordnung im Haushalt und der Frage, ob man es schafft, gemeinsame Lebensrhythmen und Alltagsrituale aufrechtzuerhalten.

Wie werden Partnerschaften nun durch tiefer liegende und dadurch weniger offensichtliche Grundeinstellungen beeinflusst? Die Bierdeckeltheorie der Liebe sagt letztlich das gleiche aus wie die moderne *Bindungsforschung*. Diese beschreibt den Aufbau und die Veränderung enger Bindungen im Lauf der biografischen Entwicklung. Anhand umfassender Studien konnte durch die Bindungsforschung gezeigt werden, dass Menschen sich stark darin unterscheiden, wie weit sie sich auf Beziehungen einlassen wollen und können.

Eine Klientin berichtet über ihren Partner:

»Ich finde ihn ruhelos, er findet sich unabhängig. Dazwischen liegt wohl irgendwo die Wahrheit.«

Menschen haben sehr unterschiedliche Bedürfnisse hinsichtlich Nähe und Geborgenheit. Manche können von Nähe nicht genug bekommen, einige sehnen sich zwar nach Nähe, bekommen jedoch Schwierigkeiten, sobald ein Partner ihnen zu nahe rückt, und andere brauchen durchgehend eine deutliche Distanz und relativ viel Zeit, bevor sie einem Menschen wirklich vertrauen.

Das Grundproblem: Freiheit und Nähe stehen sich als Pole gegenüber. Absolute Nähe kann ersticken, absolute Freiheit lässt erfrieren. Einerseits ertragen nur wenige Menschen eine Nähe, die in vollkommener Verschmelzung beider Privatsphären endet. Andererseits bleiben nur wenige Beziehungen stabil, die unter der neoliberalen Vorstellung laufen: *Jeder von uns darf machen, was er will.* Der wohlfeile Spruch *Die Liebe ist ein Kind der Freiheit* führt hier zumeist zum Scheitern.

Unsere Wünsche und Vorstellungen, wie Bindung funktionieren soll, werden bereits in der Kindheit angelegt. Für das Erwachsenenalter gilt die Faustregel: Ein Drittel der Erwachsenen wünscht eine sehr nahe, innige Beziehung, ein Drittel verhält sich deutlich distanziert und ein Drittel bewegt sich im Mittelfeld zwischen beiden Polen und prüft im Einzelfall, wie viel Nähe und Distanz zugelassen werden kann. Das entspricht weitestgehend dem simplen Bierdeckelmodell der Liebe.

Bei genauerer Betrachtung kann man in der Praxis vier Typen unterscheiden: den Traurig-Sehnsüchtigen, den Bindungssicheren, den Verstrickten und den Distanzierten.

Traurig-sehnsüchtige Menschen haben in ihrem Leben oft Verluste erfahren; manchmal handelt es sich um längst vergessene Trennungserfahrungen aus den ersten Lebensjahren. Sie ersehnen sich nichts mehr als eine erlösende Beziehung, um den alten Verlust auszugleichen. In ihrer Fantasie streben sie meist nach vollkommener partnerschaftlicher Harmonie, in inneren Hollywoodfilmen malen sie aus, wie der Traummann oder die Traumfrau sie erlösen komme und was man in der idealen Partnerschaft gemeinsam unternehmen und teilen werde. Damit sie nicht erneut enttäuscht werden, basteln Traurig-Sehnsüchtige einen umfangreichen Kriterienkatalog, der beschreibt, wie Traumfrau oder Supermann zu sein haben. Das übergroße Begehren nach Nähe erstickt leider so manchen Beziehungsversuch bereits im Vorfeld, was wiederum ein Grund für erneute Trauer und noch größere Sehnsucht wird. Der Vorteil der Traurig-Sehnsüchtigen: Gelingt ihnen eine Beziehung, können sie sehr treu und verlässlich sein.

Der verstrickte Bindungstyp hat in seiner Kindheit widersprüchliche Erfahrungen gemacht. Er konnte seelisch nicht zuverlässig speichern, ob ihn Eltern und Umwelt ausreichend geliebt haben oder nicht. Daher pendelt er auch im Erwachsenenleben zwischen Idealisierung des Partners, solange alles nach seinen Vorstellungen läuft, und Enttäuschungswut, sobald es Frustrationen gibt. Das Leben mit ihm gleicht einer Achterbahnfahrt: Einmal wird er dem Partner seine ganze Liebe anbieten, im nächsten Moment wird er leider Zweifel haben und mit gepacktem Koffer an der Tür stehen – selbstverständlich, um im Treppenhaus dann doch wieder umzukehren.

Der bindungssichere Mensch zeichnet sich durch Selbstsicherheit, Frustrationstoleranz und Verständnis für seinen Partner aus. Bis zu einem gewissen Grad kommt er daher auch mit den anderen Beziehungstypen zurecht. Er ist sympathisch, weil seine Selbstsicherheit nicht aufgesetzt wirkt und seine Gelassenheit nicht gespielt ist. Der ideale Vorzeigepartner! Wenn es passt und er in den sicheren Hafen möchte, wird er bereit sein, eine recht intensive Beziehung zu gestalten, und versuchen, einen soliden Mittelweg zwischen Freiheit und Geborgenheit zu finden. Falls die Liebe stabil ist, kommt er auch mit dem traurigen und dem verstrickten Typ zurecht, er ist großzügig genug, um Kompromisse einzugehen.

Aber Vorsicht: Man kann selbstsichere Menschen mit selbstverliebten Menschen verwechseln. Schwer narzisstische Menschen täuschen Selbstsicherheit vor und machen ungern Kompromisse. Sie setzen ihren Charme ein, um für sich das Beste herauszuholen. Auf Dauer sind sie sehr schwierige Partner – siehe auch Teil IV: »Selbstbewusstsein: Das Drama der Narzissten.«

Der distanziert-beziehungsabweisende Typ kommt mit den anderen Typen kaum zurecht. Mit Nähe kann er nicht viel anfangen. Entweder vermisst er sie nicht, oder sie macht ihm Angst. Es macht daher keinen Sinn, ihm Vorwürfe zu machen, denn man kann einen bindungsabweisenden Menschen nicht wirklich umerziehen, er empfindet seine Distanziertheit selten als Problem. Wie ein freiheitsliebendes, wildes Tier, ist er kaum zu zähmen. Man sollte ihn nicht einsperren, sonst wird er depressiv und randaliert; nur gelegentlich darf man ihn berühren und noch seltener kann man mit ihm kuscheln. Wer ihn mag, muss das verstehen. Man lasse ihn in freier Wildbahn und in seiner Höhle. Wenn er im Winter alleine friert oder nachts als einsamer Wolf zum Mond jault, dann darf man ihn besuchen, und er wird sich freuen.

Lernt man einen Menschen kennen, den man sich zum Partner wünscht, dann ist es hilfreich, darauf zu achten, welcher Bindungstyp vor einem steht. *WYSIWYG* war zeitweise ein beliebtes Kürzel im Internet: *What you see is what you get.* Natürlich lassen sich Menschen nicht auf einfache Modelle reduzieren. Was uns ausmacht, sind hunderte von Facetten unseres Lebens und jedes Paar bestimmt immer wieder neu, welche Facetten ihm wichtig sind.

Eine Beziehung besteht immer aus Kompromissen – in Alltagsgewohnheiten und bei grundsätzlichen Bedürfnissen. Damit der große Kompromiss namens Beziehung ein guter sein kann, ist es wichtig zu verstehen, dass man in einem Bereich nachgibt und in einem anderen dafür vom Nachgeben des Partners profitiert. Dieses Nachgeben kann aber nur dann wirklich funktionieren, wenn jeder anerkennt, dass der Partner ein Recht darauf hat, die Dinge grundsätzlich anders zu sehen und zu empfinden, und wenn jeder Partner grundsätzlich verstanden hat, dass dieses Anders-Sein und Anders-Sehen nicht zwangsläufig gegen die Beziehung spricht.

Biochemie und Liebesmythen: Beziehungsphasen

»Ich bin hart. Ich heule nur, wenn es dunkel ist.«

Ein Mann

Laura ist wirklich attraktiv: 24 Jahre, groß, blond, sportlich, lieb, eigentlich sollte es ihr leichtfallen, einen Partner zu finden. Zudem ist sie keine Frau für eine Nacht – nein, sie will und kann treu sein und findet auch immer wieder einen Mann, den sie für sich begeistert. Dann ist sie Feuer und Flamme, beide sind verliebt, ziehen zusammen, bauen ein gemeinsames Nest und sind für vier Monate nicht zu erreichen. Im fünften Monat sieht man Laura wieder öfter in der Öffentlichkeit. Im sechsten Monat wirkt sie ein wenig traurig und im siebten Monat berichtet sie: »Ich glaube, es läuft nicht gut. Die Schmetterlinge sind fortgeflogen, ich weiß nicht, wohin – ich spüre die ganze Verliebtheit nicht mehr.« Laura ist tief enttäuscht, all ihre Träume fallen zusammen, und schließlich kommt es zur Trennung. »Tja, es war wohl wieder nicht der Richtige«, meint Laura.

Solange wir noch jung sind, glauben wir, unser Fühlen und Handeln sei planbar:

- »Aus Fehlern wird man klug.«
- »Beim nächsten Mal wird alles anders.«
- »Diese Beziehung hat wehgetan, so dumm bin ich nie wieder.«

Doch je älter man wird, desto häufiger muss man erkennen: Ich tappe immer wieder zielsicher in die gleiche Falle. Laura sitzt in so einer Falle. Ein paar Monate verträumt sie mit ihrem jeweiligen Liebhaber auf der Hollywoodschaukel, doch sobald der Alltag einkehrt, die Liebe ein wenig abflaut und man sich morgens blass und wortkarg vom Küchentisch verabschiedet, ist sie enttäuscht.

Laura fällt regelmäßig aus allen Wolken, weil ihre Vorstellung von Liebe immer wieder an der Wirklichkeit zerschellt – kein Wunder, ihre Bilder von Liebe sind geprägt von tausenden von Filmen, in denen das Liebespaar sich sah, fand, leidenschaftlich verliebte und einander zutiefst verfallen für immer auf goldbestäubten Wolken entschwebte. Laura folgt mit ihrem inneren Drehbuch einem romantischen Liebesmodell, das dadurch, dass es in jedem Märchen, Film und Unterhaltungsroman wiederholt wird, nicht wahrer wird. Sie wäre weniger enttäuscht, wäre ihr Drehbuch etwas realistischer.

Es mag Ausnahmen von der Regel geben, doch in den meisten Fällen verläuft die Verliebtheit in Phasen. Nach einer anfänglichen Episode des Rausches – »Der Typ ist fantastisch, mir ist alles egal, ich folge ihm auch nach Honolulu« – folgt bald eine weniger vernebelte Sicht – »Also Honolulu muss nicht ... eine 70-qm-Wohnung in der City wäre auch ganz schön« – und schließlich das Stadium der Realität – »Er sieht zwar toll aus, aber er könnte mal seine Zehennägel schneiden«. Damit die Bauchlandung nicht allzu hart wird, ist es klug, im nüchternen Zustand – also bevor man sich verliebt – vier grundlegende Phasen einer Beziehung zu unterscheiden: die Verschmelzungsphase, die Partnerschaftsphase, die Prüfungsphase und die Stabilisierungsphase.

Am Anfang jeder großen Liebe steht die **Verschmelzungsphase**. Die Hormone spielen verrückt; Adrenalin, Serotonin, Phenyläthamin, Vasopressin, bei Männern Testosteron, bei Frauen Östrogen sowie jede Menge körpereigene Opiate überschwemmen den Körper und zaubern uns jenes strahlende Lächeln ins Gesicht, um das uns so mancher nun beneidet. In dieser ersten stürmischen Ding-Dong-Schmetterlinge-im-Bauch-Verliebtheitsphase kommen keine Zweifel auf. Zitternde Hände, Glücksgefühle zwischen Ohren und Beinen, Fantasien über Nestbau in Wolkenkuckucksheimen und das stete Denken an den Partner reichen als Symptome für die Diagnose: ein ernster Fall von Liebe. Erfahrungsgemäß schwächt sich diese Phase nach ein paar Monaten deutlich ab. Zum sechsten Monat hin (das kann natürlich deutlich schwanken) spielen die Hormone weniger verrückt und man sieht sein Gegenüber ein Stück realistischer.

Die Verschmelzungsphase birgt zwei große Risiken:

1. Gleich zu Beginn dieser Phase trifft man im Eifer des Gefechts manchmal unkluge Entscheidungen, z. B. nach Honolulu zu ziehen oder verfrüht zu heiraten. Es hat den Anschein, als versuche so manches Paar, sich über die Schwächen der Beziehung durch ein grandioses Feuerwerk an pseudoromantischen Handlungen hinwegzutäuschen: »Wir kannten uns 14 Tage und haben in Las Vegas auf dem Dach eines Casinos geheiratet, ohne die Eltern zu informieren. Sein schwerreicher Vater hätte das ja nie erlaubt.«
2. Zum Ende der Verschmelzungsphase droht der Liebeshormonentzug und der Partner schrumpft auf Normalgröße. Wer das nicht erträgt, weil er weiter im Liebesrausch schweben möchte, zerstört die aktuelle Beziehung und verlässt den Partner, um sich wieder neu zu verlieben. Der Liebes-Junkie hat nach einigen Jahren jede Menge netter Menschen geschreddert und eines nie gelernt: den Übergang zur Partnerschaftsphase.

In Phase zwei, der **Partnerschafts-** oder auch **Nestbauphase**, macht man nach einigen Monaten zumeist Inventur und findet irgendwo zwischen zerwühlter Bettwäsche, Unterhosen, Liebesbriefchen und dem üblichen Flitterkram sein Großhirn wieder. Man fängt an, sachlicher zu denken, sieht die Stärken und Schwächen seines Gegenübers und einigt sich über die genaueren Bedingungen des Zusammenseins. Wie viel Zeit verbringt man im grauen Alltag miteinander, zieht man in eine gemeinsame Wohnung, schläft man bei offenem oder geschlossenem Fenster, sieht man lieber die *Simpsons* oder die Nachrichten etc. In dieser Phase heißt es Kompromisse schließen: 50 Prozent ich,

50 Prozent der andere. Egoisten sind dazu oft nicht bereit, für sie ist hier meist Ende der Beziehung und sie müssen mit ihrem Spielstein zurück auf Los. Menschen, die bei nur einem Elternteil aufgewachsen sind oder bei denen ein Elternteil den Diktator gespielt hat, haben oft kein Rollenvorbild für diese Partnerschaftsphase parat und sind an dieser Stelle gefordert, einiges dazuzulernen.

Auch Menschen, die fürchten, ihr abenteuerliches Leben aufgeben zu müssen und »spießig« zu werden, macht diese Phase unruhig. Hinter dem Wunsch, das ungebundene Leben nicht zu verlassen, scheint häufig ein gutes Stück Bindungsangst zu stecken (siehe Teil I: Vom Ertrinken im Meer der Möglichkeiten: Bindungsangst). Dass diese Angst keineswegs nur Männer trifft, zeigt das Beispiel von Frau Falke:

»Ich möchte keinen Mann kennenlernen, um dann einen großen Fernseher zu kaufen und abends zu Hause zu sitzen und für zwei zu kochen. Nach sechs Monaten wird dann das EINE immer weniger und das Essen immer wichtiger.

Er sitzt vor dem Sportkanal, sie sitzt vor dem PC. Am Sonntagvormittag die Early-morning-Kuschelnummer, am Nachmittag der Ausflug: Er fährt ein Herrenfahrrad, sie ein Damenfahrrad. Hat man keine Kinder, dann hat man einen Hund, irgend so einen Jack-Russel-Terrier, der sich um den Caféhaustisch wickelt. Irgendwann hat man das satt und will sich trennen – doch abends liegt man dann in den Kissen und denkt: Egal ob ich ihn will oder nicht – er darf mich nicht verlassen.«

Wem der Übergang zu Phase zwei dagegen gelingt, der wird nach einiger Zeit durch die Wonnen der Partnerschaft belohnt: starkes Vertrauen, Nestwärme und seelische Intimität. Hierbei hilft übrigens ein Hormon, das in den ersten Monaten noch nicht so stark in Erscheinung trat, nämlich *Oxytocin*. Es ist das gleiche Hormon, das die Bindung von Kind und Eltern sichert, und aus genau diesem Grund schwingt immer ein gegenseitiges Be-Eltern in jeder Partnerschaft mit. Auch wenn dieses Verhalten die Umwelt oft nervt, ist nichts Falsches daran, und wer sich diesem gegenseitigen Sorgen verweigert, der wird es nicht leicht haben, die Beziehung in der Partnerschaftsphase stabil zu halten.

So weit, so gut - doch wenn all das so einfach wäre, dann würde mittlerweile nicht jede dritte Ehe geschieden. Auf jede Scheidung kommt zudem eine weitere Partnerschaft, in der großer Zweifel herrscht, ob der gemeinsame Weg fortgeführt werden soll oder kann. Die Partnerschaft befindet sich in der **Prüfungsphase**.

Nach etwa drei bis sieben Jahren ist die Beziehung so weit Routine geworden, dass Zweifel auftreten. Die Zweifel werden oft nicht durch den Partner verursacht, sondern durch die Gewohnheit, den Alltag - und die Langeweile. Zudem scheint die Natur Partnerschaften ein zusätzliches Verfallsdatum gegeben zu haben: Wenn die Kinder aus dem Gröbsten heraus sind, verlieren Eltern tendenziell - aber nicht zwangsläufig - das Interesse aneinander. Diese Uhr der abnehmenden Libido beginnt von Beginn der Partnerschaft an zu ticken - gleichgültig, ob ein Paar Kinder in die Welt setzt oder nicht; denn die Natur weiß nichts von Empfängnisverhütung.

Es geht hier um die biologische Seite der Beziehung, also vorwiegend um das erotische Begehren. Das heißt keineswegs, dass die Partnerschaft nun zu Ende sein muss. Wird die Prüfungsphase bewältigt, dann setzt eine Stabilisierung ein, die beiden Partnern die Sicherheit und Wärme einer lebenslangen Verbundenheit ermöglicht.

Beziehungen können in der Prüfungsphase allerdings an destruktiven Illusionen scheitern, zum Beispiel wenn man meint,

- der Partner habe für Spannung und Abwechslung im eigenen Alltag zu sorgen,
- die Beziehung laufe grundsätzlich falsch, weil das erotische Begehren sich abschwächt,
- mit anderen Partnern würde sich diese Entwicklung nicht einstellen.

Es ist ein Irrtum, zu glauben, eine Beziehung gründe vor allem auf aktivem, lebendigem Sex – denn das führt zur irrigen Annahme, die Qualität einer Beziehung werde definiert durch die Qualität der erotischen Erfüllung. Es erscheint passender, Sex als etwas zu sehen, das die Initialzündung von Beziehungen schafft. Sex ist zudem ein wichtiges Bindemittel für die weitere Partnerschaft. Ein wichtiges – aber nicht das einzige und für manche Paare auch nicht *das* wichtigste.

Eine große Verführung besteht darin, dass sich moderne Partnerschaften relativ problemlos lösen lassen. Durch dieses Wissen kann sich eine permanente Bereitschaft einschleichen, die Beziehung immer wieder auf den Prüfstand zu stellen, zu untersuchen, ob sie »trägt«, um sie im Zweifelsfall wieder zu stornieren und den Partner einzutauschen wie ein Elektrogerät, das noch Garantiezeit hat. Das Problem dieser Grundeinstellung besteht darin, dass der Zweifel dem Partner kaum verborgen bleiben kann und damit den Beziehungsalltag problematisch färbt. Der Partner nimmt die Unruhe wahr, reagiert darauf negativ, was wiederum den Zweifel stärkt.

Jens ist Anfang vierzig. Eine Privatinsolvenz hat zur Ehekrise geführt, seine Frau machte ihm – teilweise berechtigte – Vorwürfe. Jens hegt eine Zeitlang Fluchtfantasien und die Konflikte verstärken sich. Eines Tages kommt er in die Praxis und berichtet:

»Letzte Woche habe ich mir klargemacht, dass ich Anfang vierzig bei den jungen Frauen sowieso nichts mehr zu bestellen habe. Schließlich bin ich kein reicher Mann, der mit einer Yacht seinen Bauchansatz kaschieren kann.

Seitdem ich mir das klargemacht habe, läuft alles besser. Ich wurde ganz weich. Das hat wohl schon gereicht, denn von diesem Tag an hat auch meine Frau kaum noch mit mir gestritten. Ich hatte ihr nichts erzählt von meinen Trennungsfantasien, doch seit die Gedanken an ein Single-Leben fort sind, gibt es keine Schreierei mehr. Vielleicht bin ich ausgeglichener als zuvor und lege nicht mehr jedes Wort auf die Waagschale. Ich schaue jetzt nicht auf die Fantasien, was sein könnte, sondern auf die Werte, die ich habe – und schon sind meine Frau und ich entspannter. Wir haben sogar einen Urlaub geplant. Dabei hatte ich gedacht, meine Frau fange den Streit immer an. Das stimmte wohl nicht ganz. Es war etwas anderes, das die Konflikte gefördert hatte – es war meine innere Stimmung, meine Ablenkung, meine Seele, die nicht mehr bei meiner Partnerin war.«

Jens ist in der **Stabilisierungsphase** angekommen. Er ist nach vielen Irrungen und Wirrungen in seinen Wünschen realistisch geworden. Er akzeptiert seine Partnerin, so wie sie ist, und kann sich schließlich einlassen auf eine Liebe ohne Hinterausgang; wenn auch seiner Frau dieser Realismus gelingt, wenn auch ihre Wunschmaschine nicht mehr im Schleudergang rotiert, dann haben beide eine gute Chance, ein dauerhaft glückliches Paar zu werden.

Es scheint sinnvoll, insbesondere die ersten drei Phasen – Verschmelzung, Partnerschaft, Prüfung – in der eigenen Lebensplanung zu berücksichtigen. Viele Paare sind heute eher vorsichtig, gehen die Sache langsam an, lassen sich Zeit, um in Phase zwei Planungsfehler zu vermeiden. Man lässt sich Zeit mit der festen Bindung, mit der gemeinsamen Wohnung und auch mit der Familienplanung. Genau das kann jedoch ein Fehler sein, denn so werden die Chancen der zweiten Phase nicht genutzt: Oft wird lange gewartet, bis man zusammenzieht und eine feste Beziehung eingeht. Der Kinderwunsch wird gerne ganz nach hinten verschoben, aufgrund des Anspruchs, zunächst solle die materielle Basis stimmen, um sich und dem Kind optimale Bedingungen zu bieten. Doch wie bei der Partnerwahl schon beschrieben: Anspruchshaltung und Optimierungswahn können auch hier der eigentliche Grund des Scheiterns werden, denn irgendwann ist zwar die materielle Basis vorhanden, doch die partnerschaftlichen Dynamik nimmt keine Rücksicht auf Bausparverträge und Karriereplanung und der Kinderwunsch fällt nun in die Zeit des Zweifels und der Prüfung.

Christina, 36 Jahre, berichtet:

»Wir haben uns lange Zeit gelassen. Wir wollten im Beruf erfolgreich sein. Jetzt sind wir erfolgreich, haben eine schöne Eigentumswohnung an der Außenalster. Aber wir haben uns auch auseinandergelebt, und Kinder kann mein Mann sich nicht mehr vorstellen ...«

Kinder sind anstrengend. Anstrengend! Nächtlicher Babyalarm ist leichter auszuhalten, solange die Liebe noch glüht; wenn die Saat des Zweifels bereits zu keimen beginnt, sind schlafraubende Schreiattacken weniger willkommen. Als meine Mutter kürzlich nach drei Wochen Kinderhüten ihre dreijährigen Enkel verabschiedete, meinte sie: »Es ist schon richtig, dass der liebe Gott den *jungen Paaren* Kinder gibt und nicht den alten Leuten.«

Übrigens ist es eine weit verbreitete Illusion zu glauben, eine gute Beziehung müsse mit einem Gefühls-Tsunami beginnen, der zwei Herzen überrollt. Diese Vorstellung ist zwar weit verbreitet, aber reine Ideologie. Nach meiner persönlichen Schätzung beginnt höchstens die Hälfte aller Beziehungen mit einer großen Liebe. Viele Partnerschaften entstehen dagegen eher langsam aus einer Bekanntschaft oder Freundschaft, aus der sich erst später Vertrauen, Intimität und zuletzt schließlich Liebe entwickeln. Oft muss einer der Partner erst lange um den anderen werben, bevor man zusammenfindet.

Julia, 27 Jahre:

»Ich hatte irgendwann die Nase voll von diesen flatterhaft-neurotischen Traumtänzern, die einem nach spätestens drei Monaten die Inneneinrichtung, sämtliche Freundschaften und Nerven ruinieren. Plötzlich habe ich gemerkt, dass Henrik, der Typ aus meiner Nachbarschaft, ein viel stabileres Interesse zeigte und ein viel verlässlicherer Mann war als jeder der vielen Traumprinzen zuvor.«

Wenn in meine Praxis ältere Menschen kommen, die zufrieden in einer langen Partnerschaft von zwanzig oder dreißig Jahren leben, dann lasse ich mir gerne die Geschichte erzählen, wie das Paar zusammenfand. Die Antworten sind oft überraschend:

»Ich musste ein Jahr um meine Frau werben, bevor sie mich überhaupt ernst nahm!«

»Anfangs mochte ich ihn überhaupt nicht, ich habe ihn sogar gehasst. Erst als wir uns länger kannten, merkte ich, was für ein wunderbarer Mensch er eigentlich ist.«

»Nein, am Anfang war ich überhaupt nicht verliebt. Ich fand sie nur nett und vor allem fand ich sie erotisch. Dass ich sie wirklich liebte, merkte ich erst, als sie mich nach einem Jahr verlassen wollte.«

Meiner Schätzung nach startet etwa die Hälfte aller langjährigen Beziehungen langsam und ohne glamouröses Liebesfeuerwerk. In diesen Beziehungen verlaufen die Verschmelzungs- und die Partnerschaftsphase nahezu parallel, und das schadet den Paaren in keiner Weise, sondern wird oft als angenehm und seelisch reif empfunden. Generell kann es sich also durchaus lohnen, geduldig zu sein, Liebe muss nicht am Anfang einer Beziehung stehen, sondern kann auch im Lauf der Zeit langsam wachsen.

Letztlich muss jeder selbst entscheiden, ob er jahrelang auf den vermeintlich richtigen Partner warten möchte – mit dem Risiko, am Ende allein zu bleiben – oder ob er ohne den »Richtigen« mit einem vermeintlich »Falschen« eine ruhige, sichere Beziehung führen will. Das Leben lässt sich leider nur einmal leben, und wir verfügen über keinen Vergleich, was wäre, wenn wir unseren Lebensweg mit diesem oder mit jenem Menschen gegangen wären. Sicher ist jedoch eines: Wer nie eine Straße wählt, fährt ewig im Kreis.

Telepathie, Rabattmarken und die Zahnpastatube: Beziehungskiller

Katharina, 32 Jahre, ist nach mehreren gescheiterten Beziehungen sehr verunsichert und sucht Beratung. Auf einer Party hat sie Jan kennengelernt. Einerseits ist sie vollkommen begeistert von ihm, andererseits hat sie Angst, eine neue Bindung einzugehen.

»Was, wenn ich wieder alles falsch mache? Ich habe gemerkt, es existieren so viele Klippen, an denen eine Liebe zerschellen kann. Manchmal erkenne ich gar nicht, was die Beziehung kaputt gemacht hat. Es gibt ja so viele No-Gos und Partnerschaftskiller. Meine letzte Beziehung hat immerhin acht Monate gedauert – doch am Ende haben wir uns nur noch gestritten. Ich habe Angst, etwas Neues zu beginnen, weil ich nicht will, dass es wieder so endet!«

Warum hat die Evolution dem Mensch ein so großes Gehirn geschenkt?

- Um Werkzeuge zu basteln?
- Um besser jagen zu können?
- Um nachts die schöne Aussicht auf den Sternenhimmel zu genießen?

Vielleicht.

Manche Forscher allerdings sind überzeugt, unser großes Gehirn diene nur einem einzigen Zweck: der erfolgreichen Organisation vielschichtiger sozialer Beziehungen.[21] Denn soziale Beziehungen sind vor allem eines: anspruchsvoll. Wie anspruchsvoll, das erkennt man daran, dass Menschen mit schweren psychiatrischen Erkrankungen wie Autismus, Schizophrenie oder Demenz als Frühsymptome meist Störungen des Sozialverhaltens zeigen. Das belastete oder kranke Gehirn ist mit sozialen Aufgaben schnell überfordert, denn es ist kompliziert, mit anderen

Menschen umzugehen, und nicht »so mal eben« nebenbei zu erledigen.

Auch die sozialen Anforderungen einer Liebespartnerschaft sind komplex. Optimierungswahn und Anspruchshaltung können schon im Vorfeld die Partnerfindung torpedieren. Doch auch wenn die Liebe erfolgreich erblüht, können Beziehungen trotz guten Willens bereits in der Anfangsphase scheitern – und die Gründe hierfür sind vielfältig. Wie bereits beschrieben passen zumeist die unbewussten Vorstellungen von Sex, Partnerschaft und Liebe nicht zusammen, oft unterscheiden sich Partner auch in ihren Wünschen nach Nähe und Distanz, ohne diese Unterschiede tolerieren zu können.

Allerdings gibt es auch innerhalb der schließlich gefestigten Partnerschaft relativ offensichtliche Beziehungskiller wie Fremdgehen, Egoismus und kontrollierende Eifersucht. Diese beruhen auf starkem Begehren bzw. Kontrollwünschen, sind recht tief im Charakter verankert und lassen sich oft nur mühsam verändern.

Fremdgehen und die daraus resultierende *Eifersucht* sind die Beziehungskiller schlechthin. Einmalige Fehltritte werden vielleicht noch hingenommen, doch häufigere Untreue und das Hintergehen des Partners ruinieren die meisten Beziehungen. Gelegentlich wird Männern unterstellt, sie seien eher als Frauen bereit, fremdzugehen. Doch die therapeutische Erfahrung kann dieses moralisierende Vorurteil nicht bestätigen. Bei jungen Paaren scheint das Risiko, dass einer der Partner fremdgeht, nahezu gleich verteilt zu sein. Weil Eifersucht und Fremdgehen häufige Beziehungskiller sind, werden sie in Teil III: »1+1= 3: Eifersucht, Fremdgehen, Freizügigkeit« genauer unter die Lupe genommen.

Der Beziehungskiller *Egoismus* muss sich nicht in großen Dingen äußern; manche Menschen sagen einfach aus Gewohnheit zu jedem kleinen Anliegen des anderen Nein:

- »Wechselst du mal das Fernsehprogramm?« – »Nein.«
- »Wollen wir essen gehen?« – »Keine Lust.«
- »Leihst du mir dein Auto?« – »Ich verleihe nie mein Auto.«

Egoisten lehnen Alltagswünsche ihres Partners prinzipiell erst einmal ab – es ist zum Reflex geworden, kommt nahezu automatisch. Ihre Begründung: Ich will es nicht! Sie wittern hinter jedem Zugeständnis einen Angriff auf ihre Unabhängigkeit.

Eine Klientin berichtet über ihren neuen Freund:

»Er will immer autonom sein. Er lässt sich von niemandem etwas sagen. Nicht einmal von sich selbst! Er sagt zum Beispiel: ›Ich muss einkaufen‹, und korrigiert sich dann: ›Nein, falsch! Ich muss nicht, ich könnte einkaufen ...‹«

Egoisten versuchen nicht, sich auf einen Kompromiss einzulassen, denn sie halten es für selbstverständlich, die eigenen Bedürfnisse in den Vordergrund zu stellen. Fragt man nach, behaupten sie: Jeder ist doch im Grunde egoistisch. Die Erkenntnis, dass Partnerschaft bedeutet, 50 Prozent ich, 50 Prozent der andere, erscheint ihnen als Zumutung. Im Alltag sind sie unerträglich, ihre Partnerschaften werden schließlich durch reflexhaftes Nein-Sagen zerstört.

Wie bereits beschrieben, wirken für viele Paare auch unterschiedliche Ansprüche an den Alltag, den Beruf und das Leben explosiv; insbesondere unterschiedliche Ordnungsvorstellungen können sich als wahrer Beziehungskrebs erweisen. So banal es auch klingt: Gerade in jahrelangen Beziehungen kann die dauerhafte Unordnung eines Partners, die ewig herumliegende Unterwäsche und die nie zugeschraubte Zahnpastatube zermürbend und trennungsfördernd für den anderen Partner sein – natürlich nur, wenn der Ordentliche die Unordnung als »Problem« definiert und den Unterschied nicht bestehen lassen kann.

Neben solchen offensichtlichen Trennungsgründen existieren jedoch weitaus elegantere Methoden, eine Partnerschaft zu ruinieren. Sie sind zwar weniger bekannt, aber genauso effizient. Wer sie beherrscht, führt jede Beziehung zielsicher in den Untergang. Die Methoden lauten: *Telepathie*, *Rabattmarken-Kleben, Liebeszweifel* und *entwertende Kritik.*

Telepathie oder die Kunst des Gedankenlesens ist der effektivste Beziehungskiller: Man gehe einfach davon aus, ein Partner könne die Wünsche und Gedanken des anderen ohne Worte erahnen. Wer wirklich liebt, muss jederzeit erkennen, wie es um den anderen bestellt ist! Wie sagt doch das Liebes-Sprichwort: »Er liest mir meine Wünsche von den Augen ab.« Als geborener Telepath weiß der Partner in jeder Situation, wie man sich fühlt, und auch auf bloße Andeutungen hin versteht er natürlich, was »eigentlich« gemeint ist. Ich nenne einige Beispiele aus Frauenperspektive – es gibt jedoch genug XY-Chromosomenträger, die diese Kunst genauso lebhaft praktizieren:

- Wenn Sarah fragt: »Hast du Hunger, Schatz?«, soll Lukas wissen, dass sie meint: »Lass uns essen gehen.«
- Sarah erwartet, dass Lukas wortlos erkennt, wenn sie sich in der Öffentlichkeit unwohl fühlt. Lukas muss dann von selbst auf die Idee kommen, mit ihr nach Hause zu gehen.
- Sarah zeigt Lukas nie, dass sie wünscht, er solle sich um sie kümmern. Lukas muss das von sich aus spüren. Ganz wichtig: Über Sex spricht man nicht! Selbstverständlich muss Lukas ahnen, dass Sarah gerade mit ihm schlafen will und was sie beim Sex gerne von ihm möchte.
- Häufig hat Sarah Gedanken wie: »Wenn Lukas mich liebt, ruft er mich heute an.« Oder: »Wenn er mich liebt, bringt er Blumen mit.« Natürlich teilt sie Lukas diese Gedanken nicht mit. Er muss schon so sensibel sein, von selbst darauf zu kommen. Wenn Sarah ihm sagen würde, was sie sich wünscht, und Lukas ihr darauf den Wunsch erfüllt, dann ist es ja nicht spontan und damit wertlos.
- Falls Lukas auf einer Party die Augen in der Gegend schweifen lässt, fühlt Sarah sich unwohl. Lukas kümmert sich nicht um sie! Sicher sind andere Menschen interessanter. »Wahrscheinlich denkt er ans Fremdgehen!«, meint Sarah, denn auch sie beherrscht die Kunst der Telepathie.

Beim Gedankenlesen glaubt ein Partner also, die Gedanken des anderen zu erkennen, und er erwartet, dass dieser die eigenen Vorstellungen und Wünsche erahnen kann. Natürlich ist das großer Unsinn. Jeder Therapeut weiß, dass es viel Zeit und harte Arbeit braucht, sich den Gefühlen und Wünschen eines Menschen auch nur zu nähern. Sehr oft täuscht man sich in seinen Vermutungen und missversteht den anderen – solange man den Sachverhalt nicht mehrfach durcharbeitet und genau bespricht.

Gedankenlesen oder Telepathie sind als Beziehungskiller so verbreitet, weil viele Menschen ganz selbstverständlich auf dem Standpunkt beharren, sie wüssten, was in anderen Menschen vorgeht. Auch auf dem Buchmarkt finden sich immer wieder Titel, die Techniken des Gedankenlesens und der Beeinflussung von Mitmenschen zu vermitteln scheinen, die also die »Tricks« der sogenannten Mentalisten verraten. Dies weist zum einen auf einen Mangel und zum anderen auf einen Bedarf hin: Menschen können nun einmal Gedanken nicht lesen – doch sie wollen das nicht akzeptieren, da sie ihr Gegenüber gerne zum eigenen Nutzen manipulieren möchten und daher greifen sie zum Buch. Wir leben in einer durchpsychologisierten Gesellschaft: Tagtäglich werden in Talkshows, Zeitschriften und Alltagsgesprächen die Handlungen von Freund und Feind mit mehr oder weniger plausiblen psychologischen Deutungen interpretiert. Das Argumentationsmuster lautet: »Du machst das ja in Wirklichkeit nur, weil ... «. An dieser Stelle ist dann irgendein Komplex einzusetzen, der sich auf die biografische Vergangenheit des Betroffenen bezieht, um die »wirklichen« Motive seines jetzigen Handelns zu bestimmen: Die Bundeskanzlerin handelt so und so, weil sie Physikerin ist und aus der ehemaligen DDR kommt, mein Chef handelt so und so, weil er sich von seinem Chef zurückgesetzt fühlt und so weiter und so fort.

Die Psychologisierung nährt – wie der Geheimdienst eines totalitären Staates – einen steten negativen Verdacht: Du machst das bloß, weil XY. Als XY setze man einen Eigennutz ein, der sich dadurch definiert, dass er dem Argwohn und den Absichten des

Fragenden entspringt. Der Wert des Handelns wird nicht mehr durch den *Inhalt* der Handlung definiert – Paul schenkt einem Bettler 5 Euro, er ist ein guter Mensch –, sondern durch die *Interpretation* der Handlung – Paul schenkt einem Bettler 5 Euro, damit wir denken, er sei ein guter Mensch, er will also glänzen und ist daher ein schlechter Mensch.

Genau genommen ist jede psychologische Interpretation ein Angriff auf die seelische Autonomie. Jeder Bürger eines freien Landes darf sich in der Öffentlichkeit dem neugierig-psychologisierenden Fragen verweigern: *Frage mich nicht nach meinen Gründen.* Dies kann jedoch nur gelten, wenn der Fragende nicht dem privaten Umkreis entstammt – und solange man das vermeintlich Private nicht gleichzeitig bei Facebook zur Schau stellt. Genauer formuliert müsste es heißen: *Psychologisiere mich nicht, denn ich habe dir hierzu keinen Auftrag gegeben.* Legitim wäre Psychologisieren dann nur im privaten Bereich oder in der professionellen therapeutischen Beziehung.

Psychologisieren ist auch bei Journalisten sehr beliebt. Jeder komplizierte Sachverhalt lässt sich in eine hübsche Geschichte mit handelnden Personen verpacken, diese Story scheint es dem Medienkonsumenten einfacher zu machen, den Sachverhalt zu verstehen. Die Betonung liegt auf »scheint«, denn das Problem besteht darin, dass dieses Personalisieren bereits Blendung des Zuschauers ist: Wer weiß wirklich zu sagen, ob die Ursache eines Krieges, einer Börsentalfahrt oder des Scheiterns eines Unternehmens durch die handelnden Personen verursacht werden? Der Fehler könnte ja unabhängig davon sein, wer jeweils an der Spitze des Affenfelsens sitzt, und stattdessen im sozialen System verborgen liegen – in den genannten Fällen beispielsweise dem Nationalismus eines Volkes, den Kreditrisiken einer Gesellschaft oder den zusammenbrechenden Märkten geschuldet sein. Dieser Systemfehler bleibt dem Zuschauer jedoch fremd, der mit Geschichten gefüttert wird, in denen Menschen aus psychologischen Gründen an den genannten Problemen scheitern.

Mit dem Stichwort Affenfelsen haben wir uns bereits der passenden Ursachenerklärung genähert – die Steinzeit lässt mal wieder grüßen –, denn unser Gehirn denkt in der Tat ungern abstrakt, wenn es ein Problem viel anschaulicher als Streit unter Primaten darstellen kann. Theoretische Überlegungen sind uns meist zu trocken, wir wollen die Story mit Mensch: Der Politikerstreit ist wichtiger als das erlassene Gesetz, der Schauspieler wichtiger als der Film, der Autor interessanter als sein Buch – auch wenn das Wesentliche dadurch verloren geht.[22]

Die Angewohnheit, jedes Alltagsphänomen zu personalisieren und jedem menschlichen Verhalten unbewusste Ursachen zuzuordnen, ist also derart zeitgemäß und alltäglich, dass nur selten erinnert wird, auf welch tönernen Füßen jede Interpretation steht. Natürlich ist es wirklich so, dass die meisten menschlichen Handlungen auf tiefer liegenden, zumeist in der Biografie angelegten Ursachen beruhen. Das Dilemma besteht bloß darin, dass wir keinesfalls »so mal eben« diese Ursachen finden können.

Erfahrene Psychiater und Psychologen zeichnet vor allem eines aus: Demut. Sie erfahren jeden Tag aufs Neue, wie schwer es ist, einen Menschen wirklich zu verstehen. Jeder Therapeut weiß: Psychologische Interpretationen sind Schwerarbeit. Therapeutische Arbeit lehrt daher Zurückhaltung, Vorsicht und Geduld hinsichtlich vorschneller Interpretationen. Die Schuld an einem Konflikt nur einer bestimmten Person zuzuordnen, ist eine Gefahr, die der erfahrene Therapeut möglichst lange meidet; er wird stattdessen zunächst nach dem »Fehler im System«, also in der Beziehungsdynamik suchen, bevor er einseitig Partei ergreift.

Hobby-Psychologen kennen diese Demut nicht. Sie glauben, mit Schuldzuweisungen bereits Erklärungen zu liefern. Doch das ist Eitelkeit. In Wirklichkeit gibt es für menschliches Verhalten fast immer mehrere plausible Erklärungen, die miteinander konkurrieren – und diese können sich auch widersprechen.

Die neutrale Situation einer guten therapeutischen Beziehung erlaubt es, sich langsam der wahrscheinlichsten Interpretation zu nähern. Dies gelingt vor allem deshalb, weil der Berater – außer seiner Honorarforderung – keine eigenen Interessen verfolgt und daher die Interpretation seines Gegenübers nicht nach eigenen Bedürfnissen zu färben braucht. Im Alltag dagegen ist niemand neutral. Auch Therapeuten nicht. Kein Therapeut kann seinen Partner, seine Freunde, seine Verwandten oder gar sich selbst therapieren. Versucht er es dennoch, dann hat er das Wesentliche seines Berufs nicht verstanden.

Wir alle können im Alltag nur vermuten und ahnen, wie es um unser Gegenüber bestellt ist – und auch unser Gegenüber kann nie sicher wissen, was wiederum wir wirklich fühlen und wünschen. Kein Mensch kann Gedanken lesen, selbst sogenannte »Mentalisten« arbeiten mit Tricks. Wer mit seiner Beziehung also möglichst schnell unglücklich werden möchte, wendet den Beziehungskiller Gedankenlesen konsequent an: Er fragt nicht, sondern interpretiert, schweigt und ist möglichst oft beleidigt und enttäuscht, weil niemand ihn versteht.

Der Wunsch, der andere möge unsere Wünsche von sich aus erkennen, ist ein kindlicher Wunsch: So wie die Mutter beim Baby, das ja nicht sprechen kann, erkennt, wann es müde ist, Schmerzen oder Hunger hat, soll unser Partner wortlos erkennen, wie es um unser tiefstes Inneres bestellt ist.

Auch manche Eltern verlangen, Kinder sollen ihre unausgesprochenen Wünsche von sich aus erkennen. Dieses Phänomen tritt häufiger zwischen Mutter und Tochter auf als zwischen Mutter und Sohn, denn Mütter respektieren bei Söhnen eine Verschiedenheit eher als bei ihren Töchtern.[23] Väter sind dagegen weniger präsent und zeigen sich abgegrenzter gegenüber ihren Söhnen.

Anna berichtet:

»Meine Mutter kommunizierte oft auf der Ebene: ›Empfange meine Signale‹ und deute, wie ich es gerne hätte.‹ Ich habe dann oft genau das gemacht, was meine Mutter unausgesprochen von mir wünscht.«

Naturgemäß taucht diese Kindheitserfahrung dann in der eigenen Partnerschaft wieder auf: »Möge er (oder sie) doch erkennen, wie es um mich bestellt ist. Wenn es zwischen meiner Mutter und mir möglich war, sollte es doch auch mit dem Partner möglich sein!« Natürlich wächst im Lauf der Jahre das gegenseitige Verständnis – auch ohne große Erklärungen. Doch kann man diesen Prozess nicht forcieren. Wer daher fordert, der andere solle unausgesprochene Wünsche erkennen, zeigt sich nicht besonders reif.

Susanne, 48 Jahre:

»Man kann miteinander segeln. Wenn das nicht klappt, muss man den Außenbordmotor anschmeißen. Der Außenbordmotor in der Liebe heißt Kommunikation. Man kann das natürlich auch dadurch lösen, dass man über Bord springt und in den Hafen schwimmt. Dann ist man wieder Single.«

Beim Beziehungskiller **Rabattmarken-Kleben** kommt es darauf an, exakt Buch darüber zu führen, was der andere falsch macht. Zusammen mit einem Elefantengedächtnis hilft das in allen Konflikten, den Partner in kurzer Zeit schachmatt zu setzen.

Sarah zum Beispiel beweist ihrem Partner Lukas anhand einer genauen Buchführung, wann, wo und wie Lukas sie in den letzten Jahren verletzt hat. Sarah weiß auch nach einem Jahr noch, dass Lukas zu spät zum Weihnachtsessen kam, und mit gepresster Stimme berichtet sie davon, wie wenig Verständnis Lukas zeigte, als Sarah einmal von der Arthritis ihrer Mutter sprach. Sarah kann genau beweisen, wie wenig Lukas für Sarah da war und was für ein großer Beziehungssünder Lukas ist. Sie klebt damit nicht nur Rabattmarken, sondern spielt damit auch das Beziehungsspiel »Jetzt-hab-ich-dich-du-Schuft« (siehe nachfolgendes Kapitel).

Ein weiterer hervorragender Beziehungskiller, der **Liebeszweifel**, tritt als echter Gedankenvirus in Erscheinung. Er schleicht sich in Form einer harmlosen Frage ins Hirn und ist dann nur noch schwer zu bekämpfen: »Liebe ich wirklich?« Lukas könnte also denken: »Liebt Sarah mich wirklich?« Die Frage ist deshalb so heimtückisch, weil sie nach der *wirklichen, der wahren* Liebe sucht. Der Virus kann sich auch folgendermaßen einnisten: »Bin ich wirklich, *wirklich* glücklich mit ihr?«

Unser seelisches Immunsystem hat dem Fragevirus des Liebeszweifels nur wenig entgegenzusetzen. Das liegt daran, dass kein Mensch weiß, was wahre Liebe und wahres Glück wirklich sind. Wir haben zwar viele Vorstellungen und Fantasien über die Liebe und das Glück, doch sind wir uns in einer Partnerschaft jenseits der Verschmelzungsphase nie ganz sicher, ob wir bereits das Maximum empfinden oder ob möglicherweise noch mehr für uns erreichbar wäre im Reich der Liebe, der Lust und des Glücks. Vielleicht erwartet uns ja irgendwo und irgendwann eine noch größere Erfüllung?

Lisa, Chemikerin, 39 Jahre:

»Ich lernte meinen Mann mit 29 Jahren kennen. Nach einigen Monaten merkte ich: Es funktioniert nicht mehr. Da war keine Spannung mehr, keine Aufregung und kein Feuer. Es war nicht mehr die romantische Nummer. Es war die On-off-Sexgeschichte mit viel Geborgenheit. Über den Punkt, dass es ein Liebesfeuerwerk sein muss, waren wir hinaus. Ich dachte immer, es seien 90 Prozent, nicht 100 Prozent. Und 100 Prozent müssen es sein. Als er jedoch eine Zeitlang mit einer anderen zusammen war, habe ich ihn vermisst – ich habe ihn auf alle Arten und Weisen vermisst, nicht nur erotisch.

Wir haben schließlich geheiratet. Leider konnten wir keine Kinder bekommen. Vielleicht war das auch gut so. Unsere gemeinsamen Urlaube lösten erste Trennungsfantasien aus: Ich wollte, dass der Urlaub so läuft, wie ich es will. Ich bin schwierig mit Kompromissen. Bin rigoros.

Doch dann gab es eine Veränderung. Nach einiger Zeit in der Ehe merkte ich, alles läuft gut. Seltsamerweise war ich auch jetzt nicht zufrieden. Ich bekam einen Schreck. Ich dachte: Das ist jetzt das

Optimum. Besser wird es nicht. Aber dieses Optimum reicht mir nicht. Unsere Beziehung war eine endotherme Reaktion, der man immer wieder von außen Energie zuführen muss. Das hatte ich mir anders vorgestellt. Eine Liebe muss doch von selber laufen!

Ich ging ins Internet, flirtete. Ich merkte, es ist keine Frage des Alters, ob man lauwarm gestellt ist, sondern die Frage: ›Was nimmt man sich?‹ So ging meine Ehe auseinander. Mein Mann und ich hatten gedacht, wir müssen in der Ehe etwas schaffen, was noch nie da gewesen ist für uns. Das ist gescheitert.

Jetzt bin ich Single. Ich kann gut mit mir alleine sein, von außen betrachtet läuft mein Leben in geraden Bahnen. Deshalb bin ich begehrt. Sobald ich mich jedoch auf eine Person fokussiere statt auf ein Publikum, dann demontiert sich das von selbst. Ich blicke hinter die Kulissen meines Gegenübers und mein Gegenüber entdeckt, wie ich wirklich bin. Dann sind wir beide enttäuscht.«

Dieses Beispiel zeigt, wie Liebeszweifel und Optimierungswahn eine an sich »normale« Beziehung zerstören. Ganz »normal« zu lieben, reicht nicht aus und ganz normal zufrieden zu sein, ist unserer kindlichen Gier nicht genug: Es muss schon die wirkliche, wahre Liebe sein und das wirkliche, wahre Glück. Die Lektüre von idealistischen Liebesromanen und hochtrabenden Ratgebern, die konfliktfreie Liebe versprechen, kann daher unglücklich machen, denn durch ihre verklärenden Beispiele erwecken sie unsere Gier nach dem größeren, bunteren Luftballon, nach immer mehr und mehr.

In der Realität ist das, was wir für Liebe und Glück halten, oft starken Schwankungen unterworfen. Das große Glück ist aus biologischen Gründen lediglich ein zeitweiser Ausnahmezustand (siehe Teil V: Die ewige Party: Über Unglück und Glück), daher kann die Frage nach der wahren Liebe und dem wahren Glück jeder anständigen Beziehung den Garaus machen.

Die Zerstörungskraft der Frage ist übrigens auch dann effektiv, wenn sie von »guten Freunden« gestellt wird. Diese müssen nur mit treuherzigem Augenaufschlag fragen: »Liebst du deinen

Partner denn wirklich?« oder »Bist du wirklich glücklich in deiner Beziehung?«, und schon ist die Saat des Zweifels gesät. Grübelt man anschließend ausgiebig, wird man so manches Manko in seiner Partnerschaft finden und sie, über kurz oder lang, in Frage stellen. Wohlgemerkt: Eigentlich ist die Partnerschaft ganz in Ordnung, doch wird sie bei unablässiger Betrachtung am hohen Ideal der vollkommenen Liebe und des absoluten Glücks zerschellen.

Dass der Partner vielleicht gar nicht für unsere Liebesfähigkeit und unser Glück zuständig ist, dass wir vielmehr selbst dafür verantwortlich sind, uns dem Partner so zu öffnen, dass Liebe entsteht – überhaupt: dass wir uns dem Leben öffnen müssen, um glücklich zu werden, dass Liebe und Glück also in erster Linie darauf beruhen, was zwischen unseren beiden Ohren geschieht, und erst in zweiter Linie von der Welt da draußen abhängen –, ist den meisten heute ein ungewohnter und unbequemer Gedanke.

In einer einzigen Beratungsstunde haben eine Klientin und ich folgende verschiedenen Formen der Liebe gefunden:

- Mütterliche Liebe
- Erotische Liebe
- Gierige Liebe
- Verknallt-sein-Liebe
- Verschmelzungs-Liebe
- Begehrt-sein-wollen-Liebe
- Versorgt-sein-wollen-Liebe
- Nicht-allein-sein-wollen-Liebe
- Seit-Jahren-miteinander-vertraut-sein-Liebe
- Den-anderen-so-lassen-können-wie-er-ist-Liebe

Diese Sammlung verschiedener Liebesarten zeigt, wie wichtig es ist, zu klären, worüber man spricht, wenn man spricht. Durch die Psychologisierung der Gesellschaft sind wir alle schnell dabei, unsere Wünschen in das aktuell geläufige Begriffskorsett zu stecken – doch gerade weil uns Worte wie Perlen aus dem Mund fallen, sollten wir immer auch prüfen, ob es sich um echte Ware oder nur um Imitate der Wirklichkeit handelt.

Unerfahrene Therapeuten und Hobby-Psychologen halten sich mit einer genauen Klärung nicht lange auf und missbrauchen die Frage nach dem Glück und der großen Liebe, anstatt sie vorsichtig zu prüfen und die dahinter liegenden Ansprüche herauszuarbeiten. Dementsprechend folgen sie leichtherzig der Vorgabe ihres Gesprächspartners und machen unreflektiert den Partner eines Ratsuchenden für alles Unglück verantwortlich.

Auch hier gilt: Manche Fragen sind scharf wie Messer und können schwere Verletzungen zufügen. Es ist wichtig, sie professionell zu gebrauchen. Der Rat, man möge sich trennen, wenn die Beziehung nicht gut läuft, ist einfach und billig zur Hand. Echte Freunde und gute Therapeuten hören zu und versuchen, Beziehungen eine Chance zu geben, ihnen wieder Leben einzuhauchen, statt sie vorschnell zu töten.

Der mächtigste aller Beziehungskiller ist zwar wohlbekannt und weit verbreitet, wird in seiner tödlichen Effektivität jedoch deutlich unterschätzt: **entwertende Kritik am Partner.** Es gibt eine verlässliche Studie mit mehreren tausend Paaren, in der untersucht wurde, auf welche Art die Paare zu Beginn ihrer Ehe miteinander gesprochen haben und wie viele sich nach vielen Jahren dann scheiden ließen. Es wurde deutlich: Je öfter ein Partner den anderen Partner negativ bewertet und kritisiert, desto höher die Wahrscheinlichkeit, dass die Partnerschaft geschieden wird. Dabei war vor allem eines wichtig: Das Verhältnis von positiven zu negativen Äußerungen darf nicht geringer als 5:1 sein, damit die Partnerschaft Bestand hat. Das bedeutet, man sollte fünfmal mehr loben als kritisieren, sonst geht die Beziehung unter! Für manche, denen nur selten ein Lob über die Lippen kommt, ist das eine große Herausforderung. Der Leiter der Studie, John Gottman, fasst in einem Interview zusammen:

»Wovor sollte man sich in einer Beziehung hüten? Vor den vier Reitern der Apokalypse, wie ich sie nenne: Kritik, ständige Abwehrhaltung, Ausweichtaktiken und Geringschätzung. Sie sind die sichersten Vorboten einer Trennung oder einer anhaltenden Misere. Diejenigen, die mit meiner Arbeit vertraut sind, wissen, dass ich Geringschätzung für das Schlimmste halte. Sie zerstört Beziehungen, denn sie vermittelt, dass man angewidert ist.«[24]

Deutsche sind aus kulturellen Gründen besonders kritikfreudig. Daran wäre nichts auszusetzen, blieben sie nicht gleichzeitig so sparsam mit den Komplimenten. Kulturhistoriker führen dies darauf zurück, dass Deutschland stark vom preußischen Militärstaat geprägt wurde, in dem Frauen nichts zu melden hatten und in dem klare, schroffe Ansagen die Regel waren. Zudem hat in Deutschland die wahrheitsliebende Philosophie der Aufklärung ihren Ursprung. Aufklärung bedeutet, die Dinge klar und deutlich zu benennen. Die typische deutsch-provinzielle Begründung für eine Beleidigung lautet daher: »Wieso beschwerst du dich, ich sage doch nur die Wahrheit!«

Dass aber wahre Kritik nur zur Veränderung führt, wenn sie in der richtigen Form und im richtigen Augenblick beim Kritisierten eintrifft, ist eine Binsenwahrheit der Höflichkeit und Diplomatie. Höflichkeit und Diplomatie sind wiederum Errungenschaften der Fürstenhöfe anderer europäischer Nationen wie England, Frankreich oder Spanien, an denen Frauen und Zivilisten eine wichtige Rolle innehatten.

Deutsche im Ausland zeigen oft Entwicklungsbedarf, was ihre Freundlichkeit angeht. Gerne werden sie geneigt sein, Freundlichkeit als anbiedernd oder »schleimig« zu denunzieren, ohne zu erkennen, dass ihr eigenes Verhalten vom Gegenüber als charakterlich mangelhaft wahrgenommen wird. Diese Beobachtungen sind übrigens weder neu, noch habe ich sie mir aus den Fingern gesogen. Bereits der Philosoph Schopenhauer schrieb, alle Nationen seien in der Lage, einen Brief mit einer ausführlichen freundlichen Grußformel zu beenden, »bloß die Deutschen halten mit dem ›Diener‹ zurück, weil es ja nicht wahr sei … «. Weiterhin schreibt Schopenhauer: »Höflichkeit ist Klugheit, folglich ist Unhöflichkeit Dummheit.«[25]

Es ist eine Binsenwahrheit und muss dennoch gesagt werden: Wer etwas für seine privaten und beruflichen Beziehungen tun möchte, sollte darauf achten, Kritik wohlwollend und konstruktiv zu äußern.

Meine Migräne, mein Sex, mein Partner und ich: Beziehungsspiele

Von den im vorigen Kapitel beschriebenen Beziehungskillern lassen sich Beziehungsspiele unterscheiden. Die ausführliche Erforschung von Beziehungsspielen ist dem Amerikaner Eric Berne und in Deutschland unter anderem Rainer Sachse zu verdanken. Beziehungsspiele bestehen aus vorhersagbaren zwischenmenschlichen Verhaltensweisen, die zu einem bestimmten regelmäßigen Ergebnis führen.[26] Als solche sind sie zwar problematisch und gefährden auf Dauer ebenfalls die Partnerschaft, sie können jedoch auch über Jahre hinweg gutgehen, nämlich dann, wenn beide Partner sich beim »Spielen« ergänzen.

Beziehungsspiele werden nicht nur gespielt, um den Partner auf Trab zu halten, man kann mit ihnen auch sämtliche anderen sozialen Kontakte belasten und beruflich in Schwierigkeiten geraten. Besonderer Beliebtheit erfreuen sich das *Arme-Schwein-Spiel*, das *Opfer-der-Umstände-Spiel* und das *Jetzt-hab-ich-dich-du-Schuft-Spiel*. Doch bevor ich diese Spiele beschreibe, zunächst ein wenig Theorie.

Was sind Beziehungsspiele? Beziehungsspiele beruhen auf unserem unbewussten Wunsch nach Kontrolle von sozialen Situationen, doch die eigentlichen Motive des Spielers bleiben versteckt. Dabei wird der Partner in das manipulierende Spiel einbezogen; er wird verführt, bestimmte Rollenmuster auszubilden, z. B. Täter oder Opfer. Kein Spiel ohne Spielpartner! Das Ganze dient meist dazu, eine unbewusste Weltsicht zu bestätigen und Veränderungen des eigenen Verhaltens zu vermeiden. Der Klassiker ist das *Arme-Schwein-Spiel*. Sarah sagt, sie habe Migräne, in Wirklichkeit hat sie keine Lust auf Sex mit Lukas. Sarah ist also in ihren Wünschen nicht offen, sondern versteckt sie vor ihrem Partner. Ein typisches Beziehungsspiel. Das Problem: Früher oder später erkennt Lukas die Manipulation. Er wird allerdings nur ungern mit Sarah darüber sprechen. Das *Arme-Schwein-Spiel* verläuft also nach dem Muster: »Ich bin hilflos, ich bin schwach, ich kann dies und das und jenes nicht, nimm also Rücksicht auf mich.«

Auch Lukas könnte das *Arme-Schwein-Spiel* spielen. Vielleicht wendet er ähnliche Ausreden an, um sich nicht mit Freunden zu treffen oder um im Büro Arbeit aus dem Weg zu gehen. Auch hier gilt, dass die guten Freunde oder der Chef sich wahrscheinlich von Lukas distanzieren werden, denn sie vermuten zu Recht: Wenn Lukas öfters schwindelt, hat eine Aussprache keinen Sinn. Sowohl Sarah als auch Lukas belasten ihre Partnerschaft bzw. soziale Beziehungen, wenn sie Schwäche vorspielen, um Rücksichtnahme zu fordern.

Das *Arme-Schwein-Spiel* wird auch gerne in der Variante *Opfer-der-Umstände* gespielt. Opfer-der-Umstände behaupten, im eigenen Leben nicht selbst aktiv handeln zu können, weil sie das wehrlose Opfer äußerer Einflüsse sind. Sowohl im Privatleben als auch im Beruf irritieren sie ihr Gegenüber, indem sie signalisieren:

- »Mach mich nicht für Probleme verantwortlich!«
- »Stell an mich keine Anforderungen.«
- »Zeig mehr Verständnis für mich!«
- »Übernimm die anstrengenden Sachen für mich!«

Dieses Spiel ist zum Beispiel bei Suchtkranken sehr beliebt, egal ob bei Drogensucht, Magersucht, Arbeitssucht, Sexsucht. Man kann ja nichts dafür, man ist Opfer der Krankheit, des Arbeitsdrucks, der Hormone. Eine feine Sache, so als Korken auf den Wellen durchs Leben zu treiben.

Das *Opfer-der-Umstände-Spiel* kann wiederum in vielen Variationen gespielt werden, zum Beispiel als *Immer-ich-Spiel* bzw. *Immer-auf-den-kleinen-Dicken-Spiel* oder als das *Opfer-anderer-Personen-Spiel*. Zusammengefasst kann man alle bisher beschriebenen Spiele auch als *Schwäche-Spiele* bezeichnen.

Eine besondere Form des Schwäche-Spiels stellt das Spiel *Jetzt-hab-ich-dich-du-Schuft* dar. Der schwächere Spieler hat zumeist schlechte Erfahrungen mit verletzenden Menschen gemacht und er möchte natürlich, dass ihm das nie wieder passiert. Also entwickelt er einen sehr feinen Radar für Verletzungen und Missachtungen des Partners. Jeder »Fehler« des Partners bestätigt ihm, dass dieser ein potentieller Täter ist. Der Partner wird dadurch vollkommen befangen, denn jede negative oder aggressive Äußerung – und davon bleibt keine Partnerschaft verschont – macht ihn in Augen des *Jetzt-hab-ich-dich-du-Schuft*-Spielers zum unsäglichen Monster, dem von nun an nicht mehr zu trauen ist. Die zugehörigen geschlechtertypischen Plattitüden (»alle Männer sind XX«, »alle Frauen sind YY«) unterfüttern diese Einstellung ideologisch und so folgt zum Ende zwangsläufig die Trennung.

Schwäche-Spiele können bereits zu Beginn der Partnerwahl angestoßen werden, denn Menschen neigen zu seltsamen Wiederholungsmustern.

So berichtet ein Klient:

»Immer wenn ich eine starke Partnerin hatte, so eine, die regelmäßig isst, keine Drogen nimmt und so weiter, ist mir das Gesicht eingeschlafen. So muss es halt immer eine Verrückte sein.«

Für Menschen, die im Laufe ihres Lebens zeitweise in einer Außenseiterrolle waren, die zum Beispiel in der Schulzeit von Mitschülern ausgegrenzt wurden, besteht eine gewisse Anfälligkeit für Schwäche-Spiele. Durch die Ausgrenzung verringert sich der Selbstwert, wodurch man sich mutlos oder überkritisch zeigt, sobald man neue Menschen kennenlernt. Neue Beziehungen misslingen und das Gefühl der Ausgrenzung verstärkt sich. Ein Teufelskreis. Andererseits kann es auch verführerisch sein, zu behaupten, sämtliche Schwierigkeiten im Leben rührten aus belastenden Lebenserfahrungen. Selbstverständlich ist es Realität, dass Menschen aus den unterschiedlichsten Gründen diskriminiert und in die Minderheitenrolle gedrängt werden. Diskriminierung ist ein Fakt und sollte von Außenstehenden nicht schöngeredet werden. Sie kann jedoch auch als Ausrede dienen, um sich im Leben nicht anstrengen zu müssen.

Ein Schwäche-Spiel kann zudem dazu dienen, sich vor den Anforderungen des Erwachsenenlebens zu drücken. Jeder kennt den naiven Spruch junger Männer: Ich will sowieso keine dreißig werden. Er dient als beliebte Ausrede, jahrelang abzuhängen, Drogen einzuwerfen und für andere riskante Lebensweisen. Schließlich endet diese Grundhaltung in der Rolle des alternden Beschwer-Bärs ohne Partnerschaft und Arbeit: Selbstverständlich sind die anderen (die Politiker, die Eltern, die Frauen, die Männer, die eigenen Kinder) daran schuld, dass man es nicht geschafft hat.

Den Schwäche-Spielen stehen die Stärke-Spieler gegenüber, wie *Ich-Bin-der-Bestimmer* oder *Ich-kann-immer-Helfen,* häufig kombiniert mit dem Motiv *Ich-bin-der-Tollste, Mir-kann-keiner-was.* In Beziehungen können beide Spielarten sich wunderbar ergänzen, man muss also bei Spielen nicht immer zwangsläufig von Beziehungskillern sprechen. Das Grundprinzip von Beziehungsspielen lautet: Beide Seiten bestätigen sich gegenseitig in ihren Rollen. Das Spiel ist stabil, solange sich jeder an die Spielregeln hält.

Alle Beziehungsspiele zeichnen sich dadurch aus, dass sich die Spieler nicht mehr auf Augenhöhe befinden. Jeder der Spieler macht sich kleiner oder größer, zeigt sich abhängig oder ist pseudodominant. Wenn man den passenden Spielpartner findet, kann sich daraus sowohl eine lange, stabile, oft aber auch schmerzvolle Beziehung entwickeln: So passen *Opfer-der-Umstände-* und *Arme-Schwein*-Spieler sehr gut zu Partnern mit Helfer-Syndrom; und *Wunschlos-zu-deinen Diensten* ergänzt sich gut mit *Ich-bin-der-Bestimmer*-Spielern.

Junge Paare haben heute die Möglichkeit, ihre Beziehung frei zu gestalten, sie werden kaum von außen korrigiert, da – im Gegensatz zu früheren Zeiten – Eltern und soziale Umwelt eher wenig Einfluss auf die Gestaltung von Beziehungen nehmen. So manches Spielverhalten macht den Partnermarkt allerdings eng, es nervt zudem Freunde ungemein – wenn man noch welche hat – und führt auch am Arbeitsplatz garantiert zu Problemen: So können sich hier ein *Wunschlos-zu-deinen-Diensten-Spieler* als Angestellter und ein *Ich-bin-der-Bestimmer-Spieler* als Chef fast wie ein altes Ehepaar miteinander verstricken.

Auf einer unbewussten Ebene dienen Beziehungsspiele unserem Wunsch, den Partner und die soziale Umgebung zu kontrollieren, denn die Spieldynamik etabliert Regeln und grenzt damit alle Handelnden ein. Der Schwächespieler erfüllt sich das Bedürfnis nach Versorgtwerden und frustrationsfreier Wunscherfüllung, während Stärkespieler eher ihre Kontrolltendenzen und Optimierungsfantasien am Partner ausleben. Vermieden wird von beiden, sich auf Augenhöhe zu begegnen und sich täglich um neue Kompromisse zu bemühen. Stattdessen verläuft der Alltag in festen Ritualen, die zwar stabil und vorhersehbar zu sein scheinen, jedoch auf Dauer das Leben ersticken.

Wieso neigen Menschen eigentlich zu Wiederholungsmustern? Woher kommt diese Tendenz, trotz besseren Wissens zerstörerisches Verhalten beizubehalten? Warum gelingt es nicht, den Nachhall alter Verletzungen ausklingen zu lassen und den kalten Kaffee von gestern zu entsorgen, statt ihn wieder aufzubrühen? Warum diese ewige Wiederkehr der immer gleichen Abhängigkeit, in die sich manche fallen lassen, wozu die immer gleiche Wut in Konflikten, die derlei Wut nicht wert sind, die immer wieder aufgewärmte fade Suppe unsinniger Verstrickungen, die so manche Partnerschaft jahrzehntelang durchzieht? Kurz: Wieso sind unsere Beziehungsspiele so erstaunlich langlebig?

Um diese Frage zu beantworten, lohnt sich ein Blick in die Geschichte: Schon immer waren Menschen von diesen menschlichen Verstrickungen fasziniert. Im antiken Griechenland wurden unzählige tragische Theaterstücke verfasst. Doch nur einige wenige wurden überliefert – so sind heute nur noch sieben der 120 von Sophokles geschriebenen Stücken erhalten. Fast hundert Generationen haben die alten Schriften immer wieder sorgfältig kopiert und weitergegeben. Keine der bis heute bekannten Tragödien wurde zufällig überliefert, denn nur wenige Menschen der Antike und noch weniger Menschen des Mittelalters konnten lesen und schreiben. Zudem waren Papyrus und Pergament sehr teuer. Texte, die man für unwichtig hielt, wurden deshalb vom wertvollen Pergament abgeschabt und mit anderen Texten überschrieben. Was also zeichnet die wenigen überlebenden griechischen Tragödien aus?

Die berühmtesten griechischen Tragödien sind *Medea*, *König Ödipus*, *Antigone*, *Elektra* und einige wenige andere. All diese Stücke handeln von Menschen, die an sich frei sein sollten, sich aber, einem Verhängnis der Vergangenheit folgend, unabwendbar ins Unglück stürzen. Die tragischen Helden erleben Wiederholungszwänge, Unglücksmuster oder Beziehungsspiele, die so mächtig sind, dass sich Menschen aller Jahrhunderte in ihnen wiedererkennen – und auch wir finden uns heute problemlos in diesen Mustern wieder: König Ödipus verstrickt sich sexuell in der eigenen Familie, Antigone lehnt sich auf gegen männlich Gewalt und Medea reißt im Rahmen einer Trennung aus Rache ihre Kinder ins Verderben. Wie man sieht, handelt es sich letztlich um Familiengeschichten – und bezeichnenderweise berührt uns ein Kriegsstück wie *Die Perser* deutlich weniger.

Menschen folgen alten Handlungsmustern und können sich nicht dagegen wehren; gleichzeitig sind sie so gebannt von diesem fatalen Unglück, dass es sie fasziniert, dieses Unglück in der antiken Tragödie – oder dem Unglück moderner Serienhelden – wiederzuerkennen. Das Wiederholungsmuster ist eine Gewalt, vor der wir uns ohnmächtig fürchten. Es konfrontiert uns mit einem tragischen Mechanismus unserer seelischen Ausstattung, der uns immer wieder dieselben Trampelpfade laufen lässt.

Wie ist das zu erklären? Anstatt mich nun in die komplexe und bisweilen ängstigende psychotherapeutische Fachsprache zu flüchten, möchte ich lieber ein anschauliches Beispiel wählen. Das eben genannte Bild des Trampelpfades leistet hier wertvolle Hilfe.

Man kann sich das menschliche Gehirn vorstellen wie einen riesigen Urwald, der einen ganzen Kontinent bedeckt. Unsere Gefühle und Gedanken wären in diesem Bild dann einzelne Tiere oder Herden, die sich einen Weg durch den Urwald bahnen müssen. Auch in unserem Gehirn müssen Gedanken und Emotionen ihren Weg als elektrische Information von Nervenzelle zu Nervenzelle finden – es wird geschätzt, dass unser Gehirn bis zu einer Billion Nervenzellen besitzt[27], die wiederum untereinander über eine Vielzahl von Verästelungen (Axonen und Dendriten) elektro-chemisch kommunizieren.

Wie funktioniert nun dieses Bahnen von Wegen? Angenommen, einzelne Tiere wollten von der Küste zu den Bergen gelangen. Ursprünglich ist der Wald dichtbewachsen und unberührt, sodass die ersten Tiere sich einzelne schmale Schneisen durch den Urwald schlagen müssen. Spätere Tiere werden diesen ersten Trampelpfaden folgen, weil sie vorgebahnt und leicht zu begehen sind. Das bedeutet allerdings auch: Wenn der ursprüngliche Trampelpfad ein umständlicher Weg war, meinetwegen der eines großen Elefanten, für den manches Terrain nicht gangbar war, dann werden nachfolgende Tiere ebenfalls diesen Weg wählen – und zwar nicht, weil er der beste Weg für sie ist, sondern nur, weil er so bequem und ausgetreten ist.

Ähnlich verhält es sich mit unseren Gefühlen und Gedanken. In unserem Gehirn führen die ersten Erfahrungen und Handlungswege unseres Lebens über aussprossende Nervenbahnen zu vorgeprägten Datenbahnen. Diese in Kindheit und Jugendjahren angelegten Verbindungen werden, je öfter man sie nutzt, als feste Nervenbahnen immer breiter angelegt. Alle späteren Gedanken oder Emotionen werden geneigt sein, ebendiesen Datenautobahnen zu folgen, anstatt sich eigene, neue Wege zu suchen – selbst dann, wenn die Strecke von Berlin nach Paris etwas umständlich den Umweg über Rom nehmen sollte.

Wenn wir unsere Gedanken im Alltag beobachten, dann verhalten sie sich in der Tat oft wie eine Herde aus aufgeschreckten Erinnerungen, vagen Assoziationen, ungewissen Gefühlen, ungeklärten Interpretationen und unvorsichtigen Spekulationen. Diese unstrukturierten Informationssplitter erlangen erst Ordnung, indem sie sich auf den vorgegebenen Bahnen sortieren – und diese Bahnen sind bevorzugt die altbekannten Datenbahnen, auf denen es sich ja so bequem reisen lässt. Jede Veränderung ist daher anstrengend. Um im Urwald schneller voranzukommen, müsste eine einzelne Gazelle den Elefantenpfad verlassen, den dichten Urwald betreten und einen neuen Weg bahnen – das ist mühsam und das macht ihr Angst.

Das Gleiche gilt für den Menschen. Um im Alltag die alten Trampelpfade zu verlassen, die doch nur im Kreis und nicht in die Berge führen, um besser voranzukommen und Ziele schneller zu erreichen, um als Erwachsener also den vorgegebenen Wiederholungsmustern früherer Erfahrungen auszuweichen, müssen unsere Emotionen und Gedanken die bequemen, in der Vergangenheit angelegten Nervenautobahnen verlassen und neue Pfade im Gehirn anlegen; auch das ist anstrengend und macht Angst. Neugier und Mut könnten helfen, die Angst zu überwinden, doch viele Menschen zeigen sich hier eher gazellenhaft. Aufgrund unbewusster Automatismen, Trägheit, Sicherheitsdenken, Mangel an Neugier und Mut, lieben Menschen ihre Wiederholungsmuster und behalten ihre immer wiederkehrenden Beziehungsspiele unverändert bei.

Frag den Barkeeper: Unterschiede und Vorurteile

Als ich vor einigen Jahren von Heidelberg nach Hannover zog, ging ich zum Abschied ein letztes Mal in meine damalige Lieblingsdiskothek. Dort unterhielt ich mich mit dem Barkeeper Max:

»Ich werde fortziehen«, sagte ich.

»Wie lange hast du denn in Heidelberg gewohnt?«, fragte Max.

»Siebzehn Jahre«, antwortete ich.

»Dann wird das schwer für dich in Norddeutschland.«

»Wieso?«

»Tja, dort dauert es ewig, bis man jemand kennenlernt – und wenn man ihn kennt, dann wird man ihn nicht mehr los.«

Eine Woche später ging ich in eine Hannoveraner Bar. Auch dort stand ich am Tresen und auch dort begann ich ein Gespräch mit dem Barkeeper. Es ergab sich tatsächlich folgender Dialog:

Der Barkeeper fragte: »Woher kommst du denn?«

Und ich antwortete: »Aus Heidelberg.«

»Ah, Süddeutschland«, antwortete er und runzelte die Stirn. »Ja, dort ist es anders als hier. Man lernt schnell jemand kennen, doch am nächsten Tag hat es kaum etwas zu bedeuten.«

Nord- und Süddeutsche sprechen zwar die gleiche Sprache, dennoch zeigen sie signifikante Unterschiede in ihrem Empfinden und Verhalten. Diese Unterschiede können so weit führen, dass Süddeutsche in Norddeutschland als burschikos, oberflächlich und aufdringlich wahrgenommen werden und Norddeutsche in Süddeutschland als gehemmt, blutarm und unterkühlt. Natürlich ist weder das norddeutsche noch das süddeutsche Verhalten richtig oder falsch. Die Temperamente beider Regionen sind einfach verschieden und das gleiche Verhalten wird in beiden Regionen unterschiedlich interpretiert und beantwortet.

Diese Unterschiede fallen sogar Ausländern auf, so schreibt der Brite Joseph McIntyre über Hamburg:

> »Ob mir in Hamburg etwas fehlt? Manchmal ein bisschen Leichtigkeit. Ich hab mal eine Zeitlang in Köln gelebt – das war vom zwischenmenschlichen Flair her wirklich klasse! Nun verlange ich von euch Hanseaten ja gar nicht, dass ihr plötzlich Karneval feiern sollt. Aber redet doch zum Beispiel mal im Bus und in der Bahn und lacht, ruhig auch laut.«[28]

Wenn diese Eigenschaften selbst Briten bemerken – die ja ebenfalls eher als emotionale Kaltblüter gelten –, dann kann es nicht schaden, diese Unterschiede anzuerkennen und nicht kleinzureden. Wenn regionale Unterschiede nämlich nicht berücksichtigt werden, kann es zu starken Fehleinschätzungen des Gegenübers kommen. So bewerten Norddeutsche manche süddeutsche Politiker aufgrund ihrer Sprache als Trampel und unterschätzen bei weitem deren kommunikative Kompetenz. Süddeutsche wiederum können dazu neigen, die Zurückhaltung Norddeutscher als Zurückweisung, neurotische Introvertiertheit oder Arroganz zu interpretieren.

Um einen Menschen einzuschätzen, reicht es also nicht aus, vom eigenen Erfahrungshintergrund auszugehen. Wer andere nach den Normen der eigenen Familie und Region beurteilt, entwickelt keine gute Menschenkenntnis. Um einen Menschen wirklich zu verstehen, ist es hilfreich, sich dessen Herkunft anzusehen. Das Buch des Freiherrn von Knigge »Über den Umgang mit Menschen« war im 18. Jahrhundert nicht deshalb so erfolgreich, weil es Anstandsregeln festlegte, sondern weil es im Detail dazu anleitete, wie man mit Menschen unterschiedlichster Herkunft umzugehen lernt.

Oft geraten Beratungsgespräche ins Stocken, wenn ein Klient oder eine Klientin über vermeintlich schwierige Eigenschaften des Partners berichtet:

- »Er kann in der Öffentlichkeit doch nicht einfach so laut sprechen. Mir ist das peinlich!«
- Oder: »Er kann doch nicht immer so leise und sensibel sein. Er muss mehr aus sich herauskommen!«
- Oder: »Er kann doch nicht immer so ängstlich und verschlossen sein. Er sollte auch – wie ich – mehr Aktivitäten außerhalb unserer Beziehung suchen!«

Fasst man all diese Argumente zusammen, dann folgen sie der simplen Logik: »Er muss die Welt doch auch so sehen wie ich!«

An dieser Stelle folgt im Beratungsgespräch meist eine Pause. Ein Therapeut oder Berater muss seinem Klienten auch widersprechen können, sonst ist er ihm nur gefällig, ohne wirklich zu helfen. Es ist daher wichtig, bei aller Rücksicht auf die Wunschwelt des Klienten, an dieser Stelle zu antworten:

»Nein, ich denke nicht, dass Ihr Partner das so sehen muss.«

»Warum glauben Sie das?«, lautet dann meist die Antwort.

Bei Klienten mit Humor sage ich:

»Es ist eigentlich ein Geheimnis. Möchten Sie es hören?«

»Ja, gerne.«

»Alle Menschen sind unterschiedlich.«

»Aber wir lieben uns doch.«

»Nur weil sich zwei Menschen lieben und bereits lange zusammen sind, heißt das nicht, dass beide gleich empfinden.«

»Aber ich habe so oft versucht, zu erklären, wie ich die Sache sehe.«

»Ja, doch für ihn sieht es eben anders aus. Weder Ihr Partner noch Sie selbst sind im Recht oder im Unrecht. Schuldzuweisungen funktionieren hier nicht.«

»Was könnte denn helfen?«

»Schlau wäre es, zu lernen, mit den Unterschieden zu leben.«

Die individuelle Herkunft kann bei Missverständnissen in der Partnerschaft sehr wichtig sein. Scheinbar unwichtige Dinge wie

Ordnungsverhalten und Gesprächskultur werden selbstverständlich stark vom Elternhaus bestimmt. Auch grundlegende Charakterzüge können von der Herkunft abhängen:

- Falls die Eltern des einen Partners schweigsam sind und wenig Emotionen zeigen, die Familienmitglieder des anderen dagegen gerne laut durcheinanderreden, lachen, weinen und schimpfen, dann wird der stillere Partner wahrscheinlich verunsichert sein, sobald er während des Antrittsbesuchs bei der extrovertierten Familie die erste Gefühlsdusche bekommt.
- Kinder ängstlicher Mütter – ein häufiges Thema bei Müttern der Kriegs- und Nachkriegsgeneration – haben oft selbst wenig Zutrauen, sobald sie auf neue Herausforderungen stoßen oder mit unerwarteten Problemen konfrontiert werden. Starker Stress in der Schwangerschaft wirkt sich sogar bis auf die Gene der Neugeborenen aus und führt zu einer Veränderung der Glucocorticoid-Rezeptoren[29], deren Funktion und Dichte die spätere Stress-Toleranz des Erwachsenen wesentlich beeinflussen. Kinder entspannter, selbstsicherer Mütter zeigen sich dagegen meist freier von Ängsten.
- Kinder kleinbürgerlicher Familien in der Provinz, die fremden Menschen gegenüber verschlossen sind, werden es schwerer haben, neue Menschen kennenzulernen, als Kinder aus neugierig-offenen Künstlerfamilien der Großstadt.

Das gleiche Verhalten kann also sehr unterschiedliche Hintergründe und Bedeutungen haben. Wer bereit ist, Unterschiede wahrzunehmen und richtig einzuordnen, zeigt Menschenkenntnis. Seelische Reife besteht darin, diese Unterschiede zu akzeptieren.

Engstirnig lebt dagegen, wer Unterschiede bereits unterstellt, bevor er sein Gegenüber genauer kennt, wer den anderen aufgrund seiner Herkunft einordnet und dem anderen ungeprüft und anlasslos negatives Verhalten unterstellt. Menschen, die so nur die eigene Weltsicht akzeptieren und das Anders-Sein des Gegenübers nicht tolerieren, leben in der Welt des Vorurteils.

Eigentlich sind alle unsere Urteile nur vorläufige Urteile und damit Vorurteile. Die Welt ist zu komplex, um endgültige Urteile zu erlauben. Soziale Intelligenz bedeutet, das anzuerkennen und seine (Voraus-)urteile jederzeit als vorläufig und auch widerlegbar anzusehen. Wer dazu nicht die Größe hat, benutzt Vorurteile, um abzugrenzen und auszusondern. Das abwertende Vorurteil richtet sich dann pauschalisierend gegen eine bestimmte gesellschaftliche Gruppe, meist gegen eine Minderheit; es setzt diese Gruppe und einzelne Gruppenmitglieder herab, indem es sie diffamierend abwertet. Es ist eine psychologische (und geschichtliche) Tatsache, dass gerade schwache Menschen sich oft Minderheiten suchen, um diese zu diffamieren. Psychologisch gesehen versuchen sie dadurch Zweifel am eigenen Selbstwert zu bekämpfen.

Zudem gibt es einen seelischen Mechanismus, den man als *Identifikation mit dem Aggressor* bezeichnet: Das Opfer von Diskriminierung übernimmt kurioserweise oft die Werthaltungen der allgemeinen Mehrheit, weil es seelisch zu schmerzhaft wäre, sich dagegen aufzulehnen und zu spüren, wie ungerecht man behandelt wird. Weil das Opfer die abwertende Haltung der diskriminierenden Mehrheit teilt, gerät es in Selbsthass und reicht diesen Hass weiter an Gruppen, die scheinbar »noch weniger wert« sind. Der Widerstand gegen Ausgrenzung wird also nicht gegen den Verursacher der Ausgrenzung gerichtet, sondern gegen unbeteiligte Dritte, die als Sündenböcke dienen – meist gegen ethnische Minderheiten. Man nennt diese Haltung auch »rebellierende Selbstunterwerfung«.

Oft wird behauptet, es handele sich bei Fremdenfeindlichkeit um ein Menschheitserbe aus Zeiten des Stammesdenkens. Diese Annahme ist fragwürdig, da gerade Stammesgesellschaften traditionell äußerst gastfreundlich und vorurteilsarm sind. Der Einfluss der Religionen und der Nationalstaaten auf Fremdenfeindlichkeit erscheint dagegen deutlich prägender.

In Deutschland ist die Fremdenfeindlichkeit auch ein Erbe des dreißigjährigen Krieges: Damals zogen Heerscharen über das

Land und vernichteten bis zu 70 Prozent der Bevölkerung. In der Folgezeit saßen die Menschen in ihren Kleinstaaten, Städten und Dörfern, zogen die geistigen Burgmauern hoch und verherrlichten mit Stammtisch und Vereinsmeierei die Engstirnigkeit ihrer provinziellen Gemeinde und Gesinnung.

Großherzigkeit ist ein grundlegendes Zeichen seelischer Stärke, Ausgrenzung ein Zeichen von Schwäche. Trifft man auf einen Menschen mit starken Vorurteilen, dann steht man vor einem schwachen Menschen.

Insbesondere in Partnerschaften ist es also wichtig, Unterschiede zu erkennen und sie realistisch einzuordnen. Oft sind große Unterschiede innerhalb eines Paares für das Paar selbst gar kein Problem, wohl aber für die beobachtende Öffentlichkeit.

Ein näherer Blick auf die öffentliche Erregung bei Beziehungen mit hohem Altersunterschied ist überaus interessant, denn am medialen Aufruhr, den diese Beziehungen erzeugen, lässt sich zeigen, dass sie mehrere Tabus verletzen oder – besser formuliert – mehrere Vorurteile aktivieren. Insbesondere Politiker geraten durch solche Beziehungen in schwerste Fahrwasser. Nun fordert die Demokratie bereits seit antiken Zeiten vom Politiker ein besonders hohes Maß an Triebkontrolle, entsprechend dem Motto, dass ein Mensch, der den Staat führen soll, sich auch selbst unter Kontrolle haben muss.[30] Insofern spricht nichts dagegen, beim Privatleben von Spitzenpolitikern etwas genauer hinzusehen als beim Treiben eines Normalbürgers. Der klassische Leitspruch: *Quod licet Iovi non licet bovi* (*Was dem Gott gebührt, gebührt dem Ochsen noch lange nicht*) erfährt hier eine Umkehrung.

Letztlich ist jedoch auch in privaten Beziehungen nicht-prominenter Bürger die Beziehung eines älteren Mannes zu einer jüngeren Frau oder – vermeintlich noch schlimmer – die Beziehung einer älteren Frau zu einem jüngeren Mann ein garantierter Aufreger, auch wenn beide Partner gegen keinerlei Gesetze verstoßen.

An dieser Stelle wird die Sache psychologisch interessant. Das Ausmaß der Empörung ist ein klarer Hinweis darauf, dass eine Liebe mit hohem Altersunterschied die Psyche der außenstehenden Dritten zutiefst verunsichert. Die alt-junge Liebe wird seelisch heftig abgewehrt, denn sie stellt einige als selbstverständlich erachtete psychologische Grundannahmen in Frage:

- Alt-junge Beziehungen widersprechen dem Dogma, Liebe verlange eine größtmögliche Ähnlichkeit zwischen den Partnern. Wie bereits beschrieben ist diese Annahme der derzeitige bürgerliche Markenkern des Partnerschaftsprojekts: Gut ist, was gleich ist – und was nicht gleich ist, wird gleich gemacht ...
- Wer zudem glaubt, eine Partnerschaft habe im betriebswirtschaftlichen Sinn zur ausgeglichenen gegenseitigen Befriedigung von »Ansprüchen« zu dienen, der wird in alt-jungen Beziehungen in der Tat ein großes Maß an Ungleichheit entdecken. Er verkennt jedoch, dass am materiellen Güteraustausch gebildete psychologische Reflexe nicht automatisch der Lebensweisheit letzter Schluss sind.
- Weiterhin wird gerne unterstellt, der ältere Partner dominiere den jüngeren. Hierbei wird jedoch nicht erkannt, dass – aufgrund der höheren erotischen Attraktivität des jüngeren Partners sowie der Freiwilligkeit der Beziehung – eine ausgeglichene Partnerschaft durchaus möglich ist; in vielen Fällen nimmt der jüngere Partner auch die dominantere Rolle ein.
- Zur Anfeindung von Paaren mit Altersunterschied tragen zudem zwei weitere Affekte bei: Sexualneid und Altersangst. Zum einen wird dem älteren Partner das Glück der Begegnung mit dem attraktiven jüngeren geneidet, zum anderen empfinden ältere Menschen den attraktiveren jüngeren im Gerangel auf dem »Beziehungsmarkt« als Konkurrenz und Bedrohung. Das alt-junge Paar erzeugt daher in neidischen Seelen eine brisante Mischung aus Altersangst-Nitro und Sexualneid-Glycerin – entsprechend explosiv argumentiert dann der Moral-Taliban.

- Ein Phänomen zeigt sich letztlich bei allen Sexualitäten: Menschen, die sich als kompetent einschätzen, sind oft der intuitiven Meinung, alles verstehen zu können. Sie setzen dementsprechend die moralischen Grenzen dort an, wo ihnen eine Handlung nicht mehr nachvollziehbar erscheint. Daher erfolgt auch die Beurteilung alt-junger Beziehungen nach diesem Grundmuster der Intoleranz – der Bauch sagt: »Ich verstehe es nicht« und der Kopf antwortet: »Also ist es nicht richtig.«
- Ihr Grundirrtum lautet: Alles menschliche Handeln ist nachvollziehbar. Dieser Grundirrtum ist eine Lieblingsthese der psychologisierenden Gesellschaft. Die Gegenthese hierzu lautet: Menschen sind verschieden, wirklich verschieden und vieles können wir eben nicht nachvollziehen. Falls wir gewisse Paarungen anderer nicht besonders anregend oder appetitlich finden, ist das Privatsache und reicht als Argument im öffentlichen Raum nicht aus.

Zusammenfassend lässt sich zum geläufigen Gleichheitsgebot also eine Gegenthese aufstellen: Statt vermeintliches Gift für Beziehungen zu sein, können Unterschiede zwischen Partnern zum Nährsalz der Beziehung werden. Neben gewollten Unterschieden können auf lange Frist ungewollte Unterschiede die Partnerschaft sogar dynamisieren. Indem ich das Anders-Sein meines Partners akzeptiere, habe ich gleichzeitig die Möglichkeit, immer wieder die Begrenzungen meines eigenen Charakters zu durchbrechen, also meinen eigenen Horizont zu erweitern. Gerade das, was uns am anderen am meisten befremdet, kann so durchaus wertvoll werden.

Partnerlook, nette Chefs und Helikoptereltern: Die Kumpelfalle

Obwohl Unterschiede zwischen Partnern also normal und zwangsläufig sind, werden sie nur ungern gesehen und anerkannt. Im Gegenteil: Es wird eine Gleichheit unterstellt, die nicht existiert. Viele Frauen lieben es, sich mit ihren Freundinnen detailliert über ihre Partner auszutauschen. Sie gehen ganz selbstverständlich davon aus, Männer würden dies mit ihren besten Freunden in der gleichen Intensität tun, und sind oft überrascht, zu hören, dass Männer untereinander deutlich weniger private Dinge über die Beziehung zu ihrer Partnerin ausplaudern. Zwar sprechen Männer gerne über Sex im Allgemeinen; doch sie diskutieren untereinander eher selten ihre konkreten Flirts und noch seltener ihre Partnerschaft – wie gesagt: im Vergleich zu Frauen.

Wenn ich dies in einem Beratungsgespräch erwähne, glauben Frauen das zunächst oft nicht. Ich führe dann gerne die amerikanische Journalistin Norah Vincent an. Sie hatte sich ein Jahr lang als Mann verkleidet und unter Männern gearbeitet und gelebt, um herauszufinden, »wie Männer wirklich ticken«[31]. Eines ihrer Ergebnisse war, dass Männer lange beieinandersitzen können, ohne miteinander zu sprechen, und dass sie – entgegen der Annahme von Frauen – kaum über ihre Partnerinnen reden. Als Therapeut erfahre ich sowohl von Männern als auch von Frauen, ob und mit wem sie über ihre Partner sprechen und wie weit sie ins Detail gehen; ich kann Norah Vincents Beobachtungen nur bestätigen.

Dieses Missverständnis ist typisch für die sogenannte »Kumpelfalle«, in der sich Männer und Frauen heute gerne verfangen: Weil der gesellschaftliche Unterschied zwischen Mann und Frau immer kleiner wird, nehmen beide Seiten automatisch an, das andere Geschlecht empfinde und handele auf die gleiche Art und

Weise wie das eigene. Eine Klientin hielt es zum Beispiel für »typische männliche Oberflächlichkeit«, dass ihr Partner kaum etwas über die Partnerin seines besten Freundes wusste. Sie geht von ihrer Wahrnehmung als Frau aus und hält es für selbstverständlich, dass der Partner sich für die Freundin des Freundes interessieren müsse – genauso, wie sie sich als Frau dafür interessiert, wer die Partner ihrer Freundinnen sind und welche Eigenschaften diese haben. Ihre unbewusste Forderung nach Gleichheit kollidiert mit der Realität. Die männliche Wirklichkeit wird in dieser sozialen Konstellation nämlich nicht vom Gefühl der Neugierde, sondern von unbewusster Vorsicht und Abgrenzung dominiert: Viele Männer schauen bewusst weg, wenn die Partnerin ihres besten Freundes erscheint, sie zeigen absichtlich Desinteresse und zögern sehr, sich in die Beziehung des Freundes einzumischen und diese zu bewerten. Sie zeigen damit ihrem Freund, dass sie seine Reviergrenzen respektieren – und nur so kann eine Freundschaft unter Männern gut funktionieren.

Rein kumpelhaftes Verhalten ist in Partnerschaften problematisch, denn es ebnet die Unterschiede zwischen den Partnern ein. Sich voneinander zu unterscheiden liegt heute weniger im Trend, als sich zu wünschen, ganz mit dem Partner zu verschmelzen. Weil die Rollen in Haushalt und Beruf zum Glück mehr und mehr gleichberechtigt verteilt werden, weil Kleidungsstile androgyn angepasst sind und weil wir gelernt haben, souverän und geläufig über unsere Bedürfnisse zu plaudern, sind wir verführt zu glauben, das andere Geschlecht müsse aufgrund der Ähnlichkeit des Gezeigten und Gesprochenen die Welt doch ebenso erleben wie wir. Doch angepasste Moden und sprachliche Diskurse bedeuten nicht zwangsläufig ein identisches Empfinden, sondern zunächst einmal nur soziale Mimikry. Mimikry bezeichnet in der Biologie eine Tarnung: Durch die äußere Ähnlichkeit wird darüber hinweggetäuscht, dass es sich um zwei unterschiedliche Arten handelt. So können bestimmte Heuschrecken die Form von Pflanzenzweigen annehmen und harmlose Fliegen sich mit gelb-schwarzen Warnfarben als gefährliche Wespen tarnen. Beim modernen Menschen ist die vermeintliche äußere Gleichheit der Geschlechter eine gesellschaftlich erwünschte Mimikry. Männer zeigen sich zunehmend weiblicher und Frauen männlicher, um dem gesellschaftlichen Ideal der Gleichheit zu genügen – in Jeans, T-Shirt und Turnschuhe sind Mann und Frau gleichermaßen neutral gekleidet und die Umgangsformen finden zusammen im androgynen Mittelmaß –, dass diese Tarnung früher oder später im partnerschaftlichen Alltag Konflikte erzeugt, dass der äußeren Gleichheit gar keine innere Gleichheit entspricht, ist dementsprechend ein unerwünschter Kollateralschaden dieser gleichheitsorientierten Mimikry.

Zudem: Wenn Mann und Frau kaum noch zu unterscheiden sind, wenn Charakter und Aussehen aneinander angepasst und Unterschiede eingeebnet sind, verhalten sich beide nicht »eingeschlechtlich«, sondern nahezu geschlechtslos – und hierunter leidet über kurz oder lang die erotische Attraktion. Männer sind Männer und Frauen sind Frauen. Ziel kann nicht sein, so unterschiedslos wie Geschwister nebeneinanderher zu leben, denn zwischen Geschwistern lässt die Natur im Normalfall kaum Erotik aufkommen – man nennt das auch Inzestschutz. Wer den Partner daher nur als Kumpel sieht, ebnet eben die Unterschiede ein, die eine Beziehung erst lebendig machen.

Anja ist 41 Jahre, hat zwei Kinder und lebt seit zwei Jahren von ihrem Mann getrennt. Sie erzählt mir ihre Lebensgeschichte und ich schreibe mit: »Sie hat mit 24 Jahren geheiratet und 5 Jahre später ihr erstes Kind bekommen. Alles verlief geordnet. Sie war zufrieden.«

Anja berichtet weiter: »Ich dachte, das kann nicht alles gewesen sein. Ich konnte mir nicht vorstellen, mit ihm alt zu werden. Irgendwann kam ein Loch. Es war alles schön. Es war alles angenehm. Dann kam die Unzufriedenheit.«

Wir schweigen. Ich sehe auf meinen Notizblock und antworte dann: »Ich kann das nachvollziehen. Wissen Sie, was mir auffällt?

Sie haben eben 15 Jahre in 23 Worten beschrieben. Das ist sehr wenig für eine so lange Zeit.«

Anja zuckt mit den Schultern: »Es ist auch wirklich kaum etwas passiert. Wir haben gut zueinander gepasst und irgendwann ist unsere Ehe wohl einfach langweilig geworden.«

Partnerschaftliche Langeweile wird gefürchtet. Wir wollen schließlich unterhalten werden! Unser Anspruch auf Lust und Unterhaltung kann als Hedonismus bezeichnet werden. Der Hedonismus glaubt, das höchste und letzte Ziel bestehe darin, im Leben ein Maximum an Freude und Lust zu erreichen. Dies ist uns vollkommen selbstverständlich geworden, die allerwenigsten kennen und verfügen heute über eine alternative Lebensphilosophie.

Maximilian, Gitarrist, 29 Jahre, berichtet:

»Als ich in der Schule den Begriff ›Hedonismus‹ kennenlernte, habe ich meinem Lehrer gesagt, das sei doch normal, Dinge nur dann tun zu wollen, wenn sie Spaß machen. Erst später habe ich verstanden, das ist nur meine faule Triebseite, die durchschlägt, wenn ich das zulasse. Wenn ich mein Leben durchschaue, laufen alle meine Entscheidungen letztlich auf einen Konsumwunsch hinaus.«

Langeweile ist an sich ein fast neutraler Begriff, der einen Gemütszustand beschreibt, indem eine *lange Weile* nichts Relevantes, Anregendes, Unterhaltendes passiert. Doch ein Leben ohne neue Reize erscheint keineswegs neutral und nichts wird mehr gefürchtet als Alltagsroutine, die unsere innere Leere offenbart. Der Philosoph Albert Camus beschreibt die Langeweile als den Ausgangspunkt eines möglichen Erwachens:

> »Dann stürzen die Kulissen ein. Aufstehen, Straßenbahn, vier Stunden Büro oder Fabrik, Essen, Straßenbahn, vier Stunden Arbeit, Essen, Schlafen, Montag, Dienstag, Mitt-

woch, Donnerstag, Freitag, Samstag, immer derselbe Rhythmus – das ist sehr lange ein bequemer Weg. Eines Tages aber steht das ›Warum‹ da, und mit diesem Überdruss, in den sich Erstaunen mischt, fängt alles an.«[32]

Der Überdruss fordert eigentlich Veränderung, doch Veränderung würde Anstrengung verlangen oder den Wohlstand gefährden, und so folgt als nächster Schritt die »unbewusste Umkehr in die Kette«[33] und die Betäubung durch Zerstreuung und Konsum. In einer Welt, die nach unendlicher Bespaßung verlangt, ist der Begriff »Langeweile« daher besonders negativ besetzt – denn die positiv empfundene Langeweile namens *Muße* ist uns fremd geworden. Das Wort Muße ist ein ungewohnter, fast aus der Mode gekommener Begriff. Früher sprach man gerne von Mußestunden. Deswegen glauben heute die meisten Menschen, was sie in ihrer Freizeit treiben, falle unter die Überschrift Muße. Wenn ich Klienten frage, was sie unter Muße verstehen, wann sie ihre Mußestunden haben, dann höre ich Antworten wie: Wenn ich Sport mache. Wenn ich fernsehe. Wenn ich lese. All das ist – wie bereits gesagt – Freizeit, vielleicht auch entspannend, aber es ist noch nicht unbedingt Muße. Aristoteles schrieb, das, was wir Unterhaltung nennen, sei zwar wichtig, Unterhaltung diene jedoch zumeist zur Erholung, die als Heilmittel den für die Beschwerden und Schmerzen des Lebens notwendigen Genuss bringe. Ablenkende Unterhaltung dient nach Aristoteles also der Regeneration, sie ist eine Art Konsum – und damit noch keine Muße. Muße dagegen ist für Aristoteles die Beschäftigung mit zweckfreien Dingen, mit Musik vielleicht oder anderen nicht auf Erwerb gerichteten freien Künsten, mit träumen, fantasieren, philosophieren, in den Himmel schauen oder auch feiern.[34] *Muße ist also die von Arbeit, Konsum und Erholungshobbys freie Zeit, die mit zweckfreien Dingen oder Nichtstun verbracht wird.* In unserer auf Effektivität, Produktivität und Kreativität ausgerichteten Welt erscheint echtes Nichtstun jedoch fast als Sünde und so quälen wir sogar unsere Kinder mit hektischen Freizeitterminen, statt ihnen die unendliche freie Zeit – und damit Muße – der Kinderjahre zu gönnen.

Vor diesem Hintergrund ist es verständlich, dass Langeweile in der Partnerschaft zur negativen Bewertung der Partnerschaft verführt. Gegen partnerschaftliche Langeweile braucht es daher von außen zugeführte Stimulantien, um die ewige Wiederkehr des immer gleichen Partnereinerleis mit externen Erregungsenergien anzureichern. Die gängige Abhilfe bei partnerschaftlicher Langeweile heißt Konsum. Man bemerkt den vermeintlichen Mangel an Aufregung und Spannung und fordert nun Freizeitware, durch deren Kauf man Anregung und Spannung für die Partnerschaft mit zu erwerben meint: Candle-Light-Dinner in teuren Restaurants, exklusive Sportvergnügen zu zweit, Wellness-Wochenenden und abendliche Strandspaziergänge auf den Malediven sollen die Partnerschaft mit romantischen Impulsen revitalisieren, damit diese dem geforderten Erregungsmuster wieder genüge.[35]

Dieser Modus, eine Partnerschaft zu stabilisieren, ist so durchschaubar, dass eine Klientin, Mitte vierzig, zunehmend ironisch auf konsumromantische Vorschläge ihrer neuen Partner reagiert:

Er: »Hast du schon einmal am Elbstrand bei Lagerfeuer Champagner getrunken?«

Sie: »Eimerweise.«

Es ist paradox: Die zu Beginn einer Beziehung aus Unkenntnis des Gegenübers fantasierte Gleichheit kann, wenn sie sich bewahrheitet, auf Dauer als Langeweile des immer wiederkehrenden trivialen Gleichen eine Beziehung ersticken.

Innere Gegensätze in Partnerschaften sind daher keineswegs zwangsläufig problematisch. Im Gegenteil, sie sind der Chili im Rezeptbuch der Erotik. So sieht der Paartherapeut Ulrich Clement gerade die Lust an den differierenden erotischen Profilen und den spielerischen Umgang mit den Unterschieden als geeignetes Mittel, auch langjährige Beziehungen erotisch am Leben zu halten.[36] Wie sehr Trennendes, beide Partner Unterscheidendes, erotisch stimulierend wirkt, erkennt man auch daran, dass eine längere räumliche Trennung oder auch ein trennender Streit seltsamerweise zur anschließenden Luststeigerung führen kann.

Vielleicht sind deshalb die Beziehungen von ungleichen Menschen wider Erwarten oft sehr beständig. So müssen Paare mit großem Altersunterschied oder auch binationale Ehen zwar mit deutlichen Vorurteilen der Außenwelt rechnen; gemessen daran sind ihre Partnerschaften jedoch erstaunlich stabil. In meiner Praxis habe ich einige Paare mit großem Altersunterschied kennengelernt, die sich seit Jahrzehnten lieben und zusammenleben.

In homosexuellen Beziehungen fällt naturgemäß die Spannung fort, die durch den Geschlechtsunterschied entsteht. Dafür zeigen sich oft große Unterschiede zwischen den Partnern hinsichtlich Beruf, Alter oder Charakter. Der amerikanische Psychoanalytiker Isay meint hierzu, dass gerade diese Gegensätze ausschlaggebend dafür seien, dass homosexuelle Partnerschaften auch nach Jahren noch interessant und damit erotisch intakt bleiben. Aufgrund unterschiedlicher Erfahrungswelten halte sich immer eine produktive Spannung, die die Beziehung auch nach langer Zeit nicht langweilig werden lässt.[37]

Insgesamt gilt es also, kritisch die Ansicht zu prüfen, Beständigkeit in Beziehungen sei einzig und allein durch Gleichheit zu erreichen.

Die Kumpelfalle schadet allerdings nicht nur in Partnerschaften. Wir haben heute in fast allen Lebensbereichen den Anspruch, mit anderen Menschen auf einer möglichst vertrauten Ebene umzugehen. Dies verleitet jedoch dazu, drei Dinge zu übersehen:

- Nur weil Menschen sich duzen und wie Freunde verhalten, bedeutet das nicht, dass sie ähnlich empfinden oder handeln.
- Kumpelhaftes Verhalten täuscht oft eine Vertrautheit vor, die später problematisch wird.

- Unser Bedürfnis nach Privatsphäre kann von Menschen, mit denen wir uns duzen, leichter missachtet werden.

Besonders im Beruf führt die Kumpelfalle zu Rollenkonflikten. Wenn wir sehr vertraut miteinander sind und uns duzen, kann dies darüber hinwegtäuschen, dass Kollegen ganz eigene Interessen haben und uns gelegentlich auch ausbooten wollen; es kann zudem dazu verleiten, gegenüber dem Vorgesetzten in friedlichen Zeiten Dinge aus dem Privatleben preiszugeben, die wir in Krisenzeiten bereuen. Sich mit dem Chef zu duzen bzw. Du-Angebote »von oben« sind besonders dann ein Problem, wenn sie in strikten Hierarchien – zum Beispiel im Beamtenwesen oder in konservativen Firmen – den Blick für die Wahrheit der notwendigen Über- und Unterordnung verschleiern.

Das in Betrieben zunehmend verbreitete Duzen kann auch den Umgangston verschlechtern. Sich gegenseitig zu siezen mag vielleicht zunächst steif und förmlich klingen, es erinnert aber – wie das Tragen korrekter Kleidung – daran, sich professionell zu benehmen. Herabsetzende und beleidigende Formulierungen sind schneller gesagt, wenn man sich »duzt«. Sobald wir uns »siezen«, wird unsere Sprache verbindlicher und eine saloppe Bemerkung kommt nicht ganz so schnell über die Lippen.

Das Du ist nur dann unproblematisch, wenn die sozialen Rollen klar definiert und grundsätzlich nicht zu verwechseln sind wie zwischen Freunden und Partnern, zwischen Eltern und Kind. Als Zeichen des Respekts sage ich in meiner Praxis zu Klienten niemals »Du«. Auch wenn man sich gut versteht ist das »Sie« hier einerseits ein Zeichen der gegenseitigen Wertschätzung – andererseits erinnert es daran, dass es sich bei den Gesprächen, trotz der sehr persönlichen Inhalte und der geringen räumlichen Distanz, stets um eine professionelle Beziehung handelt.

Der russische Öl-Milliardär Chodorkowski wurde zu einer langjährigen Haftstrafe in Sibirien verurteilt. Als er in einer Zweierzelle auf seinen Mithäftling traf, sagt er: »Wir sollten

uns mit Sie anreden. Es ist ein Zeichen des Respekts. Außerdem kann ich nicht wissen, ob Sie in Zukunft nicht vielleicht einmal ein berühmter Mensch werden.«
Es gelang Chodorkowski, in dieser Zeit der Haft unter den Mithäftlingen ein hohes Ansehen zu bewahren und sich nicht in die Knastintrigen zu verwickeln.[38]

Der dritte Bereich, neben Partnerschaft und Beruf, in dem die Kumpelfalle relevant wird, ist die Beziehung von Eltern zu ihren Kindern. Als Therapeut hört man von Eltern gelegentlich, sie wollten beste Freunde ihres heranwachsenden oder schon erwachsenen Kindes sein. Kinder beklagen sich in Therapien dagegen immer wieder über aufdringliche Eltern, die wirklich alles mit ihren Kindern teilen wollen.

Sarah:
»Meine Mutter wollte vor mir ausbreiten, was sexuell zwischen ihr und meinem Vater nicht mehr funktioniert. Ich habe gesagt: Nein, sei still, ich will nichts darüber wissen.«

Auch wenn manche Eltern es nicht gerne hören: Sie werden nie der beste Freund ihres Kindes sein. Falls sie es versuchen, werden sie ihrer Rolle als Eltern nicht gerecht; sie bringen ihre Kinder auf eine subtile Art und Weise in emotionale Abhängigkeit. Sie halten sich zwar für die besten Kumpel ihrer Kinder, doch in Wirklichkeit sind sie Helikoptereltern, die ununterbrochen über den Angelegenheiten ihres Nachwuchses schweben und durch Dauereinmischung verhindern, dass ihre Kinder erwachsen werden können, emotional eigenständig leben und sich auf eine eigene Partnerschaft oder Familie voll und ganz einlassen.

Eltern, die ihren Kindern im Leben alle Lasten abnehmen, erschweren zudem, dass die Kinder Eigenverantwortung und Selbstkontrolle lernen. Gerade die Fähigkeit zur Selbstkontrolle ist eine Persönlichkeitseigenschaft, die im weiteren Leben die persönliche Entwicklung bestimmt. Eine umfangreiche Langzeitstudie an 1037 Kindern zeigt: Je schlechter die Selbstkontrolle des Kindes, desto schlechter der Stoffwechsel, die Zähne und Gesundheit des späteren Erwachsenen und desto höher das Risiko späterer Straffälligkeit. Je besser die Selbstkontrolle, desto besser die wirtschaftliche und finanzielle Situation im Erwachsenenalter – unabhängig von anderen Faktoren wie beispielsweise wirtschaftlicher Situation der Eltern oder Intelligenz.[39]

Hinter dem vordergründig harmlosen Wunsch eines Elternteils nach kumpelhafter Freundschaft zum Kind verbirgt sich leider oft menschliche Unreife bis hin zu emotionalem Vampirismus – auch hier zeigt sich also eine verkappte Form gieriger Liebe, die keine umfassende Liebe ist, weil sie die Bedürfnisse des Gegenübers verleugnet. Das Kind wird zum emotionalen Fokus und soll zum Beispiel das Unglück der Ehe ausgleichen. Dieser rigorose Eltern-Egoismus verbirgt sich dann gerne hinter der Formulierung: »Ich will doch nur das Beste.« Dieser Satz ist ein implizites Eingeständnis des eigenen Scheiterns, das kaum anders klingt als »Der Weg zur Hölle ist mit guten Vorsätzen gepflastert«. Versucht das Kind sich abzugrenzen, reagiert der entsprechende Elternteil entweder vorwurfsvoll oder schwerhörig bis taub.

Svenja, eine junge Frau, die unter einer drogeninduzierten Psychose leidet, versucht sich vom Elternhaus zu distanzieren. Die Mutter ruft nach einiger Zeit in der Klinik an und sagt zum Arzt: »Ich und meine Tochter teilen alles. Alles. Sie wissen ja gar nicht, was für eine enge Beziehung wir haben.«

Als die Tochter dies erfährt, kämpft sie mit den Tränen: »Verstehen Sie jetzt, wieso es mit ihr so schwer ist? Helfen Sie mir bitte da raus.«

Insbesondere bei Eltern, die sich als Paar auseinandergelebt haben, versucht oft einer der Elternteile mehr oder weniger geschickt, die Kinder an sich zu binden. Der Satz: »Ich will der beste Freund meines Kindes sein« klingt für einen Therapeuten daher wie ein Offenbarungseid. Eltern, die ihre Elternrolle richtig wahrnehmen, wissen:

- Eine funktionierende elterliche Beziehung hat Geheimnisse vor den Kindern.
- Kinder sind nicht für das emotionale Wohlergehen der Eltern zuständig; sie haben das Recht auf ein eigenständiges Leben und müssen ihre Aufmerksamkeit vor allem dem Partner und später der eigenen Familie widmen.
- Ja, es ist peinlich, so jugendlich wirken zu wollen wie die eigenen Kinder.

Damit die Sache nun nicht zu einseitig klingt: Auch als Kind sollte man darauf achten, seine Eltern nicht in die lebenslange Versorger- und Kumpelrolle zu drängen. Gerade weil Eltern und Kinder heute oft nahezu gleiche Werte und Weltanschauungen teilen, fällt manchen Kindern die Ablösung aus dem elterlichen Hotel schwer. Die materielle Versorgung durch die Eltern ermöglicht es schließlich lange, sich um die Härten des Lebens zu drücken.

Letztlich gehören zu einer unreifen Verstrickung also immer zwei Parteien: eine, die unreifes Verhalten anbietet, und eine, die nicht ablehnt.

Die Eltern-Kind-Verstrickung wird dadurch erleichtert, dass sich Jugendliche in westlichen Gesellschaften viel länger unreif zeigen als in anderen Gesellschaftsformen. Der Psychologe Robert Epstein schreibt, die Überalterung der Gesellschaft führe zu einer künstlich verlängerten Jugend und Adoleszenz.[40] Im Gegensatz zu früheren Zeiten und anderen Kulturen werden Jugendliche und junge Erwachsene in den westlich geprägten Industriegesellschaften jahrelang in einem Zwischenstadium zwischen Kindheit und Erwachsenenleben gefangen gehalten: »Im Lauf des letzten Jahrhunderts haben wir unsere Jugend mehr und mehr infantilisiert.«[41] Teenagerprobleme träten in anderen Kulturen kaum auf und seien fast ausschließlich auf westlich geprägte Kulturgesellschaften beschränkt. Die Jugend lebe in einer »künstlichen Ersatzwelt«, der Teenagerkultur, die ein künstlich geschaffener Markt sei, für den die frühe Erwachsenenphase immer weiter bis jenseits des dreißigsten Lebensjahres nach hinten verschoben werde.

Wenn sich ein Jugendlicher gegen diesen Trend stemmt und erwachsen zeigt, ist das Entsetzen groß: Als die auf Booten aufgewachsene 15-jährige Laura Dekker aus Holland 2009 alleine und ohne Zwischenstopp um die Welt segeln wollte, brach eine Medienlawine über ihrer Familie ein. Obwohl zwei Gutachten besagten, dass Laura zu der Reise durchaus in der Lage sei, konnten und wollten Gericht, Jugendamt und eine empörte Öffentlichkeit dies zunächst verhindern. Kein Wunder, manche Eltern lassen ihre »Kinder« in diesem Alter noch nicht einmal mit Freunden verreisen, wie Cathrin Gilbert in einem SPIEGEL-Bericht zu Recht anmerkt.[42] Die weltumsegelnde 15-Jährige war für andere Eltern ein Affront, denn hätten sie diesen Tabubruch zugelassen, wären sie gezwungen gewesen, über die anerzogene Unreife der eigenen Kinder zu meditieren.

Die kindlich gehaltene Laura Dekker schnitt sich übrigens aus Protest die Pulsadern auf, überlebte und machte sich schließlich dennoch auf die Reise. Ob sie scheitern würde oder nicht, darum ging es nicht, denn die Frage hätte sich auch bei einem Erwachsenen gestellt. Gerade in ihren riskanten Unternehmungen fordern Jugendliche ein Recht, das ihnen von Erwachsenen nicht zugebilligt wird: Ich will ernst genommen werden, ich will zu euch gehören! Das Risiko dient so der Reifeprüfung, auf die Jugendliche anderer Kulturen anscheinend verzichten können, weil sie deutlich früher ins Erwachsenenleben eintreten und weil es in ihren Kulturen ritualisierte Reifeprüfungen gibt.

Gelegentlich wird behauptet, die Welt eines Pubertierenden sei schwer zu verstehen. Dabei sind pubertäre Verhaltensweisen recht einfach zu lesen, wenn man bereit ist, den Inhalt der Deutung zu akzeptieren. Pubertierende geben ihren Eltern alle möglichen Zeichen, die signalisieren: *Lass mich in Ruhe, lass mich frei, ich will es selbst entscheiden, lass mich gehen.* Pubertierende verhalten sich unmöglich – aber nicht weil sie verwirrt sind, sondern weil dies der Natur als schlaueste Methode erscheint, um klammernde Elterntiere von den Jungen loszueisen. Um sich dieser biologischen Wahrheit zu nähern, beobachte man nur, wie ein junger Hund oder eine junge Katze die Elterntiere nervt, bis diese das Junge schließlich verbeißen, damit es seine eigenen Wege gehen kann – und muss.

Bei Menschen entsteht jedoch ein Problem dadurch, dass die biologische Handlungsanweisung den gesellschaftlichen Forderungen widerspricht. Um im beruflichen Leben erfolgreich zu sein, muss ein Menschenjunges lernen, lernen und lernen, oft weit bis in die Adoleszenz hinein – und das verträgt sich nicht mit der Wirkung der Hormone.

Die Art und Weise, wie Laura Dekker als Reaktion eine vermeintliche Borderline-Symptomatik mit selbstverletzendem Verhalten zeigt, ist symptomatisch für all die anderen Symptome einer Jugend, die aus Gründen der zivilisatorischen Entwicklung nicht erwachsen werden darf und die das Jugendbild der älteren Generation nicht stören soll. Das Bild einer verlängerten Jugend hilft zudem auch dem Erwachsenen, sein wirkliches Alter zu verdrängen: Wenn sich ein fünfzigjähriger Mensch vorstellt, die Jugend dauere bis zum 30. Lebensjahr, dann fühlt er sich weniger alt, als wenn er davon ausgeht, dass ein Mensch mit 16, 18 oder 21 Jahren erwachsen ist.

Wie gesagt: Zu einer unreifen Verstrickung gehören immer zwei Parteien.

III

Sexualitäten

»Wozu der Lärm? Wozu das Drängen,

Toben, die Angst und die Not?«

Arthur Schopenhauer

Guter Sex, normaler Sex, verklemmter Sex

Zum Thema *guter Sex* gibt es jede Menge guter Literatur. Viel Spaß beim Lesen. Man sollte aber kein schlechtes Gewissen haben, wenn es nicht klappt. Zur Abwechslung möchte ich lieber von *normalem Sex* sprechen, und zum Glück brauche ich das Wesentliche hierzu nicht selbst zu formulieren, denn Susanne, 48 Jahre, zweimal verheiratet, jetzt wieder Single, hat mir erlaubt, sie wörtlich zu zitieren:

»Meine Nichte hat mich gefragt, ob ich ihr Tipps für guten Sex geben kann. Ich habe nur geantwortet:

›Verlang jetzt nicht, dass ich etwas über guten Sex erzähle. Wann hat man schon guten Sex? Normaler Sex reicht vollkommen. Das mit dem guten Sex ist doch Krampf.‹

Harmonie, Verschmelzung und Ekstase? Offen und ehrlich: Wann kommen denn schon mal beide gleichzeitig an? Guten Sex hat man, wenn sich hinterher die Nachbarn eine Zigarette anzünden. Normalen Sex hat man, wenn beide vom Anfang zu irgendeinem Ende finden, ohne dass einer dem anderen hinterherwinken muss.«

Bitte nicht falsch verstehen: Wer sich dem Leistungsdruck aussetzen möchte, stets eine gute Vorstellung zu liefern, der darf dies gerne tun. Der berühmte Kommunarde Rainer Langhans berichtet, er habe mit Uschi Obermeier – in den 60-er Jahren eine der begehrtesten Frauen Deutschlands – »alles« ausprobiert; doch es habe beiden nichts gebracht. »Alles« zu probieren bedeutet nur, alles probiert zu haben. Mehr nicht. Es bedeutet nicht automatisch sexuelle Erfüllung. Sexueller Leistungsdruck kann wesentlich dazu beitragen, sich zu verkrampfen und dann hat man keinen guten Sex und auch keinen normalen Sex, sondern schlechten Sex.

Wer hingegen Normalität akzeptiert und nicht auch noch beim Sex Vollkommenheitsfantasien anhängt, der wird paradoxerweise zumindest gelegentlich erleben, dass Sex ihn noch überraschen kann: neue Gefühle - Feuerwerk - Explosion - Lamettaregen. Es handelt sich jedoch um kein Erlebnis, das wir täglich fordern können. Es steht uns nicht zu. Es geschieht oder geschieht nicht. Oder geschieht doch. Am besten man gibt das Kontrollieren auf. Sonst wird die Sache zu einer lästigen Leistungs-Show, vor der man mehr Angst hat, als sie freudig zu erwarten.

Häufig hört man, Sex werde überbewertet. Es fällt schwer, dieser Aussage zuzustimmen, denn Sexualität ist die Basis alles höheren Lebens und kann damit nie unwichtig sein. Die Aussage, Sex sei überbewertet, verrät allerdings, dass wir durch die hohen Ansprüche an unsere Sexualität überfordert sind.

Nehmen wir einmal an, es gebe ein Maß für richtige Sexualität - was könnten dann die Ursachen einer Überbewertung von Sexualität sein? Es scheinen hier mehrere Entwicklungen zusammenzufließen; neben der gewohnheitsmäßigen Gier des ungeliebten Kindes und dem bereits besprochenen Perfektionsstreben einer durchtechnisierten Konsumgesellschaft sind noch weitere Tendenzen zu benennen: Noch in den 1960er-Jahren war Sexualität »die große Metapher des Rausches, des Höhepunktes, der Revolution, des Fortschritts und des Glücks«[43]. Nachdem Sexualität in den 1970er-Jahren dann weitgehend entspannt und permissiv diskutiert wurde, zeigte sich in den letzten Jahrzehnten eine schleichend wiederkehrende Sexualangst in den Medien: Mittlerweile vergeht kaum eine Woche ohne Nachrichtensendung, in der prominent über sexuelle Triebtäter berichtet wird. Es ist keine Frage, dass sexuelle Gewalt eine schwerwiegende Traumatisierung bei den Opfern erzeugt. Seltsam ist nur, dass sich die Zahl der Vergewaltigungen und Sexualmorde in den letzten Jahrzehnten kaum verändert hat[44], während die mediale Berichterstattung geradezu den gegenläufigen Eindruck erweckt, wir lebten in einer Welt zunehmender sexueller Gewalt und diese sei Folge eines zu freien Umgangs mit Sexualität, zum Beispiel im Internet.

Das Hauptproblem hinsichtlich der sexuellen Liberalität scheinen – wie bei den meisten Sexualtabus – Menschen zu haben, die ihre angesammelte sexuelle Frustration durch Regulieren und Einschränken der Sexualitäten anderer kanalisieren wollen. Das Argument lautet: Man wolle doch Schlimmeres verhüten, ungewollte Schwangerschaften, Sexualstraftaten und sexuelle Neurosen verhindern.

Das Argument entspricht zwar dem gesunden Menschenverstand, doch irrt dieser gerne und oft: Ungewollte Schwangerschaften und sexuelle Neurosen sind Folge mangelnder Aufklärung und gesellschaftlicher Tabus, auch die Zahl der Sexualstraftaten hat sich, wie bereits erwähnt, über die Jahrzehnte trotz gesellschaftlicher Liberalisierung weder gesteigert noch verringert.[45] Da durch voyeuristische Fernsehformate und eine zunehmend hysterische Boulevardpresse jedoch der gegenteilige Eindruck vermittelt wird, problematisiert die Öffentlichkeit Sexualitätsfragen stärker als notwendig.

Unter den Experten, die in Talkshows gerne eine negative gesellschaftliche Entwicklung behaupten, finden sich gelegentlich auch Psychiater und Psychologen. Ihre Weltsicht basiert jedoch nicht auf belastbarem statistischem Material, sondern der verengten Perspektive ihrer Behandlungspraxen. Dies führt keineswegs automatisch zu Expertentum; so schreiben die renommierten Psychotherapieforscher Norcross und James über ihren eigenen Beruf:

> »Weil wir ausschließlich eine pathologische Auswahl vor Augen haben, beginnt dies unsere Wahrnehmung der Gesellschaft und der Menschheit zu färben. Beispielsweise kann ein Therapeut, der Tag für Tag mit Opfern sexuellen Missbrauchs arbeitet, leicht eine verzerrte Perspektive auf die Welt ausbilden.«[46]

Nach einer Phase der sexuellen Entspannung erleben wir eine wieder auflebende Hysterisierung des Sexuellen. Diese Hysterisierung mag einerseits durch das zunehmende Moralisieren einer älter werdenden Gesellschaft verursacht sein, sie mag aber auch mit Einflüssen der amerikanischen Kultur zu tun haben, die eine rückwärtsgewandte Prüderie als politische Botschaft expansiv in der Welt verbreitet.

Es zeigt sich ein seltsamer Wertenebel: Der Wahnwitz der traditionellen Kultur des Westens besteht seit jeher in der engen Verschwisterung von tabuisierter Sexualität und der Tolerierung bis Verherrlichung von Gewalt. Es gilt als obszön, die Entstehung des Lebens, also den Orgasmus, im Film zu zeigen. Dies wird als Pornografie bezeichnet. Das Töten des Lebens – die wahre Obszönität – wird dagegen in allen Variationen zelebriert und unterliegt keiner Zensur, wie immer neue cineastische Gewaltorgien belegen. Diese Paradoxie wird nur deshalb nicht erkannt, weil sie als kultureller Grundwiderspruch seit 2000 Jahren besteht und damit der kollektiven Verdrängung unterliegt.

Der US-Regisseur Woody Allen beklagt sich, in der amerikanischen Provinz sei alles ...

> »... Ausdruck von Angst und sexueller Repression: der religiöse Wahnsinn, der Waffenfanatismus, die übergeschnappten Rechten, eine von zweifelhaften Sittengesetzen geprägte Sicht der Sexualität. In der Provinz ist man gegen die gleichgeschlechtliche Heirat, gegen Abtreibung, im Extremfall auch gegen Verhütung. In manchen Staaten gibt es sogar Gesetze gegen Oralsex. Selbst Ehepartner brechen das Gesetz, wenn sie im Bett bestimmte Stellungen praktizieren.«[47]

Der aktuelle Fokus auf den islamischen Fundamentalismus darf nicht darüber hinwegtäuschen, wie sehr auch im Westen religiöser Eifer kulturelle Werte immer noch mitbestimmt. Auch hier findet man genügend Menschen, die noch heute glauben, alte Überlieferungen aus dem Morgenland könnten begründen, Sexualität sei generell eine problematische Angelegenheit. Bedenkt man, dass griechische Autoren wie Homer, Sophokles, Platon und Aristoteles längst ihre Werke verfasst hatten, bevor wesentliche Teile des Alten Testaments kompiliert wurden[48], dann kommt man nicht umhin, dessen literarisch-philosophisches Niveau als eher begrenzt anzusetzen. Die Helden des Alten Testaments sind einfach strukturierte Menschen einer Agrarkultur, ihr affektiver Horizont wirkt aggressiv und wenig reguliert: An allen Ecken wird verflucht, beschuldigt, verurteilt und verdammt. Wenn Menschen damals mit anderen Menschen nicht einverstanden waren, wurde schnell gestraft, gefoltert und gesteinigt. Es beginnt mit harmlosen Frisurvorschriften: »Ihr sollt euer Kopfhaar nicht rundum abschneiden. Du sollst deinen Bart nicht stutzen«[49] und endet bei Mord und Totschlag: »Ein Mann, der mit der Frau seines Nächsten die Ehe bricht, wird mit dem Tod bestraft, der Ehebrecher samt der Ehebrecherin«[50].

An Jesus hat es ja nicht gelegen. Der war der Meinung: Gott liebt jeden Menschen, und es wäre wunderbar, würden alle netter zueinander sein. Die bis heute wirksame Kraft des Christentums liegt in der Liebe begründet, die ursprünglich alle Menschen einschließen und mit sich führen wollte. Das machte den neuen Glauben all den verschiedenen Völkern und gesellschaftlichen Schichten der Antike so attraktiv und die Figur des Jesus so angenehm. Nun, die Stars sind meistens sympathisch – fanatisch dagegen ihre Gefolgschaft: So hatte Jesus in der Folgezeit zwei Anhänger, die statt der Liebe die Moral in den Vordergrund der zunehmend unfrohen Botschaft stellten, nämlich den Apostel Paulus und den Kirchenvater Augustin. Beide meinten, Keuschheit sei ein Wert an sich und Sexualität grundsätzlich von Übel. Augustinus vermengte persisch-manichäisches Gedankengut mit der Strenge des Alten Testaments, verband die göttliche Liebe mit dem Gift der sogenannten Erbsünde und ließ verkünden, dass sogar der eheliche Sexualverkehr sündhaft sei, wenn er aus Lust und nicht zur Zeugung von Nachkommen stattfinde. Die frühe Kirche hatte mit der Sexualfeindlichkeit ein Alleinstellungsmerkmal gefunden, das sie von der vorherrschenden römischen Zivilisation unterschied, in der Sexualität als Geschenk der Götter galt und in der es erwünscht war, reichlichen, lustvollen Sex in allen Varianten zu haben.

Wären wir Europäer alle Römer geblieben, wäre dieser Teil des Buches weitgehend überflüssig. Doch es setzten sich die körperfeindlichen Fanatiker durch. Schon wenige hundert Jahre später verbot die katholische Kirche ihren Priestern sogar die Heirat, und weil Not die Fantasie anregt, war ab da kein Halten mehr: »Im Laufe des Mittelalters wurde die Sexualität der ›anderen‹ zum Hauptbeschäftigungsfeld der geistigen Herren.«[51]

Die Fantasien der Priester waren zunehmend mit Fragen der Lust beschäftigt, und weil man sich selbst nichts gönnte, sollte das Fußvolk auch keine Freude haben: Sex ja, aber bitte nur zur Fortpflanzung! Sexualität war nach Priesteransicht nur in der Ehe erlaubt; weitgehend sündenfrei war sie auch hier nur, wenn sie möglichst lustlos vollzogen wurde. Sexueller Genuss als Wert an sich war des Teufels. Dementsprechend hielt der mittelalterliche Theologe Thomas von Aquin Selbstbefriedigung, Homosexualität, Anal- und Oralverkehr sowie den Coitus interruptus für weitaus schlimmer als Inzest, Vergewaltigung und Ehebruch, denn Letztere konnten wenigstens zu einem Fortpflanzungsergebnis führen.[52]

> »Die Sexual- und Körperfeindlichkeit der Kirchenmänner stieß in der nichtgeistlichen Bevölkerung auf Unverständnis. Nacktsein zum Beispiel war im Mittelalter nichts Anstößiges. Schließlich schliefen die Menschen nackt in ihren Betten und trafen sich mit ihren Nachbarn und Freunden ebenfalls unbekleidet in den städtischen Badehäusern.«[53]

Erst in der Neuzeit wurden die Menschen scheinbar sittsamer. Doch war dies oftmals nur Fassade, um vordergründig der religiösen Moral zu entsprechen. Denn während die großbürgerlichen Familienväter ihren Söhnen die Hände am Bett festbanden, damit diese nicht onanierten, liefen sie abends in die Freudenhäuser, um sich das zu holen, was ihre erstarrten Ehefrauen nicht zu geben vermochten.[54]

Natürlich wird die christliche Prüderie von Theologen ganz anders begründet: Es gehe um Vermeidung von Sexualkrankheiten und Sünde. Askese helfe der Konzentration auf Gott, und Keuschheit diene dem Schutz der Familie. Verdächtig nur, dass sich diejenigen am meisten mit der Angelegenheit beschäftigen, die am wenigsten Sachkenntnis besitzen, weil es sie am wenigsten betrifft. Diese Paradoxie erklärt sich aus dem einfachen Grundsatz, dass Menschen gerne schmähen, was sie selbst nicht erreichen können – so behauptet schon in einer Fabel von Äsop der Fuchs, die Trauben, die ihm zu hoch hängen, seien ungenießbar. Dieses Prinzip erklärt auch, warum manche ältere Menschen dem sexuellen Treiben der nächsten Generation so kritisch gegenüberstehen. Sexualneid ist eine starke Triebfeder. Nach einer Phase der sexuellen Entspannung droht mittlerweile der sexuelle Alarmismus zurückzukehren, denn die wachsende Überalterung Deutschlands erzeugt eine zunehmend negative Sexualfixierung der Öffentlichkeit. Dieser verzerrte Blickwinkel führt sogar zu Bestrebungen, das liberale Schutzalter von 16 Jahren auf 18 Jahre zurückzusetzen, auch die künstlerische Darstellung einvernehmlicher erotischer Beziehungen einer 16- bis 18-Jährigen mit einem Mann über 18 Jahre wäre dann problematisch oder strafwürdig. Wie ungewöhnlich das im historischen Vergleich ist, erkennt man daran, dass in diesem Fall der Roman *Vom Winde verweht* und die *Sissi*-Filme verboten werden müssten, denn Scarlett O'Hara war erst 16, als sie auf Rett Butler traf, und Elisabeth 17, als sie ihren Kaiser Franz Josef heiratete.

Die künstliche Verlängerung der Jugend steht in direktem Widerspruch zur körperlichen Entwicklung junger Erwachsener. In der Biologie ist das Phänomen der Akzeleration bekannt: Jugendliche sind aufgrund der besseren Lebensverhältnisse heute im Durchschnitt drei bis vier Jahre früher geschlechtsreif als Jugendliche vor 200 Jahren.[55] Vor diesem Hintergrund die Wahl des

Liebespartners zu problematisieren, wirkt deutlich anachronistisch. Die Diskussion, ob 16-Jährige den Führerschein erwerben dürfen oder zu politischen Wahlen zugelassen werden, wird vergleichsweise ruhig geführt und zeigt, dass es in anderen Bereichen durchaus möglich ist, jungen Menschen mehr Kompetenzen zuzuweisen, als es in früheren Generationen üblich war.

Die Bedrohung der Jugend zu predigen ist ein jahrtausendealtes Motiv; dass die vermeintlich bedrohte Jugend auch psychisch ein reiferes und bindungswilligeres Sexualverhalten zeigt als die vorherige Generation [56], wird hierbei ausgeblendet: »Die Zahlen belegen: Beim ›ersten Mal‹ sind Jugendliche heute älter, verhüten mehrheitlich mit Kondom, haben meist feste Partner, sie sind sexuell zurückhaltender und vorsichtiger geworden.« Sie lassen sich also später auf sexuelle Beziehungen ein und streben engere und festere Partnerschaften an als Jugendliche, die für Vorläuferstudien 1985 bis 2005 befragt wurden. Dies waren nebenbei bemerkt Zeiten, in denen Pornografie im Internet kaum oder gar nicht zur Verfügung stand. Aus psychologischer Sicht ist das keineswegs unstimmig: Was jugendliche Sexualität schwierig, angespannt, kompliziert macht, ist das Heimliche und Verbotene. Was verboten wird, zieht Jugendliche magisch an, es fließt als Verbotenes in die sexuelle Erregung ein und prägt sie auf ungünstige Weise mit. Was erlaubt ist, wird schneller langweilig. Die im Internet frei sichtbare Sexualität muss daher die natürliche erotische Entwicklung eines Jugendlichen nicht zwingend beeinträchtigen; zumindest zeigen sich Jugendliche heute sexuell weitgehend entspannt.

Medial wird demgegenüber ein gegenläufiger Trend forciert: Sexualität wird in Presse und Fernsehen überwiegend auf der Basis des Strafrechts diskutiert und nicht hinsichtlich der Schönheit, des Begehrens, des Taumels und der Lust. Bei der strafrechtlichen Dämonisierung des Sexuellen kommt es zudem häufig zu seltsamen Koalitionen zwischen moralischen Fundamentalisten einerseits und Feministinnen andererseits. Ihre gemeinsame Problemlösung ist die Bestrafung und das Verbot. Fatal ist hierbei, dass das aufklärerische Element des Feminismus – den seltsamen Wegen so mancher Aufklärung folgend – einer autoritären gesellschaftlichen Entwicklung Vorschub leistet.[57] Die Kulturwissenschaftlerin Barbara Vinken sieht hier die Gefahr eines Kulturkampfes, der in einer neuen puritanischen Zeit mit zunehmender Bespitzelung der Privatsphäre enden könne. Sie beklagt den sogenannten »Opferfeminismus«, der Frauen grundsätzlich bedroht durch die »Bestie Mann« sehe und der kleinbürgerlich beschränkt alle außereheliche Sexualität letztlich verdamme. Diese Form des Feminismus sei unproduktiv und halte von Wichtigerem ab:

> »Wir sollten vielmehr darum kämpfen, dass Frauen Leitungspositionen bekommen, dass wir mehr Kinderkrippen kriegen, also solche normalen politischen Ziele, als dass wir uns dauernd in diesem letztendlich narzisstischen Fantasma wiegen, dass wir immer irrsinnig begehrenswert sind und die Männer immer irrsinnig Lust auf uns haben, dass wir sie darin stoppen müssen. Ich finde, das ist letztendlich ein kindlicher Kampf, und den können wir ad acta legen.«[58]

Es gilt also, die Normalität der Sexualität gegen zwei Seiten zu verteidigen: gegen eine rückwärtsgewandte Moralität einerseits und gegen das überfordernde Leistungsdenken eines modernen Optimierungswahns andererseits. Sexuelles Moralisieren und sexuelles Leistungsdenken sind zwei Formen der erotischen Hysterie, vor der eine entspannte sexuelle Normalität geschützt werden muss.

Entspannte sexuelle Normen fördern stabile, dauerhafte Beziehungen. Die Qualität einer Partnerschaft streng am Grad erotischer Lusterfüllung zu messen, ist wunschgeleitete Optimierungsideologie. Durch überhöhte Forderungen wird sowohl die Lust als auch die Beziehung beeinträchtigt. Es ist normal, dass die sexuelle Begierde in monogamen Beziehungen im Lauf der Zeit nachlässt. Eine wichtige Ursache hierfür ist die natürliche

Geburtenregulierung der Natur, die den sexuellen Triebdruck mit steigender Kinderzahl und zunehmenden Beziehungsjahren abnehmen lässt.

Es wäre jedoch zu einfach, den Sinn von Sex nur auf Lust bzw. Fortpflanzung zu reduzieren. Sexualität ist immer auch ein sozialer Austausch, Erotik ist also eine Form der körperlichen Kommunikation.[59] Diese Kommunikation hat jedoch nichts zu tun mit zivilisatorischen Kulturleistungen, im Gegenteil: Evolutionär gesehen dient die Lust der Sexualität dazu, die gegenseitige Furcht zweier wilder Tiere zu besänftigen; man beobachte nur, mit welch aggressiver Angst sich Raubkatzen paaren. Auch Liebende sind sich zunächst fremd und die erotische Anziehung führt dazu, diese Fremdheit seelisch zu verschleiern und zu überwinden. Der evolutionäre Sinn der Lust besteht also auch darin, eine erste triebhafte Kommunikation zu fördern.

Wenn sich die »Tiere« kennen und gezähmt sind, wenn der Alltag dem Paar auf vielen Ebenen Intimität und Austausch bietet, dann wird Erotik nicht mehr zwingend als triebhafte Beziehungsklammer benötigt. Der Tanz zweier Körper ist zum Tanz zweier Seelen geworden, und die gemeinsame Körpersprache ist dem Paar schließlich so vertraut, dass vieles auch auf erotischer Ebene nur noch auf Andeutungen hin ausgetauscht und nicht mehr ausbuchstabiert werden muss. Es ist also nicht nur der verringerte Hormonspiegel dafür verantwortlich, dass die Lust im Lauf der Jahre etwas nachlässt, denn Menschen sind nicht nur Körper, sondern auch Seele.

Falls allerdings dauerhaft selbst »normaler« Sex nicht möglich ist, dann kann es sich lohnen, die Hintergründe zu klären. Sowohl Schamgefühle als auch verletzende Erfahrungen in früheren Beziehungen – bis hin in die Kindheit – können Sex zu einer unbefriedigenden Sache werden lassen.

Julia, 27 Jahre, berichtet über den Sex mit ihrem Partner:

Er sei sanft zu ihr. Doch während des Aktes bekomme sie Beklemmungen. Es habe mit Loslassen zu tun. Zwar könne sie sich bei ihm komplett fallen lassen, und das sei wichtig – sie habe es bei anderen Männern nie erlebt, dass sie sich so sicher fühle. Doch da sei das andere: das schlechte Gefühl. Sie habe es immer – auch wenn sie es oft verdränge. Er frage sie manchmal: »Was ist los?«, und sie fühle sich dann ertappt. Die Männer vor ihm hätten das nie gemerkt. Er schon. Er denke, er tue ihr etwas an, tue ihr weh.

Sie sage zwar: Mir tut nichts weh.

Aber es stimmt, ihr tue etwas weh.

Auf sein vorsichtiges Fragen hin gab sie das schließlich zu. Sie habe sich gewünscht, er sehe darüber hinweg. Das sei doch peinlich. Sie fühle sich beschämt. Er wollte es jedoch wirklich wissen, und sie begann darüber zu sprechen:

Sie: So kannst du mich nicht haben wollen.

Er: So etwas solltest du nicht denken und sagen.

Sie: Ich soll es nicht sagen, aber ich denke so. Ich empfinde so. Soll ich es wegkontrollieren? Wenn ich etwas in mir versperre, verliere ich etwas.

Wenn Sexualität mit starker Scham, starker Hemmung und dem starkem Empfinden, man könne verletzt werden, einhergeht, können vertrauensvolle Gespräche mit dem Partner sinnvoll sein. Oft sind jedoch beide hierin wenig geübt, zudem ist nicht jeder Partner so sensibel und verständnisvoll wie in dem genannten Beispiel. Daher kann es hilfreich sein, therapeutische Gespräche – alleine oder mit dem Partner – zu suchen. Moralische Hemmungen und frühe Verletzungen lassen sich im therapeutischen Prozess meist so weit besprechen und bearbeiten, dass sie besser in die eigene Lebenswirklichkeit integriert werden können.

Ich spreche hier bewusst von »integrieren« und nicht von »beseitigen«, denn nicht immer ist es möglich, die Schatten der Vergangenheit ganz abzuschütteln. Doch die Aussicht, mit den alten Verletzungen leben zu lernen, ist für viele schon ein ausreichend lohnendes Ziel.

1 + 1 = 3: Eifersucht, Fremdgehen, Freizügigkeit

Isabell, 35 Jahre, hat einen neuen Mann kennengelernt. Da ihre vorherigen Partner fremdgegangen sind, ist sie misstrauisch. Sie macht sich Vorwürfe, weil sie regelmäßig das Handy ihres Freundes kontrolliert:

»Ich bin so argwöhnisch, weil ich so eine große Angst vor einer erneuten Enttäuschung habe. Ich denke viel zu viel nach und steigere mich in Eifersuchtsgedanken hinein. Mein Freund merkt das und fragt nach – doch ich behaupte, alles sei in Ordnung. Dann rede ich einen halben Tag kein Wort und ich rücke erst abends mit der Sprache heraus: ›Liebst du mich? Betrügst du mich? Wie kann ich dir vertrauen?‹«

In den wilden 1970er-Jahren wurde oft gefordert, Eifersucht dürfe kein Thema sein, Eifersucht sei eine schlechte Gewohnheit, von der man sich als moderner Mensch befreien müsse. »Wer zweimal mit derselben pennt, gehört schon zum Establishment« war der wohlfeile Slogan, mit dem eine aufbrechende Jugend die Eltern provozieren wollte und konnte. Natürlich war das Propaganda. Selbst in den progressivsten Kommunen gab es heftigste sexuelle Rivalität. Wer sich der Realität nicht vollkommen verschließt, der weiß: Sobald das grüne Gesicht der Eifersucht erscheint, wird die Liebe anstrengend, verdrießlich und verliert ihren unschuldigen Charme.

Wer unter eigener Eifersucht oder Eifersucht des Partners leidet, wird zwar von Freunden und Bekannten mit wohlfeilen Ratschlägen eingedeckt, diese helfen jedoch kaum weiter. Beliebte Kalendersprüche wie »Eifersucht ist die Leidenschaft, die voll Eifer sucht, was Leiden schafft« klingen zwar elegant, liefern jedoch keinen Lösungsansatz. Gerne wird auch proklamiert, Eifersucht beruhe auf Unsicherheit oder Besitzdenken[60] und sei damit ein persönliches Problem; Eifersucht sei erlernt, sei keine normale psychologische Erscheinung, sondern entstehe grundsätzlich aus einem übermäßigen egoistischen Anspruch heraus, Monogamie sei daher der »Kannibalismus unserer Zeit«[61].

All diese Aussagen ignorieren unsere biologische Herkunft: Menschen sind Säugetiere, und für Säugetiere ist Bindung ein überlebenswichtiges Prinzip. Die Bindung an die Eltern wird vom Säugetier auf die soziale Bindung und die Partnerbeziehung übertragen. Auf hormoneller Ebene zeigt sich das am Hormon Oxytocin: Es zaubert nicht nur dem Baby ein Lächeln ins Gesicht und sichert die Mutter-Kind-Bindung, es wird zudem im späteren Leben freigesetzt, sobald sichere und friedfertige Bindungen gelingen. Eifersucht wiederum ist zunächst nichts anderes als die Angst, eine stabile Bindung werde durch einen Dritten gefährdet. Eifersüchtiges Verhalten lässt sich dementsprechend auch bei Haustieren wie Hunden oder Katzen beobachten. Es wäre widersinnig, hier von einer kulturellen Prägung, Besitzdenken oder Mangel an Selbstbewusstsein zu sprechen.

Eifersucht grundsätzlich abzulehnen war so lange in Mode, wie es gesellschaftspolitisch darum ging, sexuelle Freiheiten zu etablieren und auszureizen. Aus ideologischen Gründen wurde eifersüchtiges Verhalten negiert, da es als altmodisch galt und mit Besitzdenken in Partnerschaften in Verbindung gebracht wurde. Mittlerweile herrscht wieder deutlich mehr Realitätssinn, denn es ist nicht leugbar: Wer partnerschaftlich liebt, wird eifersüchtig reagieren, sollte seine Beziehung durch einen Dritten bedroht werden.

Gelegentlich wird zwar argumentiert, wer liebe, müsse dem Partner immer das Beste wünschen und ihn gegebenenfalls voller Liebe in eine neue Partnerschaft entlassen, dabei wird aber verkannt, dass es sich nicht um elterliche Liebe handelt – für die das Loslassen des Kindes irgendwann natürlich und notwendig ist –, sondern eben um partnerschaftliche; und die Partnerschaft wird durch die Liebe zum Dritten gestört.

Selbstverständlich überlegen sowohl Männer als auch Frauen gelegentlich, wie es wäre, sich auf ein Abenteuer einzulassen. Der Gedanke ist normal und an sich unproblematisch, aber um den Partner nicht zu verunsichern, sollte man darauf verzichten, diese Fantasien zu teilen – »Don't ask, don't tell«. Mit der Qualität einer gelebten Partnerschaft haben solche Tagträume nämlich herzlich wenig zu tun. Die eigenen Fantasien zu akzeptieren, doch auf deren Realisierung zu verzichten, nennen die seit 34 Jahren verheirateten Paarforscher Eve Lipton und David P. Barash die gegenseitige nukleare Abschreckung: »Ich bleibe treu, damit du nicht verrückt wirst; und du bleibst treu, damit ich nicht verrückt werde.«[62]

Komplizierter wird die Sache, wenn einer der Partner tatsächlich fremdgeht. Je nach Gemütslage gibt es dann von Achselzucken über Streitgespräche bis hin zu fliegendem Geschirr alle möglichen Reaktionen. Meist kann das Thema aber selbst durch ernsthafte Diskussion nicht geklärt und emotional befriedigend aufgelöst werden.

Ein Patient berichtet, seine Partnerin habe ihm einen Fehltritt offenbart: Er sei daraufhin erstarrt wie ein Tier im Scheinwerferlicht – paralysiert, tot. Es habe sich folgender Dialog entwickelt:

Er: Es macht nichts, dass etwas passiert ist. Du musst es nicht erklären.

Sie: Das ist Freispruch für Mord. Ich kann nicht so lieben wie du.

Er: Das macht doch nichts. Das ist kein Sport.

Sie: Das Problem ist doch, dass mich nichts abgehalten hat, es zu tun.

Über Fremdgehen lässt sich oft nur schwer reden, weil es ganz unterschiedliche Argumentationsebenen gibt, auf denen das Thema besprochen werden kann. Früher waren *moralische Schuldzuweisungen* sehr beliebt: Männer sind eben Schweine. Der Witz ist nur, dass Frauen fast genauso oft untreu sind wie Männer. Dies zeigen Befragungen und Statistiken über Kuckuckskinder sowie die Berichte, die ein verschwiegener Therapeut tagtäglich hört.[63] Die kulturell verankerte Einschätzung, Frauen gehörten der treueren Geschlechterfraktion an, folgt zwar einer am Althergebrachten orientierten Konvention, sie wird von der Realität jedoch nicht ausreichend gedeckt. Als Waffe im Geschlechterkampf ist dieser Vorwurf also unbrauchbar geworden.

Stattdessen werden gerne *biologische Erklärungen* herangezogen: Fremdgehen entstehe aus dem evolutionären Antrieb, sein Erbgut zu verteilen (Mann) oder das beste Erbgut zu erhaschen (Frau). Aus soziologischer Perspektive wird argumentiert, es handele sich letztlich um eine Demonstration von Status und der Macht, das »sexuelle Feld« zu beherrschen.[64] Sicher haben all diese Faktoren einen Einfluss, denn menschliches Handeln unterliegt nicht dem Reiz-Reaktionsmuster einer einfachen Amöbe, sondern ist Ergebnis multikausaler Prozesse. Wir wehren uns jedoch intuitiv gegen biologische und soziologische Vereinfachungen, denn wir spüren, dass damit die seelische Tiefe des Problems noch nicht ausgelotet ist. Wir sind weder ausschließlich Natur noch ausschließlich Kultur, sondern immer beides, und unsere Kultur ist durch die Natur ebenso geprägt, wie unsere Natur durch Jahrmillionen Säugetier- und Primatenleben sozial überformt ist – der vermeintliche Gegensatz Natur-Kultur löst sich so als bloßes Wortgeklingel auf.

Ich möchte daher in Ergänzung zur biologischen und soziologischen Perspektive eine zusätzliche *psychologisch-philosophische Perspektive* einführen: Wir leben in einer von unserer Psyche *konstruierten* Welt, dies behauptet die Bewusstseinsphilosophie seit Immanuel Kant und bestätigt uns die heutige Hirnforschung.[65] Wir wissen nicht, was »wirklich« passiert, sondern basteln uns aus den Rohdaten unserer Sinne eine komplexe *Ich-Perspektive*, mit deren Hilfe wir uns in dieser Welt bewegen und in deren Rahmen wir uns die Welt erklären. Aus dieser *Ich-Perspektive* wird in jeder gelungenen sozialen Beziehung eine *Wir-Perspektive*. Wir kommunizieren mit unserem Gegenüber und konstruieren mit ihm eine gemeinsame Welt, indem wir uns permanent über Empfindungen, Interpretationen und Handlungswege einigen. Die intensivste *Wir-Perspektive* wird durch die Liebesbeziehung geformt: Dein und mein verschmelzen. Es ist wirklich eine gemeinsame Welt, die ein Paar sich nach einiger Zeit erschafft – es teilt nicht nur die gemeinsame Wohnung, sondern auch die tiefsten seelischen Verzweigungen. Jeder kennt das seltsame Phänomen, dass Paare sich in Sprache, Gefühlsleben und Verhalten immer mehr anpassen und gleichen; sie haben im tagtäglichen Kontakt ihre *Ich-Perspektiven* zu einer *Wir-Perspektive* vereint.

Durch Fremdgehen wird diese *Wir-Perspektive* abrupt gestört und auseinandergerissen. Enttäuschte Partner berichten oft, ihr Bewusstsein sei eine Zeitlang wie betäubt gewesen. Kein Wunder, sie wurden ihrer Welt-Perspektive und damit eines Teils ihres Alltags-Bewusstseins beraubt. Fremdgehen ist daher ein häufiger Trennungsgrund. Dies muss jedoch nicht zwingend so sein. In manchen Fällen führt das gelegentliche Fremdgehen – so paradox dies auch klingen mag – zu einer Stabilisierung der Beziehung:

Kathrin, 39 Jahre, ist seit zehn Jahren verheiratet. Sie vermutet, ihr Mann gehe manchmal fremd, sie wisse dies aber nicht genau. Sie selbst habe auch drei »Fehltritte« hinter sich:

»Ich suche jemand anders, weil ich dort die Geheimnisvolle spielen kann. Mein Mann kennt mich ja bereits in- und auswendig, ich will aber gelegentlich ein neues Kapitel anfangen. Mit meinen Affären war ich immer nur ein einziges Mal zusammen. Ich spüre mich dann besser und kann auf meinen Mann wieder zugehen. Es hat uns wieder näher zusammengebracht.«

Nur wenige Paare, die sich ihrer Beziehung ausreichend sicher sind, schaffen es allerdings, das Thema Eifersucht und Begehren zu entschärfen, indem kontrollierte erotische Abenteuer zugelassen werden. Gelingt es, darüber zu sprechen, werden dann Verabredungen getroffen wie: Der Partner darf ein sexuelles Abenteuer haben, aber nur

- in einer anderen Stadt
- gemeinsam in einem Swinger Club
- wenn man sich nur einmal trifft
- wenn der Sex nicht riskant ist (HIV) etc.

Diese Regeln folgen der Überlegung, dass Sex keine ausreichende Begründung für Liebe sei; man könne seinen Partner nicht durch Erotik halten, das sei eine Illusion. Paare, die diesen Regeln folgen, sind allerdings selten. Letztlich lassen sich erotische Abenteuer nie sicher steuern, denn unsere Gefühle entziehen sich gerne dem kontrollierenden Verstand. Selbst die französische Autorin Catherine Millet, die ein sehr freizügiges Buch über hunderte ihrer sexuellen Abenteuer veröffentlichte, gestand in einem späteren Werk, sie habe massive Eifersucht empfunden, als die Beziehung zum langjährigen Partner durch zunehmende erotische Abenteuer gefährdet schien.[66] Am stärksten verletzte sie, dass ihr Lebensgefährte mit seinen Liebhaberinnen an Orte fuhr, die für das Paar eine tiefe emotionale Bedeutung hatten. Catherine Millet beschreibt, wie hierdurch die gemeinsame Erfahrung – die *Wir-Perspektive* – entwertet wurde. Auch vergaß der Lebensgefährte, ob er mit seiner Partnerin oder einer der Freundinnen ein bestimmtes Erlebnis hatte. Catherine Millet beschreibt hier sehr treffend das Zerbersten der *Wir-Perspektive* des Paares als eigentlichen seelischen Schmerz. Aus diesem Schmerz heraus verlaufen Scheidungen oft ungeahnt brutal: »Es ist, als hätte die Sphäre der Intimität, das unwachsame Vertrauen des gemeinsamen Lebens sich in einen bösen Giftstoff verwandelt, wenn die Beziehungen zerbrochen sind, in denen sie beruhte.«[67]

Catherine Millets Berichte zeigen die ganze Zwiespältigkeit des Themas: Was wir uns selbst gestatten, belastet uns, sobald es auch der Partner nutzt – denn es gefährdet den Erfahrungsschatz des *gemeinsamen Wir-Bewusstseins*. Die Lösung, *gemeinsam* als *Wir* erotische Abenteuer einzugehen, erscheint manchen vielleicht deshalb als die emotional ungefährlichste.

Eifersucht vorschnell als krankhaft abzuwerten und abzuwehren wird dem Sachverhalt anscheinend nicht gerecht. Es gilt vielmehr, sich mit ihr zu arrangieren. Krankhaft wird Eifersucht nur dann, wenn ein Partner sich der Illusion hingibt, er könne den anderen kontrollieren. Die Gier des einstmals ungeliebten Kindes führt so zu eifersüchtigen Exzessen bis hin zur nahezu geheimdienstlichen Überwachung. Da man den Partner aber weder 24 Stunden am Tag beobachten noch seine Gedanken lesen kann, wird man nie nachweisen können, dass er weder fremdgegangen ist noch an andere denkt. Die Eifersucht kann nicht widerlegt werden, und deshalb kann der Eifersüchtige selten beruhigt werden. Gleichzeitig wächst Eifersucht, je mehr man über sie grübelt, ohne sie beseitigen zu können:

Sabine, 55 Jahre:

»Ich habe immer wieder die eine Szene vor Augen, in der er seine Exfrau küsst. Warum fährt mein Hirn immer diese eine Auffahrt raus?«

Das Hirn »fährt immer die eine Auffahrt raus«, wenn man es nicht bremst. Es ist sinnlos, Eifersuchtsfantasien nachzugeben, solange man keine Beweise für deren Wahrheit hat. Und damit sind *echte* Beweise gemeint, nicht Indizien wie »Er kommt abends immer so spät… «. Wie gesagt, Grübeln vermehrt die Eifersucht nur, denn Möglichkeiten des Fremdgehens kann sich die Fantasie in unendlicher Zahl zusammenreimen und die permanente Unterstellung untreuen Verhaltens würdigt letztlich den eigenen Partner herab und erstickt jede Liebe.

Casanova und der Marquis: Über Begehren und Aggression

Maren, 35 Jahre:

»Mit dem Sex ist es so: Mein Freund braucht Sex, um zu entspannen, und ich muss entspannt sein, bevor ich Sex haben kann.«

Dank einschlägiger Ratgeber hat es sich herumgesprochen: Mann und Frau sind verschieden. Mann ist eben Mann, Frau eben Frau – und beim Thema Partnerschaft und Sexualität empfinden beide grundsätzlich anders. Dennoch bleiben Zweifel. Viel zitierte Unterschiede – Frauen können nicht einparken, Männer hören nicht zu – klingen wie harmlose Alltagsanekdoten und beschreiben Dinge, von denen wir intuitiv meinen, sie ließen sich üben, trainieren, verbessern.

Ist die erotische Wahrnehmung vielleicht doch nur anerzogen und erlernt?

Sind Männer nicht einfach deshalb dominant und drängend, weil es ihrer gesellschaftlichen Rolle entspricht?

Sind Frauen zurückhaltend und vorsichtig, weil sie sich vor dem dominierenden Mann schützen müssen?

Könnte Mann nicht auch anders?

Könnte Frau nicht auch anders?

Könnte mein Partner nicht auch anders?

Ich halte diese Gedanken für verständlich und nachvollziehbar. Gleichzeitig sind sie verführerisch und gefährlich, denn sie stoßen eine Kaskade von Überlegungen an, an deren Ende vor allem eines steht: Der Versuch, den Partner umzuerziehen, um ihm die »richtige« Sexualität beizubringen. Prägnant auf den Punkt gebracht hat dies, aus Frauensicht, die amerikanische Journalistin Natasha Vargas-Cooper:

»Der Schlüssel zu sexueller Harmonie, dachten wir, sei soziale Konditionierung. Männer, die Frauen schlecht behandelten, müssen einfach nur auf den richtigen Kurs gebracht werden, zum Beispiel, indem man sie verbal in die Schranken wies: ›Hier darfst du mich anfassen‹ oder ›dort nicht‹. (...) Dieser Selbstbetrug führt Frauen jedoch dazu, die männliche Sexualität völlig falsch einzuschätzen – auf ihre eigene emotionale und körperliche Gefahr hin.«[68]

Vargas-Cooper sieht in der massenhaften pornografischen Produktion, die via Internet unzensiert den Globus überflutet, ein Dokument der Abgründe männlicher Sexualität – einer Sexualität, die vor allem eines sei: triebhaft, drängend und »eine von Aggression durchzogene Macht«[69]. Ich teile diese Auffassung, doch ich teile sie nicht ganz. Männliche Sexualität ist triebhaft und drängend, doch sie ist nicht notwendig aggressiv und machtbesessen. Es lohnt sich, dies anhand eines Umwegs zu veranschaulichen. Dieser Umweg führt über das Phänomen der Transsexualität. Für manche sind transsexuelle Menschen verwirrend, denn sie stellen auf ihre Weise die Alltagsvorstellungen von Männlichkeit, Weiblichkeit und Sexualität in Frage. Dennoch lohnt es sich, hier nicht die Augen zu schließen, denn wo Fremdes uns verunsichert, können wir meist mehr über unsere Seele lernen als dort, wo wir auf Altbekanntes mit gefälligem Behagen reagieren.

Transsexuelle empfinden, dass sie im Körper des falschen Geschlechts leben. Sie haben eine andere körperliche Identität und bezeichnen sich daher lieber als Trans*idente* bzw. sprechen von Trans*identität*. Es gibt vergleichsweise wenig Menschen, die eine vollständige Geschlechtsumwandlung anstreben. Unter diesen wenigen Transidenten dominieren Männer, die zur Frau werden wollen. In meiner Praxis sehe ich dagegen relativ viele Frauen, die zum Mann werden wollen. Für transidente Patienten ist es generell schwierig, einen Behandler zu finden, weil viele Therapeuten hilflos die Arme heben und sagen: Ich kenne mich hier nicht aus.

Ich schicke all dies voraus, weil die folgenden Beobachtungen bisher eher wenig diskutiert wurden:

Solange eine transidente Frau noch Frau ist, erlebt sie ihre Sexualität als typisch weiblich. Wenn sie jedoch Testosteron bekommt, um die Angleichung an das männliche Geschlecht zu erreichen, kann sich das erotische Begehren deutlich verändern.

Herr P. – früher Frau P. – berichtet:

»Als Frau habe ich ja noch gedacht: Wenn ich Hormone bekomme und dann Mann bin, behalte ich trotzdem alles wertvolle Empfinden bei, das ich als Frau verspüre.«

Ich werde neugierig und frage nach: »Was meinen Sie damit?«

»Als Frau grübelt man ständig über seine Beziehung nach. Das ist unheimlich anstrengend. Ich hatte mir viel vorgenommen, wollte viel hinüberretten von der Frauen- zur Männerrolle, zum Beispiel, viel einfühlendes Verständnis für den Partner zu zeigen. Die Wahrheit ist: Ich konnte vieles nicht hinüberretten. Das Verständnis für meine Partnerin gelingt mir jetzt, unter Testosteron, viel schlechter als früher.«

»Haben Sie vielleicht ein Beispiel?«

Herr P. denkt nach und berichtet dann:

»Meine Freundin fragte mich gestern, was sie anziehen und wie sie sich die Haare machen solle. Ich habe geantwortet, ich hätte keine Ahnung. Sie sagte dann, ich müsse das doch wissen, ich sei doch auch einmal Frau gewesen.«

»Wie erklären Sie sich diese Veränderung?«, frage ich.

Herr P. lacht und antwortet:

»Frauen brauchen durch häufige kleine Rückmeldungen die Bestätigung, dass alles in der Beziehung in Ordnung ist. Sie fühlen sich zurückgewiesen, wenn diese Signale nicht erfolgen. Ich war früher auch so. Jetzt als Mann sehe ich das anders. Ich frage mich: Wieso soll denn nicht alles okay sein? Und wenn meine Freundin mir dann Vorhaltungen macht, denke ich: Was war jetzt denn wieder falsch? Es ist doch gar nichts passiert, ich habe doch gar nichts gesagt! Worauf meine Freundin wahrscheinlich sagen würde: Genau das ist ja das Problem!«

Zwischen dem Empfinden von Frau P. und dem des späteren Herrn P. liegt etwa ein Jahr, indem Herr P. eine hochdosierte Hormontherapie Testosteron bekam. Seine Verhaltensänderung und sein verändertes Empfinden sind also nicht Resultat langwieriger Lebenserfahrungen, sondern weitgehend biologisch bestimmt, denn Herr P. hatte ja als Frau noch den festen Vorsatz, sein partnerschaftliches Verhalten *nicht* zu ändern.

Kürzer fasst Herr K. – früher Frau K. – die Veränderungen durch Testosteron zusammen:

»Seit ich Hormone nehme, bin ich ganz schön abgebrüht. An mir prallt alles ab. Wenn eine Partnerin kommt, dann muss sie mich nehmen, wie ich bin, oder – tschüss!«

Interessant an diesen und anderen Beispielen ist, dass kein guter Vorsatz dieser Welt grundlegende Gefühlsqualitäten beeinflussen kann, die hormonell gesteuert werden. Die moderne Welt ist eine rationale Welt, sie fordert emotionale Selbststeuerung sowie Gleichheit zwischen den Partnern. Doch um all dies zu erreichen, wäre es in den Worten von Eva Illouz notwendig, »eine Komfortzone neutraler Interaktionsformen einzurichten, die sich durch eine emotional neutrale, asexuelle und geschlechtslose Sprache auszeichnet«[70]. Eine geschlechtslose Sprache ist jedoch zum Scheitern verurteilt, wenn die Sprechenden sich nicht geschlechtslos verhalten. Die geschlechtsspezifische Verzerrung der Kommunikation lässt sich daher durch politische Willensakte bestenfalls glätten, aber nicht beseitigen. Natürlich beschränken Hormone ihre Wirkung nicht nur auf das partnerschaftliche Verhalten. Tiefer und basaler verändern sie auch die Qualität der Triebe. Transidente Männer, die – noch im Körper einer Frau – erstmals Hormone nehmen, berichten oft: »Nach der ersten Spritze musste ich sofort nach Hause, um Sex zu haben. Ich wusste gar nicht, dass der Drang so stark sein kann.«

Ja, er kann. Er ist. Der männliche Sexualtrieb ist imperativ und drängend und unterscheidet sich in dieser drängenden Intensität, die auf Erfüllung ausgerichtet ist, qualitativ deutlich vom weiblichen Sexualtrieb. Männer und Frauen können Unterschiede nur vermuten. Frau-zu-Mann-Transsexuelle können diesen Unterschied jedoch am eigenen Leib erfahren.

Diese Beispiele zeigen: Der sexuelle Trieb eines Mannes ist einer Frau nicht direkt vermittelbar. Wird eine Frau durch den transidenten Umwandlungsprozess zum Mann, kann sie trotz aller Vorinformationen deutlich überrascht sein von der hormonellen Welt, in der Männer tagaus, tagein leben. Umgekehrt ist dementsprechend das erotische Begehren einer Frau dem Mann genauso schwer erfahrbar. Wie die Berichte Transidenter zeigen, reicht das intellektuelle Wissen um den Unterschied nicht aus. Die Wucht wirklicher Erfahrung lässt sich nicht sprachlich vermitteln. Mit den geschlechtlichen Erfahrungswelten verhält es sich also wie mit vielen Qualitäten, die unser Leben ausmachen: Ich kann den Geschmack von Erdbeeren so ausführlich beschreiben, wie ich will – um ihn zu erfahren, muss ich Erdbeeren wirklich geschmeckt haben. Die sprachliche Beschreibung und Diskussion des Themas alleine können das sinnliche Erlebnis nicht ersetzen.

Der Triebdruck des Mannes lässt sich durch kulturelle Mittel nicht eliminieren, sondern nur modifizieren. Es liegt daher in der individuellen Verantwortung jedes Mannes, seine Sexualität zivilisationstauglich zu machen. Die Entwicklung eines Jungen ist ab der Pubertät in den meisten Fällen von einer wuchernden, drängenden Sexualität bestimmt, und seine Aufgabe ist es, diese unbedingt in den Griff zu bekommen.[71] Je nach Triebstärke sind junge Männer in der Pubertät jahrelang damit beschäftigt – und gelingt ihnen keine Integration des Begehrens, droht früher oder später die soziale Katastrophe.

Einen imperativen starken Drang zum unmittelbaren sexuellen Vollzug erleben junge Frauen deutlich seltener. Ihre erotischen Bedürfnisse in der Pubertät sind eher beziehungsbildend und an der romantischen Zweisamkeit ausgerichtet. Selbstverständlich haben auch Männer erotisch-zärtliche Bedürfnisse, doch dieses romantische Empfinden steht in stetiger Konkurrenz zum sexuellen Bedürfnis nach Erfüllung im Orgasmus.

Obwohl männliche Sexualität sicherlich deutlich triebhafter und drängender als weibliche Sexualität ist, leitet sich daraus jedoch nicht ab, dass sie zwingend aggressiv sein muss, wie Vargas-Cooper behauptet. Sicherlich besteht bei Männern testosteronbedingt eine höhere Aggressions*bereitschaft*. Es ist, entgegen veralteter Ansichten, jedoch nicht so, dass Aggression als beständiger Triebdruck im Dampfkochtopf der männlichen Seele rumort und episodisch ein Öffnen des Ablassventils benötigt. Aggression ist vielmehr immer eine Reaktion auf eine konkrete Ursache. Die amerikanische Neuropsychologin Naomi Eisenberger zeigte[72], dass als Ursachen von Aggression sowohl körperliche Gewalt als auch soziale Ausgrenzung sowie Demütigungen in Frage kommen. Der Zusammenhang von sozialer Ausgrenzung und Gewalt lässt sich daran ablesen, dass die Mordrate innerhalb einer Gesellschaft leicht vorhergesagt werden kann: Je ungleicher die Vermögen verteilt sind, desto höher auch die Mordrate. Aggression tritt bei Männern dementsprechend häufig dann auf, wenn sie sozial scheitern – weshalb aggressives Verhalten bei Männern der Unterschicht deutlich erhöht ist.

Neben diesem sozialen Scheitern ist psychisches Scheitern, insbesondere als Folge von Demütigungen, ein weiterer wichtiger Aggressionsgrund. Menschen mit einem labilen Selbstwertsystem erleben die Zurückweisung eines potentiellen Partners als starke seelische Demütigung bzw. Verletzung ihres Selbstwerts. Je aggressiver ein Mann auf diese Zurückweisung reagiert, desto schwächer ist dementsprechend seine Selbstwertregulation. Nahlah Saimeh, ärztliche Direktorin einer Forensischen Klinik, berichtet:

> »In meiner Arbeit sitze ich vielen Gewalttätern gegenüber. In ihren Taten erscheinen sie stark. In dem, was wir Ich-Stärke nennen, sind sie aber eher klein und schwach und hilflos. In vielen Bereichen ihres Lebens sind sie eher inkompetent,

> selbstunsicher, fühlen sich unwohl. Der Sexualstraftäter ist im Grunde das absolute Zerrbild von einem ›starken Mann‹.«[73]

Gelingende Sexualität braucht keine Gewalt und ein Mann mit einer gelungenen erotischen Biografie benötigt keine Unterwerfung der Partnerin. Der Vergleich zwischen Giacomo Casanova und dem Marquis de Sade veranschaulicht dies: Beide lebten im Rokoko, einer sinnenfreudigen und erotisch liberalen Zeit. Beide zeigten eine drängende männliche Sexualität. Giacomo Casanova (1725–1798) war ein Herumtreiber, der an den Fürstenhöfen Europas hunderte von Frauen beglückte, dabei aber – auch nach Zeugnissen der entsprechenden Damen – sein Drängen sehr einfühlsam in die Tat umsetzte:

> »Sein Glück im Bett war die Lust der Frau. (...) Dass seine Geliebten ihm in großer Zahl ein freundliches Andenken bewahrten, viele noch lange nach der Liaison mit ihm korrespondierten, spricht dafür, dass Casanova, wenn er von seiner fallweise fast selbstlosen Liebe zu den Frauen spricht, nicht oder nur wenig übertrieben hat.«[74]

Auf der anderen Seite steht der Marquis de Sade (1740–1814), der überzeugt war, Sexualität sei ein egoistischer Akt, denn der Mensch sei von Natur aus destruktiv. Es ist hilfreich zu wissen, dass de Sade von seiner Familie gezwungen wurde, die Schwester derjenigen Frau zu heiraten, die er als junger Mann eigentlich liebte. Er war also ein Mann, dessen erstes Liebesbegehren durch äußeren Zwang scheiterte. In den Folgejahren entwickelte er eine ausschweifende, alle Tabus verletzende aggressive Sexualität, die ihn für insgesamt 27 Jahre ins Gefängnis bzw. Irrenhaus brachte. Dort schrieb er Theaterstücke und Romane, in denen er heftigste (sadistische) Gewaltfantasien zelebrierte. In den Momenten des größten Scheiterns zeigte de Sade also die aggressivsten Fantasien.

Wenn heute in die pornografische Produktion in starkem Maß auch männliche Aggression einfließt, dann sagt dies mehr aus über die männliche Verunsicherung und das Scheitern des Mannes an der modernen Partnerrolle als über das eigentliche Wesen der Pornografie. Der Käufer bestimmt das Produkt, aber das Produkt formt auch den Käufer. Die Frage, wie Pornografie gesellschaftlich zu bewerten sei, erscheint hier als ein qualitatives Problem: Es müssen ja nicht immer frauenverachtende Machwerke sein, die in Hinterzimmern mit der Handkamera angefertigt wurden, auch die vermeintlich anspruchsvolleren Filme haben leider nur geringste Handlungsplausibilität. Ja, Handlung! Wieso eigentlich nicht? Es gibt ästhetische pornografische Statuen und hochwertige erotische Romane[75], warum also nicht auch anspruchsvolle pornografische Filme? – Filme, die dem Sex Würde und Schönheit geben. Jeder durchschnittliche Gewaltstreifen, jeder geschlagene, erschossene Mensch ist obszöner als ein gepflegter Orgasmus. Pornografie ist wie Sexualität ein variables Medium: Es kommt darauf an, was man daraus macht.

Körperliche Aggression ist also vor allem ein Zeichen männlichen Scheiterns und kein zwingendes Merkmal männlicher Sexualität. Man hört nun dennoch gelegentlich, Männer seien Mängelwesen, emotional der modernen Beziehungswelt nicht gewachsen und damit defizitär. Sind Frauen vielleicht die stabileren Beziehungsmenschen, emotional ausgeglichener und weniger aggressiv als Männer? Dann müssten Beziehungen lesbischer Frauen ja hochgradig stabil sein, während schwule Beziehungen regelmäßig in Zerrüttung enden. Sowohl die therapeutische Erfahrung als auch die Scheidungsraten bei eingetragenen homosexuellen Partnerschaften weisen darauf hin, dass dem nicht so ist: Auch hier kommt es auf die einzelnen Partner, ihre Passung der Ansprüche und ihre Kompromissfähigkeit an und nicht die Frage, ob XX- oder XY-Chromosomen die besseren sind.

Wenn weibliches Begehren scheitert, tritt Aggression bei Frauen auf einer *seelischen* Ebene genauso häufig auf wie bei Männern. Auch Frauen morden aus Liebe – zumeist jedoch in der Fantasie und in Kriminalromanen, die vielleicht auch deswegen hohen Absatz finden. Ansonsten richtet sich die weibliche Aggression auf eleganteren Umwegen gegen den Mann, oder sie wendet sich *in der Depression gegen das eigene Selbst*, wie es die psychoanalytische Fachsprache technisch-neutral formuliert. Während bei Männern eine gescheiterte Sexualität in Aggression münden kann, zeigt sich erotisches Scheitern bei Frauen oft in einer depressiv anmutenden erotischen Freudlosigkeit. Dies folgt der Alltagsbeobachtung, dass Männer ihre seelischen Konflikte gerne aggressiv nach außen tragen und explodieren, während Frauen sie tendenziell depressiv nach innen richten und – um im Bild zu bleiben – seelisch implodieren.

Ob wir Sexualität also konstruktiv oder destruktiv leben, ob sie im Falle des Scheiterns seelisch oder körperlich in Aggression mündet, das ist – jenseits der biologisch festgelegten Triebstärke – immer auch Ergebnis der jeweiligen seelischen Verfassung, genauer gesagt, der Selbstwertstabilität. Die alltäglich gelebte Sexualität ist zusätzlich auch Ergebnis der gesellschaftlichen Verfassung und die Frage, wie viel Aggression in unsere Sexualitäten fließt, lässt sich nur dann aufrichtig klären, wenn wir Sexualität und sozialen Alltag nicht künstlich trennen.

Aus der erotischen Spielzeugkiste: Fetische und SM

Sarah erzählt:

»Ich war vier Jahre alt. Als ich auf unserem Spielplatz die Rutsche hinaufkletterte, fiel mir sofort der blonde Junge vor mir auf. Ein warmes Glücksgefühl durchströmte mich. Wahrscheinlich habe ich das erste Mal erotische Gefühle erlebt. Der Junge hatte gelbe Gummistiefel an. Bis heute finde ich Männer in Gummistiefeln unheimlich erotisch. Im Lauf der Zeit hat sich daraus mein ganzer Plastikfimmel entwickelt. Am schönsten finde ich meine roten Lackstiefel – ist das bereits Fetischismus? Ist das irgendwie pervers? Eine Freundin von mir geht mit ihrem Partner übrigens in die SM-Szene. Ist auch das pervers?«

»Solange Sie sich nicht bei der Fernsehsendung ›Bauer sucht Frau‹ anmelden, sehe ich für Ihr seelisches Wohlergehen keine ernsthafte Gefahr«, antworte ich – Sarah hat zum Glück einen ausgeprägten Humor.

Sarah muss sich wegen ihres Lack-Gummi-Plastik-Fetischs nicht beunruhigen: Die heutige Sexualforschung steht all diesen Dingen sehr entspannt gegenüber. Solange eine Sexualpraktik nicht einem der beiden Partner seelischen oder körperlichen Schaden zufügt – solange zum Beispiel der Masochist an seinem Leiden »Spaß« hat –, gelten Fetischismus und einvernehmliche SM-Beziehungen als »unproblematisch«.[76]

Die Frage, ob ein Verhalten *normal* sei, ist übrigens eine häufige Frage in Beratungsgesprächen. Im Zusammenhang von *Normalität* wird auch gerne mit Begriffen wie *natürliche Ordnung* sowie *der gesunde Menschenverstand* argumentiert, sie sollen dazu dienen, die Regeln und Normen im sexuellen Straßenverkehr moralisch zu unterfüttern.

Leider sind alle diese Begriffe schlicht unbrauchbar. Am einfachsten ist das an der Floskel vom *allgemeinen oder »gesunden« Menschenverstand* abzulesen. Hierzu schrieb schon Immanuel Kant:

> »Wenn Einsicht und Wissenschaft auf die Neige gehen, als denn und nicht eher, sich auf den gemeinen Menschenverstand zu berufen, das ist eine von den subtilen Erfindungen neuerer Zeiten, dabei es der schalste Schwätzer mit dem gründlichsten Kopfe getrost aufnehmen und es mit ihm aushalten kann. So lange aber noch ein kleiner Rest von Einsicht da ist, wird man sich wohl hüten, diese Nothülfe zu ergreifen. Und, beim Lichte besehen, ist diese Appellation nichts anderes, als eine Berufung auf das Urteil der Menge; ein Zuklatschen, über das der Philosoph errötet, der populäre Witzling aber triumphiert und trotzig tut.«[77]

Unser Verstand hat als höchste und delikateste Aufgabe, sich immer wieder selbst zu prüfen. Hinter dem, was als allgemeiner Menschenverstand ausgegeben wird, versteckt sich letztlich bloß überkommene Tradition, die nicht hinterfragt werden will und die ebendiesen Verstand nicht erneut in Betrieb nehmen möchte. Wer sich auf diesen vermeintlich »gesunden Menschenverstand« beruft, verabschiedet sich daher aus der intelligenten Diskussion.

Von ähnlich dürftiger Qualität ist der Begriff der »natürlichen Ordnung«. Es ist ein Irrtum zu glauben, man könne, um gesellschaftliche Normen zu rechtfertigen, einfach die Begriffe »Natur« und »Ordnung« verknüpfen. Diese Argumentationsfigur ist in der Philosophie schon seit Jahrhunderten als naturalistischer Fehlschluss bekannt, denn moralische Forderungen lassen sich allein durch den Verweis auf die Natur nicht hinreichend begründen. Zudem ist der Begriff »Ordnung« widersprüchlicher, als wir intuitiv annehmen. Der Philosoph Baruch Spinoza weist bereits 1675 in seiner Ethik darauf hin, dass Ordnung keine

Sache sei, die mit der Außenwelt zu tun habe, sondern nur ein Begriff, der die bescheidene Verfassung unseres Gehirns beschreibt.

> »Wenn nämlich Dinge so disponiert sind, dass wir sie, wenn sie uns durch die Sinne präsentiert werden, leicht vorstellen und uns ihrer folglich leicht erinnern können, dann nennen wir sie gut geordnet und im umgekehrten Fall schlecht geordnet oder auch verworren. Und weil Dinge, die wir leicht vorstellen können, uns angenehmer sind als andere, ziehen Menschen die Ordnung der Verwirrung vor, als ob Ordnung etwas in der Natur wäre und nicht nur ein Hinblick unseres Vorstellens.« [78]

Spinoza hebt zwei Dinge hervor. Erstens: Wo wir in der äußeren Welt Unordnung zu sehen meinen, erblicken wir nur unsere eigenen geistigen Grenzen – denn unser Verstand ist nicht stark genug, die vermeintliche Unordnung so zu erfassen, dass wir ihre komplexen inneren Gesetze erkennen. Wenn wir eine Schneeflocke unter dem Mikroskop untersuchen, entdecken wir in der symmetrischen Anordnung der Kristalle höchste Schönheit und Ordnung. Im Schneesturm erblicken wir dagegen reines Chaos. Doch auch der Schneesturm hat eine innere Ordnung, und wir empfinden ihn nur deswegen als chaotisch, weil unser Gehirn die überwältigend komplexe Struktur des Schneesturms mit seinen tanzenden Symmetrien nicht zu erfassen vermag. Genau genommen gibt es in der objektiven Welt kein Chaos – das Chaos besteht nur als Dunkelheit in uns selbst. Alles, was geschieht, hat Gründe, und wenn wir diese nicht erkennen, hat das mehr mit uns zu tun als mit der Außenwelt. Überall dort, wo wir also in der Außenwelt Unordnung zu erkennen meinen, sehen wir also nur in das traurige Angesicht unserer eigenen Unzulänglichkeit.

Der zweite wichtige Punkt, der aus Spinozas Argumentation abzuleiten ist, lautet: Sobald wir uns etwas leicht vorstellen können, fühlen wir uns gut. Wir neigen also dazu, diejenigen Dinge als angenehm zu empfinden, die wir ohne Probleme verstehen und in einfachen Begriffen sortieren können.

Spinozas Argumente sind zwar einige hundert Jahre alt, sie passen jedoch recht elegant zur modernen Hirnforschung (und gleich fühlen wir uns gut, denn die Dinge scheinen sich zu ordnen): Wir wissen heute, dass seelisches Leid zu einem großen Teil durch *kognitive Dissonanz* entsteht. Wir sprechen von kognitiver Dissonanz, wenn Hirnteile gegeneinander arbeiten, wenn die Konzepte, mit denen einzelne Hirnregionen die Welt sortieren, nicht zueinander passen. Um zum Bereich der Erotik zurückzukehren, folgendes Beispiel: Ein Mensch könnte Lust auf Masturbation verspüren, gleichzeitig hat ihm eine Religion aber eingeredet, Masturbation sei falsch. In seinem Kopf prallt daher das Funken der Nervenzellen, die sich Lust versprechen, auf das Funken der Nervenzellen, die Masturbation verbieten – dementsprechend wird sich dieser Mensch schlecht fühlen, denn der Konflikt ist nicht zu lösen.

Wer sich also auf eine höhere (oder natürliche) Ordnung beruft, um eine Diskussion zu beenden, beruft sich nur auf den Wunsch, Unlustgefühle im Gehirn zu vermeiden. Wohlgemerkt: Es ist durchaus anzunehmen, dass die Welt eine großartige Struktur hat, also einer funktionierenden Ordnung folgt. Der Begriff einer höheren Ordnung wird jedoch zumeist verwendet, um große Aspekte der Außenwelt als unordentlich bzw. unmoralisch abzulehnen, diesen also die funktionierende Struktur abzusprechen. Das ist natürlich falsch, denn der einzige »Fehler«, den die Außenwelt begeht, besteht darin, sich nicht den Ordnungsvorstellungen unseres recht begrenzten Gehirns zu unterwerfen. Konkret: Der Papst darf, wenn er möchte, alle möglichen Sexualverbote für sich realisieren. Sobald er jedoch über die wirkliche Sexualität anderer Menschen spricht und sie als gegen die höhere Ordnung verstoßend disqualifiziert, offenbart er nur mangelnde Sachkenntnis über die tieferen Gründe, aus denen die Sexualitäten anderer Menschen sich motivieren – doch die Menschen sind nicht auf dieser Welt, um sich so zu verhalten, dass der Papst ohne kognitive Dissonanzen nachts ruhig schlafen kann.

Die Angst vor kognitiver Dissonanz ist eine mächtige Kraft, nur durch sie ist zu erklären, dass Menschen, die des Lesens mächtig sind und die Zugang zum Wissen dieser Welt haben, trotz klarster Fakten etwas so offensichtlich Vernünftiges wie die Evolutionslehre nicht annehmen können. Es ist traurig, dabei zuzusehen, wie Teile des zivilisierten Westens in vormoderne Unwissenheit zu sinken drohen, weil Bibelfundamentalismus und Wissenschaft nicht zueinander passen. Ja sicher, die Dinosaurierknochen wurden vor ein paar tausend Jahren von Petrus höchstpersönlich eingebuddelt – oder hatte Noah in seiner Arche einfach keinen Platz? Natürlich sind diese Worte ironisch und polemisch – doch Lachen bekämpft Dummheit besser als Weinen.

Wenn nun gesunder Menschenverstand (Konvention) und höhere Ordnung (»ich mach mir die Welt, wie sie mir gefällt«) keine wegweisenden Kriterien sind, wie lässt sich dann eine menschliche Handlung ethisch bemessen? Führt der Verzicht auf konventionelle Moralität nicht automatisch zu Werteverfall und Nihilismus? Und was bedeutet das alles für den Begriff der Normalität? Gibt es überhaupt eine Normalität?

Nun, zum einen gibt es natürlich eine statistische Norm: Männer sind durchschnittlich 1,80 m groß und wenn sie in Mitteleuropa leben, sterben sie durchschnittlich mit 78 Lebensjahren. Diese statistische Norm sagt jedoch nichts aus über die moralische Seite der Frage nach der Normalität. Die seelische Normalität einer Handlung ist zudem nicht aus traditionellen sozialen Normen ableitbar, denn solche Normen ändern sich mit zunehmend rasanter Geschwindigkeit. Einem Arzt oder Therapeuten steht es deswegen nicht zu, einem Klienten hier Vorgaben zu machen. Hat der Berater nun gar keinen Maßstab, keine Ethik an der Hand, um seiner Beratung eine Richtung zu geben? Dann wäre therapeutisches Handeln ja vollkommen beliebig und letztlich orientierungslos!

Zum Glück gibt es für den Arzt oder Therapeuten einen eleganten Ausweg: Er orientiert sich einfach daran, ob ein Patient – oder ein direkter sozialer Partner des Patienten – unter einem Verhalten leidet. Der seelische Schmerz ist damit der sichere Prüfstein einer pragmatischen Moral, denn die Aufgabe der Ärzte und Therapeuten besteht darin, menschliches Leiden zu mindern.

Sehen wir uns einmal an, was diese Maßstäbe für die Praxis bedeuten. Anhand der Themen Fetischismus und Sadomasochismus lässt sich sehr gut zeigen, wie diese Überlegungen im Alltag angewendet werden können. Zunächst einmal zur Phänomenologie: Sowohl Fetischismus als auch SM-Spielen liegt zugrunde, dass sich unsere Sexualität recht variabel zeigt, denn der Trieb kann sich mit anderen Lebenserfahrungen verbinden, sodass die Erfahrung hierdurch erotisch »aufgeladen« wird.

SM-Rollenspiele können eigene Lebenserfahrungen re-inszenieren, sie können aber auch in der Kindheit und Jugend erlebte Fantasien konkret erlebbar machen. Die SM-Beziehung lebt vom Spiel der Dominanz und Unterwerfung, der Schmerz kann zudem, wie jedes andere Gefühl, in die sexuelle Erregung einfließen und sie verstärken.

Im Fetischismus verbinden sich ursprünglich asexuelle Gegenstände mit der sexuellen Lust, auch sie werden erotisch »aufgeladen«. Ursprünglich waren Fetische magische Kultgegenstände. Später bezeichnete man jeden von einer geliebten Person herrührenden Gegenstand als Fetisch, wenn er zur sexuellen Befriedigung herangezogen wurde: Strumpfbänder, Taschentücher, Damenschuhe etc. Heute hat sich der Begriff erweitert: Als Fetisch gelten alle unbelebten Gegenstände, die von der Fantasie erotisch besetzt werden. Psychologisch können solche Kleidungsfetische als erotische Erweiterung des Körperbereichs verstanden werden. Die meisten Fetische gehören dem Bereich der Kleidung an. Am beliebtesten sind Highheels, Reizwäsche, Lack und Leder, Uniformen bis hin zu einer fetischistischen Besetzung einiger Modelabels und Sportmarken. Der Fetisch kann auch der reinen Fantasie entstammen und bei manchen Menschen als vollständiger erotischer Ersatz für körperliche Sexualität dienen. Fetische sind vor allem in der SM-Szene verbreitet und beliebt. Von »weitgehend harmlos« bis »ganz schön heftig« ist hier alles drin.

Selbstverständlich sind Fetisch-Neigungen nicht angeboren. Wie sollte die Natur auch die Neigung zu gelben Gummistiefeln im Erbgut abbilden? Die menschliche Sexualität wird ja nicht nur von den Genen bestimmt, sondern auch durch Lebenserfahrungen geprägt. Vor allem die vorherrschende Kultur kann prägende Einflüsse setzen: So fanden japanische Männer die Nackenregion einer Frau ausnehmend erotisch, die chinesische Kultur bevorzugte besonders kleine Füße und manche afrikanische Stämme verlängern sogar die Hälse ihrer Frauen durch aufeinanderliegende Messingringe. Im antiken Kreta gab es schmucke Penisfutterale, die man bis heute in Mitteleuropa nicht tragen kann – ersatzweise dafür tragen moderne Männer gerne einen penisbreiten Schmuck-Strick namens Krawatte um den Hals, wobei selbstverständlich die Erektionsfarbe Rot am dominantesten wirkt. Gerne als erotische Körpererweiterung gewählt von Männern mit unsicherer Sexualität – also sehr jungen oder sehr alten Männern – werden auch penisförmige, schnelle Autos; selbstverständlich ebenfalls in Rot. Zusammenfassend lässt sich sagen: Fetische sind nur dann problematisch, wenn die eigene Kultur den Fetisch ablehnt. Teilt die Kultur dagegen den Fetisch (Krawatten, Highheels, Sportwagen, Waffen), dann fällt er nicht auf.

Sexuelle Vorlieben werden also auch erlernt, beispielsweise durch eine einfache »Konditionierung«. Dies bedeutet: Ein neutraler Reiz wird mit einem wirkungsvollen Reiz gekoppelt und nach einiger Zeit übernimmt dann der neutrale Reiz die Bedeutung des wirkungsvollen Reizes.

Zu theoretisch? Nun gut: In der Schule wird für jedes Schulkind der neutrale Reiz Glockenläuten relativ schnell zum bedeutungsvollen Reiz: Es ist Pause. Bei Handys und Internet-Diensten zeigt ein Klingelton: Du hast Post! In beiden Fällen wird im Normalfall eine Erwartungshaltung und seelische Aktivierung ausgelöst.

In der Kindheit und insbesondere Pubertät ist die Sexualität jenseits der Hauptausrichtung hetero/bi/homo noch sehr flexibel und lässt sich recht gut prägen. In dieser Zeit kann sich unsere Sexualität mit allen möglichen Reizen verbinden, sodass diese erotisch aufgeladen werden.

Als Beispiel der Bericht eines Freundes: Er wuchs in Japan auf und spielte als Kind unter den niedrigen japanischen Esstischen, an denen die Erwachsenen mit nackten Füßen saßen. Da er sich gerne unter den Tischen versteckte, war sein erster Kontakt zu Nacktheit bei Fremden durch nackte Füße geprägt. Seine Mutter sagte ihm damals: »Geh weg, wir sind barfuß!«, doch der Freund verstand als kleiner Junge nur »bah-Fuß!«. Nun wird mit der Silbe »bah« oder »bäh« normalerweise alles Schambesetzte und Verbotene bezeichnet. Insbesondere alles Schmutzige, also auch die Anal- und Schamregion benennt man Kindern gegenüber als »bah-bah« oder »bäh-bäh«. Aufgrund dieses kindlichen sprachlichen Missverständnisses bah-Fuß (statt barfuß) entwickelte der Freund ein ungemeines Interesse an nackten Füßen, die vermeintlich verboten, schambesetzt und deshalb besonders interessant für ihn waren. Mit der Zeit wurden daraus erotische Fuß-Fantasien und die Häufung der Fantasien führte zur deutlichen sexuellen Prägung. Heute ist er ein bekennender Fußfetischist.

Fetische können durchaus exotisch sein. Auch seltene oder fantasierte Kleidungsstücke, Gerüche, Worte und Handlungen können Fetischcharakter annehmen. Einer meiner Klienten geriet sogar bei bestimmten Szenen eines Disney-Zeichentrickfilms in heftige Erregung.

Es wird deutlich:

1. Fetische können eine Bereicherung für Menschen sein, die ihre Sexualität gerne frei und experimentierfreudig ausleben.

2. Fetische sind etwas für Menschen mit einer reichen Fantasie, also einem differenzierten Innenleben.
3. Der Fetisch kann auch als Sexersatz dienen. Menschen, die – insbesondere in der Pubertät – auf die Realisierung von Sexualität verzichten müssen, weichen gerne aus in den Fantasieraum der Fetischwelt.
4. Der Fetisch kann sich auch zwischen den Fetischliebhaber und den möglichen Partner schieben. Der andere wird dann erotisch reduziert wahrgenommen, echte Partnerschaft kann so deutlich erschwert werden, denn es fällt dem Betreffenden leichter, sich Dinge anzueignen und zu sexualisieren, als mit einem Menschen gleichberechtigt erotisch umzugehen.
5. Der Fetisch kann daher auch Warencharakter annehmen, unbewusst unseren materialistischen Kontrollwünschen entgegenkommen und dem gierigen Hungergeist als niemals sättigende Nahrung dienen.

Zum »Problem« wird der Fetisch, wenn er schuldhaft erlebt wird und andere Sexualität verdrängt. Das kann bei strenger Erziehung der Fall sein und auch dann, wenn es gesellschaftlich verpönt ist, den Fetisch auszuleben. Ein Verbot verstärkt allerdings den Fetisch, denn die Erregung wird erhöht durch die Lustspannung der Scham- und Schuldgefühle – und so wird die Fantasie übermächtig. Vielleicht treten deshalb Fetische recht häufig bei zwanghaft ordentlichen Menschen auf.

Falls erotisches Erleben und Partnerschaft kaum noch möglich sind, kann dies auch daran liegen, dass der Fetisch dazu dient, als seelische Plombe einen tieferliegenden Mangel zu verdecken. Er kann dabei helfen, andere Probleme zu verdrängen, zum Beispiel das Unvermögen, auf sein Gegenüber emotional offen zuzugehen und menschliche Nähe auszuhalten.

In diesen zuletzt genannten Fällen wäre also ein Leiden festzustellen, das als Maßstab für sinnvolles therapeutisches Handeln dienen kann. Aber Vorsicht: Es steht keinem Außenstehenden zu, hier ein »sexuelles Problem« zu konstruieren. Der

Einzige, der das bewerten sollte, sind der Fetisch-Liebhaber (Fetischist) und sein Partner. Wenn einer oder beide dauerhaft leiden, kann professionelle Hilfe wichtig sein. Dies kann zum Beispiel bei körperschädigenden SM-Praktiken der Fall werden oder bei dauerndem persönlichen Leiden an sich und der Welt. Wenn sexuelle Befriedigung ohne Fetisch nicht mehr möglich ist und ein starker Leidensdruck entsteht, ist es sinnvoll, sich an einen Therapeuten zu wenden. Gehört dieser jedoch der dunklen Fraktion an, die eine spielerisch ausgerichtete Sexualität problematisiert, dann darf man sich getrost nach einem helleren Geist umsehen.

Fetischismus und Sadomasochismus können in einer spielerischen Form also für manche eine Bereicherung der Sexualität darstellen. Sie können jedoch auch zum Konsumgut mit Warencharakter werden und damit, wie alle Konsumgüter unsere Kindergier nach Abwechslung, nach dem ewigen »mehr und mehr« füttern. Die suchtartige Eskalierung der Sexualität findet hier ihre Nahrung. Von diesem Suchtaspekt, der jeden Bereich der Sexualität befallen kann und damit die Liebe zur Seite drängt, handelt das nachfolgende Kapitel.

Eine Ente zu viel: Sexsucht

Im Film *Der Stadtneurotiker* gibt es folgende Szene: Woody Allen liegt beim Therapeuten auf der Couch, parallel geschnitten sieht man seine Freundin, gespielt von Diane Keaton, bei ihrer Therapeutin.
Woody Allens Therapeut fragt: »Wie oft schlafen Sie miteinander?«
Woody Allen antwortet: »Eigentlich kaum. Vielleicht dreimal in der Woche.«
Auch Diana Keatons Therapeut fragt: »Wie oft haben Sie Verkehr?«
Und Diana Keaton antwortet: »Ständig. Dreimal in der Woche!«

Sexsucht ist in den USA derzeit ein Modethema[79] – zuletzt ließ sich der Golfspieler Tiger Woods in einer Prominentenklinik wegen seiner vermeintlichen Sexsucht therapieren. Allerdings ist die Diagnose Sexsucht umstritten. Zum einen wird sie von konservativen religiösen Kreisen missbraucht und propagiert, um sexualfeindliche Überzeugungen pseudowissenschaftlich in die Gesellschaft zu tragen. Zum anderen scheuen fortschrittliche Therapeuten den Begriff »Sexsucht«, weil es überheblich wäre, Normen aufzustellen, wie viel Sex normal und wie viel »krankhaft« ist. Der klassische Witz zu dem Thema lautet dementsprechend: *Die Diagnose Sexsucht wird vergeben, wenn ein Klient mehr Sex hat als sein Psychiater.*

Das Beispiel aus *Die Stadtneurotiker* zeigt, dass auch innerhalb eines Paares die Vorstellungen, welche Sexfrequenz die »richtige« sei, weit auseinanderklaffen können. Zweimal die Woche kann für Lukas zu wenig sein, während es für Sarah deutlich zu viel ist.

So abgegriffen das Thema »Mann und Frau sind unterschiedlich« auch sein mag, die unterschiedliche Ausprägung der Triebe wird immer noch sehr gerne verdrängt; tendenziell ist die von Männern erwünschte Sex-Frequenz höher als die ihrer Partnerinnen – es gibt selbstverständlich viele Gegenbeispiele, es handelt sich, wie gesagt, um eine Tendenz.

Die hieraus resultierenden Konflikte sind nicht immer lösbar. Die Vorstellung mancher Männer, sie könnten häufigeren Verkehr als Anspruch durchsetzen, verkennt die weibliche Sexualität genauso, wie die Vorstellung mancher Frauen, sie könnten ihre Männer sexuell langsam »entwöhnen«, wie eine Mutter ihr Baby abstillt. Beide Haltungen verkennen zutiefst das unterschiedliche erotische Empfinden von Mann und Frau, und beide führen garantiert ins partnerschaftliche Desaster.

Insbesondere die Veränderungen des Begehrens, die zu Beginn einer Familiengründung auftreten können, bringen manche Paare in ein deutliches Dilemma.

Erik, 35 Jahre, berichtet:

»Meine Frau war nur noch am Kind interessiert, da passte gar nichts anderes mehr dazwischen. Ich habe mich angegriffen gefühlt und sah das als Affront. Wenn wir zärtlich waren, dann nur, weil wir zärtlich sein müssen; das war mir dann widerwärtig.

Die Erwartungen lagen zu weit auseinander. Ich habe zwar viele Worte für die Sache gefunden, doch das war zu analytisch und aggressiv und das hat sie zum Schweigen gebracht. Ich sagte: ›Warum sagst du denn nichts?‹, und kam mir vor wie im Psycho-Verhör. Doch ihr Schweigen ließ mir keine Wahl. Sie zog sich zurück. Ich zog mich schließlich ebenfalls zurück. So ist das dann alles zerbrochen.«

Männer, die selten Sex haben, sind unglückliche Männer, die irgendwann ihre Beziehung in Frage stellen, und Frauen, die zum Sex gedrängt werden, sind unglückliche Frauen, die ebenfalls ihre Beziehung in Frage stellen. Der Unterschied der Bedürfnisse zweier Partner muss zunächst erkannt und dann anerkannt werden: Ja, es gibt hier einen Konflikt. Aber dieser Konflikt ist normal. Punkt. Pause. Durchatmen: So-ist-es.

Erst wenn *beide* Seiten dieses So-ist-es akzeptiert haben, ist es sinnvoll, nach einer Lösung zu suchen. Und diese Lösung kann – der Natur des Problems folgend – nur im *freiwilligen* Kompromiss bestehen, ohne dass Sex zur Handelsware, zum Belohnungsgut oder Bestrafungsmittel des Beziehungsalltags verkommt. Sonst geht die Erotik und damit auch das Glück der Beziehung verloren. Partnerschaftlicher Sex stirbt durch Zwang und Verpflichtung und blüht auf durch Freiheit, Freiwilligkeit *und* Kompromiss.

Da Sex durchaus unterschiedlich wahrgenommen wird und da Männer das Bedürfnis nach Sex zumeist zwingender wahrnehmen als Frauen, ist das, was landläufig als Sexsucht bezeichnet wird, häufiger bei Männern zu beobachten.

Das Ausleben der unterdrückten Triebe war – zu Recht – das Programm der Studentenbewegung von 1968, und die Freiheit, in der Menschen heute leben, verdanken sie genau dieser Befreiung aus den Klauen staatlicher und religiöser Bevormundung. Seine Triebe und Lüste zu entdecken und zu entfalten ist eine ungemein faszinierende Aufgabe, sie kann zum lebenslangen Programm werden. Solange man unter dieser rauschhaften Lustorientierung nicht leidet, ist dagegen nichts einzuwenden. Wer möchte, dem stehen die Tore zum sexuellen Paradies offen – falls er einigermaßen attraktiv und kommunikationsbereit ist oder großzügig hinsichtlich dessen, was sich ihm anbietet.

Für manche wird der Rausch jedoch eines Tages schal, denn erstens leidet die Liebesfähigkeit unter der sexuellen Beliebigkeit, zweitens ist eine feste Partnerschaft nur dann zu realisieren, wenn beide Partner gleichermaßen großzügig sind, was sexuelle Abenteuer betrifft – und das ist selten der Fall. Und drittens entfaltet sich kreatives Potential nicht als Potenz unter der Gürtellinie. Früher oder später taucht die Frage auf: Das kann doch nicht alles sein. Es muss doch noch mehr geben.

Stimmt! An einem Himmel, an dem nur Busen, Muschis und Schwänze schweben, hat man sich irgendwann einmal sattgesehen.[80] Wer keine anderen Lebensinhalte kennt, wird schnell verbittert und frustriert. Was viele im Rausch der wechselnden Abenteuer zudem nicht wahrhaben wollen: Die Lüste verhalten sich paradox. Zunächst wachsen sie an ihren Aufgaben, doch irgendwann wächst gar nichts mehr; im Gegenteil, die Lust bleibt dann nur am Leben, wenn man sie begrenzt.

Volkswirtschaftler kennen das erste Gossensche Gesetz, es ist auch als Gesetz des abnehmenden Grenznutzens bekannt. Es lautet:

> Die Größe eines und desselben Genusses nimmt, wenn wir mit Bereitung des Genusses ununterbrochen fortfahren, fortwährend ab, bis zuletzt Sättigung eintritt. Oder anders formuliert: Der Konsum einer an sich schönen Sache stiftet mit zunehmender Menge einen immer geringeren Nutzen (Grenznutzen).

Wer Hunger hat und ein belegtes Brötchen isst, wird es genießen, auch das zweite wird ihm noch schmecken, ab dem dritten und vierten isst er vielleicht nur noch aus Gewohnheit, beim fünften sollte Sättigung erreicht sein und beim zehnten Übelkeit. Meine kaschubische Urgroßmutter – eine Frau vom Land und vom Körpermaß etwas breiter als hoch – meinte zu dem Thema: *Eine Ente zum Frühstück ist zu wenig, doch zwei sind schon zu viel.* Genauso wie mit dem Appetit auf Leckereien verhält es sich mit der erotischen Lust: Unser Suchtzentrum fordert zwar weiter nach mehr und mehr und immer mehr, doch ab dem siebten Partner pro Woche dürfte der erotische Mehrwert nur noch minimal sein oder sogar vollkommen ausbleiben. Wie bei der Abhängigkeit von Alkohol, Arbeit oder Essen kann am Ende der Entwicklung der Gegenstand der »Lust« sogar einen leichten Widerwillen auslösen – zwei Enten sind schon zu viel – und dennoch ist die Sucht nicht zu stoppen.

Von Sexsucht wäre also nur dann zu sprechen, wenn trotz subjektiv hoher sexueller Frequenz der erotische Lustgewinn ausbleibt oder sich sogar Langeweile, Widerwillen und Frustration einstellen. Weitere Eigenschaften der Sucht können sein, dass sie das Alltagsleben beeinträchtigt und nach ständiger Steigerung von Suchtdosis und Suchtreiz verlangt. Selbst der philosophische Großmeister der Entfesselung der Lüste, Herbert Marcuse, betonte:

> »Was die Lust von der blinden Bedürfnisstillung unterscheidet, ist die Weigerung des Triebes, sich in unmittelbarer Befriedigung zu erschöpfen, ist seine Fähigkeit, Schranken zu errichten und sie zur Intensivierung der Erfüllung zu verwenden.«[81]

Marcuse hält demnach Selbstbegrenzung für ein sinnvolles Mittel, um die Lust zu steigern. Er unterscheidet zwischen den sexuellen Normen, die uns von der Gesellschaft aufgezwungen werden, und den Normen, die wir uns selbst – aus eigener Freiheit heraus – geben:

> »Die Menschen würden dann wirklich als Einzelwesen leben, jeder sein Leben formend; sie würden einander mit wirklich verschiedenartigen Bedürfnissen und wirklich verschiedenartigen Befriedigungsformen gegenübertreten – mit ihrer eigenen Wahl und ihrer eigenen Ablehnung.«[82]

Sexsucht ist also kein Zeichen eines freien Lebens – es wäre umgekehrt aber genauso falsch, sie als typische Folge einer zu freien Gesellschaft zu kritisieren. Sexsucht ist vielmehr Zeichen einer knallharten Konsumorientierung. Das Kind schmeißt sich im Supermarkt auf den Boden, wenn es Süßigkeiten möchte, der unerfahrene Teenie träumt davon – ohne ein Instrument zu beherrschen –, ganz nebenbei zum Superstar zu werden, und auch für das Erwachsenenleben soll gelten: Es darf nicht anstrengen, sonst ist es nicht gut. Willkommen im Flachland der bunten Werbewelt, des Wohlfühl-Fernsehens und der schnellen Befriedigung der Triebe.

Im Grunde träumen wir davon, auf ein Fingerschnippen hin an den raffiniertesten Delikatessen zu naschen, der Alltag soll nicht anstrengender sein als ein Spaziergang am Strand, ja am besten, das Leben wäre eine jahrzehntelange Orgie – und um ehrlich zu sein: Auch ich vermisse jeden Morgen die Sänftenträger.

An den Fantasien des Begehrens lässt sich unschwer erkennen, wie Begehren zum Feind der Lust werden kann, denn der Wunsch nach Erfüllung trägt immer schon das Erleben des Mangels in sich. So paradox es klingt: Nur wer nichts erwartet, kann vollumfängliche Lust erfahren, nämlich die Lust, die ihm gerade widerfährt, ohne den Anspruch, den Zweifel und den hierdurch erlebten Mangel.

Insbesondere Männer sind aus biologischen Gründen fähig zum sexuellen Übermaß, das ihnen letztlich keine wirkliche Erfüllung mehr bringt. Natürlich ist Selbstbegrenzung zunächst einmal anstrengend – das kleine Kind in uns möchte nicht auf seine Lollies verzichten. Das Geheimnis lautet aber: Ein Leben ohne Anstrengung hat keine Tiefe. Wer frei leben will, muss sich auch von der Diktatur seiner Lüste befreien können, muss sie im Zweifelsfall auch einmal lassen können. Gelassenheit kommt von Loslassen.

Zwei Ostereier für jeden: Bisexualität

Niklas, ein junger Student, der wegen Schlafstörungen in meine Praxis kommt, berichtet: Er sei am Wochenende auf der Reeperbahn gewesen und habe sich am Hans-Albers-Platz in den Kneipen herumgetrieben. Schließlich habe er in seiner Wohnung einen »Dreier« gehabt. Zunächst gehe ich davon aus, er sei mit zwei Frauen zusammen gewesen, doch dann merke ich, dass Niklas mit einem Pärchen zusammen war.

»Dass ein Mann dabei war, störte Sie nicht?«, frage ich.

»Nein, wieso?«, antwortet Niklas ganz selbstverständlich.

Aufgeklärte junge Männer und Frauen in der Großstadt kommen mit ihren bisexuellen Anteilen oft relativ gut zurecht. Früher glaubten heterosexuelle Männer, sie bekämen Pusteln, sobald sie einen nackten Mann berührten – in den letzten Jahren dagegen ist die Toleranz deutlich gewachsen. »Vor allem jüngere Frauen wollen heute immer weniger mit der Einteilung in entweder heterosexuell oder homosexuell zu tun haben. Sie sei männlichen Ursprungs und überdies von vergilbten Fragebogen abgezogen.«[83]

Psychotherapeutische Erfahrung und statistische Untersuchungen zeigen gleichermaßen, dass die meisten Männer und Frauen zumindest in ihrer Pubertät bisexuelle Fantasien haben. Die umfassende Kinsey-Studie dokumentierte darüber hinaus bereits 1948, dass 37 Prozent der amerikanischen Männer und 28 Prozent der Frauen konkrete homosexuelle Erfahrungen hatten, weitere 13 Prozent der Männer berichteten zumindest gelegentliches homoerotisches Empfinden. Allerdings zeigten sich auch nur um die 5 Prozent der Männer ausschließlich homosexuell; bei Frauen waren diese Zahlen – auf einem etwas niedrigeren Niveau – ähnlich verteilt.

Trotz der großen Verbreitung bisexuellen erotischen Erlebens sind die meisten Menschen relativ sicher darüber, ob sie an die Seite eines Mannes oder an die Seite einer Frau gehören. Sie wollen und müssen sich zuordnen, denn bisexuelles Begehren wird gesellschaftlich eher wenig thematisiert. Dies beruht auf mehreren Missverständnissen. Zum einen bedeutet eine bisexuelle Tendenz nicht notwendig, die erotische Anlage auch sexuell auszuleben, zum anderen unterliegen bisexuelle Erlebensweisen der christlich geprägten Tabuisierung.[84]

Darüber hinaus stellen bisexuelle Impulse insbesondere für Männer ein Problem dar, weil homosexuelle Eigenschaften tendenziell als unmännlich gelten. Zwar zeigt in der Tat ein Teil der homosexuellen Männer bereits in der Kindheit Züge, die als eher weiblich eingeschätzt werden, ein anderer gewichtiger Teil aber ausdrücklich nicht.[85] Die vermeintliche Unmännlichkeit des Homoerotischen ist für diese Männer also nur eine soziale Konstruktion. Die an feminine schwule Männer gewöhnte Öffentlichkeit wiederum nimmt nicht-feminine Homosexuelle kaum wahr, außer sie sind prominent, denn den »normal-männlichen« homosexuellen Mann müsste sie ernst nehmen und als »gleich« anerkennen, statt ihn als vermeintliche Kuriosität abzuwehren. Dementsprechend wird das Thema Homosexualität in Zeitschriften und Nachrichtensendungen bevorzugt mit exzentrisch kostümierten Drag Queens bebildert, die manchen jungen schwulen Männern daraufhin als sichtbares Vorbild dienen – womit sich der Kreis des sich selbst erhaltenden Vorurteils wieder schließt.

Das Problem jeder gesellschaftlichen Zuordnung besteht darin, dass die Mitglieder der Gesellschaft sich entsprechend dieser Zuordnung ausrichten, also identifizierbare Verhaltensweisen aktiv ausbilden und Differenzierungen vermeiden. Wenn man Dingen einen Wert beimisst, den sie nicht unbedingt haben, handelt es sich um eine Projektion: Man projiziert seine eigene Vorstellung von dem, was existiert, auf die Wirklichkeit und taucht dadurch in eine selbsterschaffene Welt widerstreitender Werte und Anschauungen ab. Ein Beispiel aus dem Mittelalter: Nur dadurch, dass Gelehrte an die Existenz von Engeln glaubten, konnten sie ernsthaft die Frage diskutieren: »Wie viel Engel haben Platz auf einer Nadelspitze?«. Nur in einer Welt, die Kategorien wie Teufel und Dämonen verwendet, können Menschen ernsthaft annehmen, sie seien von Dämonen besessen.

Das gleiche Prinzip der Projektion gilt auch für die Forschung. Schon eine Fragestellung beeinflusst erheblich, welche Ergebnisse gefunden werden. So beklagt der Psychologieprofessor Peter Fiedler zu Recht[86], dass der Großteil der bisherigen Forschung unreflektiert die starre Unterscheidung Homosexualität und Heterosexualität voraussetze und daher auch nur Forschungsergebnisse finde, die diese Voraussetzung bestätigen. Man nennt diesen systematischen Fehler in der Forschung etwas salopp »die Ostereier finden, die man vorher versteckt hat«. Ein Jäger entdeckt im Wald nur Wild, ein Botaniker dagegen seltene Pflanzen, einem Hammer ist die ganze Welt ein Nagel und ein Forscher, der bei Testpersonen nur die Kategorien hetero/ homo erfragt, wird nur hetero und homo finden.

Dass schon Sigmund Freud und der Sexualforscher Magnus Hirschfeld von einer grundsätzlichen bisexuellen Anlage des Menschen ausgingen, dass auch Eugen Bleuler, einer der Begründer der modernen Psychiatrie, vor einer Forschung mit »autistisch gesetzten A-priori-Klassen«[87] gewarnt hat, wird dabei regelhaft übersehen – denn nichts ist stärker als eine gesellschaftliche Konvention.

Man sieht: Jede Frage sagt immer auch etwas über den Fragenden aus. Jedes Forschungsziel beschreibt auch die Psyche des Forschers. Und die Ostereier, die wir mit unseren Fragen in der Wirklichkeit verstecken, werden wir später auch wiederfinden. Aber nur diese. Den Rest der Wirklichkeit werden wir übersehen. So meint der Sexualforscher Volkmar Sigusch, er habe »lange gezweifelt, ob es wirklich Menschen gibt, die *über längere Zeiten* gleichzeitig sowohl Männer als auch Frauen begehren und mit ihnen sexuell verkehren. (...) Heute weiß ich, dass es sie gibt.«[88]

Und an anderer Stelle: »... wir konnten sie nur nicht sehen, weil auch wir auf die heilig-unheilige kulturelle Trias fixiert waren, die nur Heterosexualität oder Homosexualität oder Perversion kennt.«[89]

Die Art, wie wir fragen, ist also von großer Bedeutung für die Welt, in der wir leben. Um das zu veranschaulichen, genügt ein kleines Gedankenexperiment:

Nehmen wir an, Alexander der Große wäre im 4. Jahrhundert vor Christus nicht nach Osten aufgebrochen, sondern nach Westen. Er hätte Europa dann bis nach Skandinavien erobert, griechisch zivilisiert und die kulturellen Grenzen Richtung Osten dichtgemacht[90]. Palästina wäre nicht von den Römern erobert worden und die Juden wären ein zufriedenes, kleines Volk gewesen, das geschützt am Rand des alexandrinischen Universums von Weidewirtschaft lebte. Im europäischen Großreich wäre die gottgleiche Verehrung Alexanders des Großen, der »Alexandrinismus«, zur Staatsreligion geworden. Diese Staatsreligion hätte bis Anfang der Neuzeit Bestand gehabt.

Nun zeichnet sich jede Religion durch einige mehr oder weniger gut begründete Gebote oder Verbote aus, um – in der Sprache der Werbebranche ausgedrückt – den Markenkern zu definieren und sich nach außen gut sichtbar abzugrenzen. Welches Sexualtabu hätte sich die alexandrinische Tradition wohl zum Markenkern gewählt? Da im griechischen Raum Bisexualität als relativ unproblematisch angesehen wurde, während oral-genitale Kontakte, also Fellatio und Cunnilingus, als anrüchig galten[91], wäre dieses griechische Vorurteil bis heute in Europa gesellschaftliche Tradition. Man hätte sich im Rahmen der alexandrinischen Religion also nicht um die Unsitte der Homosexualität, sondern um das Laster des Oralverkehrs Gedanken gemacht. Vielleicht wäre es im alexandrinischen Mittelalter zu ein paar Fellationisten-Verbrennungen gekommen, denn Fellationisten und Fellationistinnen verweigerten sich der göttlichen Ordnung.

Im 19. Jahrhundert hätten die alexandrinischen Forscher in ihren Psychiatriebüchern »wissenschaftliche« Kapitel darüber veröffentlicht, dass Fellatio und Cunnilingus nicht sündhaft, sondern krankhaft seien, denn Oralverkehr führe nicht zu Fortpflanzungserfolg, also sei er – wenn auch nicht wider die Religion – zumindest wider die Natur. Ein alexandrinischer Sigmund Freud hätte dann versucht, aufklärerisch über die grundsätzliche oral-genitale Veranlagung des Menschen zu schreiben. Andere Psychiater hätten dennoch mit erregt zitterndem Barthaar über die offensichtliche sexuelle Reifungsverzögerung der sogenannten »Oralisten« dickleibige Wälzer verfasst und feinsinnige Unterscheidungen zwischen Fellationisten und Cunnilinguisten getroffen. Vererbungstheoretiker würden bis heute nach dem Oralverkehr-Gen suchen und überhaupt: Entsprechend dem Motto »Wer suchet, der findet« wären schließlich dutzende widersprechender Theorien über die Ursachen des Oralverkehrs in Umlauf.

Ab den siebziger Jahren des letzten Jahrhunderts hätte es schließlich eine Fellationisten- und Cunnilinguisten-Bewegung gegeben, die das politische Ziel verfolgte, dass Cunnilinguisten nicht mehr aus der Armee ausgeschlossen werden und Fellationisten auch Kinder adoptieren dürfen. Im Endergebnis wäre die ganze Oralistenforschung Makulatur geworden, weil sich die gesellschaftlichen Werte gewandelt hätten und plötzlich offensichtlich wurde, dass keine Tsunamis über Europa fluten, nur weil irgendjemand irgendwo ein wenig nuckelt.

Schließlich brach die ganze Einteilung in sich zusammen: Nachdem es nicht mehr notwendig war, seinen Oralismus nach außen zu verteidigen, war es auch nicht mehr nötig, ihn als inneren Wesenskern anzusehen. Nach weiteren hundert Jahren hätte sich niemand mehr psychologisch als Oralist identifiziert. Die gesamte Oralistenliteratur diente schließlich noch ein paar Jahrzehnte als Wärmedämmung in Gelehrtenstuben und wäre irgendwann katalogisiert, archiviert und aus der Lebenswirklichkeit verschwunden.

Wie gesagt, man findet nur die Ostereier, die man vorher versteckt. So schafft sich jede Gesellschaft ihr eigenes buntes Universum und macht sich auf ihre eigene Art und Weise lächerlich.

Etwas sachlicher formuliert: Wie wir uns selbst wahrnehmen, hängt stark von der Bedeutung der Begriffe ab, mit der wir die Wirklichkeit beschreiben. Und umgekehrt hat die Bedeutung der Begriffe Einfluss auf die Wirklichkeit. Beobachtet man, wie sich einzelne Begriffe im zeitlichen Verlauf entwickeln, dann kann man feststellen, dass sich Begriffe verändern, als seien sie lebende Wesen. Indem Begriffe sich entwickeln, indem sie sich im Idealfall immer vernünftiger ausformen, blicken zunehmend wir, die wir unsere Weltsicht mittels Begriffen formen, verändert auf die Wirklichkeit. Begriffe können aus einer negativen Bedeutung in eine positive Bedeutung umschlagen, sie können im Lauf der Zeit andere Begriffe in sich aufnehmen und auch wieder abstoßen – und sie können sich so in ihr Gegenteil wenden oder sogar einen höheren Sinn bekommen. In der Philosophie nennt man diese Evolutionen und Revolutionen der Begriffe auch Dialektik[92]. Insbesondere Begriffe des sexuellen Bereichs – männlich/weiblich, normal/pervers, schwul/lesbisch etc. – erlebten bereits deutliche Verschiebungen des Bedeutungsgehalts. Die bezopfte Perücke und rockartige Gewänder gelten heute kaum als männlich, der Perversionsbegriff wird in der Fachliteratur immer zurückhaltender verwendet und rutscht ins Vulgärsprachliche und die ursprünglich negativ besetzten Begriffe schwul und lesbisch wandern als zunehmend neutrale Begriffe ins Schriftdeutsche.

So wird in den westlichen Gesellschaften auch immer wieder um den Begriff der Ehe gerungen, um die Frage, welche Verpflichtungen Paare haben, unter welchen Bedingungen man sich scheiden könne und ob die Ehe auch für schwule oder lesbische Paare zu öffnen sei. Letzterer, auf den ersten Blick emanzipatorisch wirkende Akt war in der deutschen Schwulenbewegung lange Zeit umstritten: Viele politisierte schwule Männer fürchteten, der Eintritt in die bürgerliche Ehe würde schwule Männer konservativ und weniger emanzipiert machen. Vielleicht wird dies letztendlich tatsächlich passieren – es liegt ja in der Absicht der beteiligten politischen Parteien, Schwule und Lesben gesellschaftlich besser zu integrieren.

Der eigentliche dialektische Clou an der Sache besteht jedoch darin, dass mit dem Eintritt homosexueller Paare in die Ehe sich auch der Begriff der Ehe wandelt – er verliert die religiöse Überhöhung einer numinosen Versöhnung des weiblichen mit dem männlichen Prinzip. Der religiös überladene Begriff der Ehe hat damit die Chance, sich der Beziehungsrealität zu nähern. Diese Realität besteht darin, anzuerkennen, dass in jeder festen Bindung zwei menschliche Wesen sich aktiv und vernünftig drauf einigen müssen, auf welche Art und Weise sie die nächsten Jahrzehnte zusammenleben möchten.

An all diesen Beispielen erkennt man das Problem einer empirisch-naturwissenschaftlich orientierten Forschung, deren Beteiligte es nicht gewohnt sind, auch die eigenen Begriffe immer wieder in Frage zu stellen. Meiner Meinung nach schadet es Akademikern in der Forschung nicht, sich ausreichend mit Philosophie und Wissenschaftstheorie zu beschäftigen. Ohne das Handwerkszeug der Sprachkritik reproduziert der Forscher nur sein sprachliches Vorurteil, wenn er naturwissenschaftlich erzielte Befunde auf kulturell geprägte Begriffe überträgt – also Begriffe wie Liebe, Sexualität, Wille, Freiheit, Angst oder Glück. Worte sind Zeichen, sie verweisen auf Dinge und Verhältnisse in der Wirklichkeit; doch so wenig die Verkehrszeichen einer Stadt diese Stadt selbst abbilden, so wenig entspricht unsere Sprache der umfassenden Wirklichkeit, in der wir leben. Es ist daher regelmäßig nötig, den Sinn der geläufigen Worte zu prüfen. Beim Begriff »Liebe« wird man dann finden, dass er sich der sprachlichen Definition entzieht und dennoch fast jeder weiß, wovon gesprochen wird – dieses Schicksal teilt er mit anderen Worten aus dem Bereich der subjektiven Erfahrung[93], die sich ebenfalls nicht hinreichend sprachlich vermitteln lassen, wie etwa »Schmerz«, »Lust« und »Erdbeergeschmack«.

Das Programm der Philosophie besteht seit Platon hauptsächlich darin, die eigenen Begriffe immer wieder in Frage zu stellen. Vom Mittelalter bis weit in die Neuzeit war die Universität daran interessiert, das notwendige Wissen zur Sprachkritik zu vermitteln. Es war üblich, sich mit philosophischen Themen auseinanderzusetzen, um eine Grundlage für alle weiteren Studien zu schaffen:

> »Im Rahmen der Artes der mittelalterlichen Universität hatte die Logik die zentrale Rolle innegehabt, und es war die Aufgabe der Logik gewesen, genau auf den Gebrauch der Worte zu achten. In dieser Schulung lag die propädeutische Funktion der Logik für die ›höheren‹ Fakultäten der Theologie, der Rechtswissenschaften und sogar der Medizin.«[94]

Heutige Akademiker werden aus wirtschaftlichen Gründen möglichst schnell durch die Universitäten gefegt und durch Vereinfachung des Studienweges dümmer gehalten als viele Generationen vor ihnen. Für eine kritische Prüfung der eigenen Begriffe fehlt Naturwissenschaftlern häufig das Problembewusstsein und die Methode, aber auch Therapeuten laufen in die Fallen der Sprache und Begriffe, wenn sie glauben, dass die erlernte therapeutische Theorie, nur weil sie umfassend und in sich geschlossen erscheint, nicht immer wieder hinterfragt werden müsse. Durchforstet man die Literatur des letzten Jahrhunderts hinsichtlich der therapeutischen Fantasien zu den diversen Sexualitäten, kann man Heerscharen von Engeln auf Nadelspitzen tanzen sehen ...

Zumindest ist nach vielen Mühen endlich psychologisches Standardwissen geworden, was dem antiken Menschen intuitiv längst zugänglich war: Gelegentliche bisexuelle Fantasien gehören zum Normalbestand der menschlichen Psyche. Ausschließlich heterosexuell orientierte Menschen sowie ausschließlich homosexuell orientierte Menschen sind dagegen in der Minderheit.

Dies wird nur dann verkannt, wenn man das konkret gelebte erotische Rollenmuster mit dem seelisch möglichen Erleben verwechselt. Bisexuelle Fantasien sind einfach nur ein erotischer Weg, eine menschliche Potenz, die nicht unbedingt in realem Sexualverhalten münden muss. Da ein bisexuelles Outing heute jedoch schwieriger ist, als nach außen hin eine heterosexuelle oder homosexuelle Orientierung zu leben, verorten sich die meisten Menschen in einer der primären Rollenwelten Heterosexualität und Homosexualität – ja, viele sind sich ihres bisexuellen Untergrundes so wenig bewusst wie eine dosenfutterfressende Stubenkatze der ihr eigentlich möglichen Welt der Jagd, des Geruchs von frisch gefangenen Mäusen und eines Lebens unter freiem Himmel. Das Sein bestimmt das Bewusstsein.

Gäbe es – um mit einem weiteren dialektischen Vergleich abzuschließen – aus historischen Gründen eine gesellschaftliche Dominanz der Bisexualität, dann wären die rein hetero- und rein homosexuell Empfindenden unter der Rubrik der »Monosexuellen« diskriminierte Opfer oder zu bemitleidende Außenseiter und würden dementsprechend ihre anrüchige Monosexualität kaschieren oder verdrängen zugunsten einer vordergründig gelebten Zwangs-Bisexualität.

Für primär heterosexuell ausgerichtete Menschen stellt sich also weniger die Frage, ob sie nicht doch heimlich lesbisch oder schwul sind – nein, sie sind es nicht, solange sie es nicht konkret leben –, sondern vielmehr, wie sie mit ihren gelegentlichen bisexuellen Fantasien umgehen. Menschen mit einem entspannten Verhältnis zum Körper und zur Erotik werden diese Fantasien zulassen, manchmal vielleicht auch ausleben, ohne deswegen in Konflikte zu geraten. Körperfremde Menschen mit konservativem Hintergrund werden weiterhin erschrecken, wenn sie bisexuelle Regungen spüren. Dies kann zu einer massiven Abwehr solcher Fantasien kommen, bis hin zu Selbstekel, und auch zur Ablehnung von Homosexuellen.

Bisexualität und Homosexualität sind stabile menschliche Eigenschaften in allen Kulturen und zu allen Zeiten, sie kommen zudem bei einer Vielzahl von höheren Säugetieren vor. Die Natur hat sie also regelmäßig vorgesehen. Wären sie »wider die Natur«, gäbe es sie schon längst nicht mehr – wir Primaten bewegen uns schließlich bereits seit mindestens 50 Millionen Jahren über die Erde.

Wie alle Varianten des seelischen Lebens hat bisexuelles Empfinden einen sozialen Sinn: Die unterschwellige bisexuelle Anlage hilft Frauen und Männern, mit gleichgeschlechtlichen Gruppenmitgliedern umzugehen, ohne sich aus Konkurrenz gegenseitig zu verbeißen. Schon bei den Bonobos, einer Schimpansenart, dient Sexualität in allen möglichen Variationen zur lustvollen Regulierung des sozialen Lebens. Bonobos leben nach der Devise: *Make Love not War*, während ihre nahen Verwandten, die Schimpansen, Aggression bevorzugen, um Konflikte zu klären. Wir Menschen tragen beide Alternativen in uns, und je nach Gesellschaftsform sind wir Bonobos oder Schimpansen, verehren wir die Gewalt oder den Eros.

Es gibt in der Philosophie einen Grundsatz, der »Ockhams Rasiermesser« heißt. Dieser Grundsatz lautet: *Von mehreren Theorien, die die gleiche Sache erklären, ist die einfachste allen anderen vorzuziehen.* Vielleicht verhält es sich mit der sexuellen Vielfalt wirklich recht einfach: Wir haben sie, weil die Natur Fülle, Reichtum und Varianzen liebt und weil eine vielfältige Sexualität zu verschiedenen Gelegenheiten sozial nützlich sein kann. Die »richtige« Sexualität zu definieren ist daher so sinnlos, wie in einem Kaleidoskop das »richtige« Muster bestimmen zu wollen. Zumindest die Anlage zur Bisexualität ist eine der Grundlagen des sozialen Zusammenlebens. So schreibt der Psychoanalytiker Morgenthaler, ein aufgeklärter Therapeut wisse, »an welchen Stellen seiner Entwicklung homosexuelle Tendenzen und Neigungen nicht wegzudenken sind, weil sie als Brücke dazu dienen, mit gleichgeschlechtlichen Freunden, Verwandten und Kollegen auszukommen«[95]. Diese Wahrheit ist jedoch so brisant, dass sie insbesondere von Männervereinen wie Priestertum und Armee gerne bekämpft, verdrängt und geleugnet wird. Doch Bisexualität und Homosexualität kommen vor – zu jeder Zeit, in jeder Gesellschaft, in jedem Beruf und an jedem Ort. Udo Lindenberg singt:

»Er war ein Gigolo, doch niemals nahm er Geld
Und bist du von den Flexibel-Betrieben,
dann kannst du dich auch mal in Jungs verlieben.«[96]

Doch ganz so leicht ist die Sache nicht. Menschen, die eine starke bisexuelle Ausrichtung haben und die den Drang spüren, die erotischen Fantasien zu realisieren, sitzen zumeist zwischen den Stühlen: Die heterosexuelle und homosexuelle Lebenswelt unterscheiden sich in einigen wichtigen Punkten, und weder heterosexuelle noch homosexuelle Partner schätzen es, wenn man droht, die Fronten zu wechseln. Eine bisexuelle Lebenswelt beginnt sich erst langsam zu entwickeln – und so zeigen, nach Aussage des Sexualforschers Gunther Schmidt, vor allem Männer auch heute noch eine gewisse »monosexuelle Verbissenheit«[97].

In vielen Lebensgeschichten kommen bisexuelle Phasen daher durchaus vor, sie enden jedoch irgendwann in einer vorwiegend heterosexuellen oder homosexuellen Lebensgestaltung. Udo Lindenberg singt zwar in einem anderen Song:

»Mick Jagger und David Bowie
Der seinen Gitarristen auf der Bühne küsst
Und wieso auch nicht
Es ist doch ganz egal
Ob du ein Junge oder Mädchen bist.«[98]

Aber ganz egal ist das wohl doch nicht.

IV
Vom Umgang mit Menschen

»Übrigens aber rate ich auch an, um sein selbst und um andrer willen, ja nicht zu glauben, es sei irgendeine Gesellschaft so ganz schlecht, das Gespräch irgendeines Mannes so ganz unbedeutend, dass man nicht daraus etwas lernen, eine neue Erfahrung, einen Stoff zum Nachdenken sammeln könnte.«

Adolph Freiherr von Knigge

Das Fundament erfolgreicher Freundschaften

Drei Ringe den Elbenkönigen hoch im Licht ...

J. R. R. Tolkien

Nur wenn unser persönliches Umfeld stimmt, haben wir ausreichend Energie, uns auf neue Beziehungen einzulassen. Gerade weil Liebe eine komplexe Angelegenheit ist, die all unsere Energien fordert, ist es wichtig, dass die übrigen Beziehungen uns nicht Energien entziehen. Oft soll die wahre Liebe dem unerfüllten Leben Sinn einhauchen, doch damit wird die Liebe überfordert. Liebe ist nicht das Fundament eines gelungenen Lebens, sondern eher das Sahnehäubchen obendrauf. Ohne die Basis funktionierender Freundschaften außerhalb der Beziehung hat Liebe etwas Verzweifeltes, Gieriges, denn sie soll alle menschliche Zuwendung ersetzen, die der übrige Alltag nicht liefert. So hart es auch klingen mag: Einsamkeit ist spürbar, sie quillt uns aus allen Knopflöchern. Spürt ein Partner unsere Einsamkeit, fühlt er sich schnell überfordert und zieht sich erschrocken zurück, denn er weiß, er kann die notwendige Trostarbeit kaum leisten, die unser Hungergeist fordert. Kein Mann kann einer Frau die Freundinnen ersetzen und keine Frau dem Mann die Freunde.

Eine Familie mit ein bis drei Kindern lebt heute oft fern der Verwandtschaft. Historisch gesehen ist das ein Ausnahmezustand, denn früher war das Paar eingebettet in eine Gruppe nahe wohnender Blutsverwandter – einer Geschwister-Eltern-Onkel-Tanten-Gruppe, die durch Urwald oder Steppe zog oder später in dörflichen Siedlungen Weidewirtschaft und Ackerbau betrieb.

Die isolierte moderne Kleinfamilie ist ein Experiment, ein vorsichtiges Tasten der kulturellen Evolution. Sie entwickelte sich seit Beginn der industriellen Revolution auf der Basis einer zunehmenden Geburtenkontrolle und besteht somit erst seit einem Wimpernschlag der Menschheitsgeschichte. Es ist keineswegs sicher, ob dieses Experiment glücken wird. Von unserem Erbgut wird das Einzelpaar mit Kind bisher noch nicht abgebildet. 200 Jahre industrielle Produktion und 50 Jahre Geburtenplanung sind eine zu kurze Zeit, angesichts von 50 Millionen Jahren Primatengeschichte. In unseren Adern rollt noch das Blut der Jäger und Sammler, die in größeren Gruppen über die Lande zogen – im Urlaubsstau auf der Autobahn holen wir etwas davon nach. Dieses angeborene Bedürfnis nach Gruppe bestimmt unsere sozialen Beziehungen. Die größere Gruppe – kurz: Sippe – stellte sicher, dass die wichtigsten sozialen Bedürfnisse befriedigt wurden. In einer Gruppe von mehreren Dutzend Mitgliedern fand der Einzelne problemlos den passenden sozialen Partner, um Persönliches, Nachwuchssorge, Handwerkliches oder kulturell-religiöse Fragen zu klären.

Meine Eltern wohnten eine Zeitlang in einem süddeutschen Dorf. Dort lief eine alte Frau aus Siebenbürgen immer im Kreis durch die menschenleeren Straßen einer Neubausiedlung. Wir kamen ins Gespräch.

Sie fragte traurig: »Wo sind nur die alten Leut´? Ja, wo sind nur die alten Leut´?«

Sie konnte den Kultursprung aus der dörflichen siebenbürgischen Gemeinschaft in die westeuropäische Moderne nicht verkraften, denn sie wusste nichts von einer Welt, in der die Menschen das tägliche Sozialleben über Fernsehgeräte und Internet künstlich simulieren, statt im Abendlicht unter den Bäumen zu sitzen, um zu sprechen und zu schweigen.

Nicht nur die alten Leute tun sich schwer. Auch die Kleinfamilie ist isoliert und auf sich gestellt. In der Folge müssen Ehegefährten einander die verloren gegangenen Ansprechpartner ersetzen, was wiederum die Anforderungen an die Beziehung massiv erhöht und die Partner im Alltag letztlich überfordert und erschöpft: Männer sollen ihren Partnerinnen nun Frauenfragen beantworten und Frauen ihre Männer zu Männerhobbys begleiten.

Die Forderung, Mann und Frau müssten den gleichen Geschmack in materieller, weltanschaulicher und auch erotischer Hinsicht teilen, erscheint uns zwar intuitiv so selbstverständlich wie ein Naturgesetz. Diese Gleichheits-Forderung ist jedoch historisch gesehen sehr neu; sie tritt erst auf, seitdem die Sphären von Männern und Frauen nicht mehr getrennt sind und sie ihre Freizeitwelt miteinander teilen. So weist Eva Illouz darauf hin, dass erst mit Entstehung der Kleinfamilie Frauen die traditionellen Netzwerke sozialer Unterstützung auflösten und die intensiven sozialen Bindungen, die bis dahin die weibliche Kultur bestimmt hatten, auf ihr Eheleben übertrugen und nun von den Männern verlangten, emotional expressiv und fürsorglich zu sein.[99] An anderer Stelle berichtet sie:

> »Bis weit ins 19. Jahrhundert hinein sahen die familiären Strukturen in der Oberschicht noch ganz anders aus: Männer und Frauen schliefen nicht unbedingt im selben Schlafzimmer; sie verbrachten ihre freie Zeit getrennt und teilten einander nicht permanent ihre Gefühle und ihr Innenleben mit.«[100]

Wohlgemerkt: Es soll hier nicht problematisiert werden, dass eine Kultur die Normen zwischen den Geschlechtern angleicht, dass also Männer sich Eigenschaften aneignen, die als weiblich angesehen wurden, und Frauen Eigenschaften, die bisher als männlich galten. Das hier beschriebene Problem besteht vielmehr darin, dass ein Individuum dem anderen ALLES sein soll, im Zweifelsfall das gesamte emotionale Spektrum abdecken, alle kommunikativen Bedürfnisse befriedigen und alle Interessen verstehen und teilen soll. Diese Anspruchswelt ähnelt fatal dem Konsumanspruch auf den maximal gefüllten Kühlschrank – auch das ein relativ neues Phänomen, uns jedoch vollkommen selbstverständlich geworden. Aus dem Einkauf im Supermarkt-

Schlaraffenland leiten wir ab, es müsse doch auch eine goldene Kreditkarte für das emotionale Warenparadies geben, und sind enttäuscht, finden wir Früchte nur nach Saison - pardon: Emotionen entsprechend einem einzelnen, fehlbaren Menschen.

Eine weitere Folge der fehlenden Sippe: In der Ein-Kind-Familie muss mangels nachbarschaftlicher Kinderhorde zwangsläufig ein Elternteil zum Alleinunterhalter und Spielkameraden des Kindes werden, was viele - bei aller Kinderliebe - als deutliche intellektuelle Unterforderung erleben. Peter Handke beschreibt in der Erzählung *Kindergeschichte* einen zugewandten, aber überforderten alleinerziehenden Vater:

> »Von seinen persönlichen Brüchen abgeschnitten (die ihm nun in der Entferntheit sämtlich als schön erschienen), erfuhr er die fast ausschließlich aus Kindergeräuschen und Kindersachen bestehende, im Kinderzeitrhythmus ablaufende Tagtäglichkeit, arbeitslos, wie er zudem war, immer heftiger als brutales und sinnloses Verhängnis.«[101]

Noch in den sechziger und siebziger Jahren des letzten Jahrhunderts zog der Nachwuchs kinderreicher Familien - die »Babyboomer« - durch Dorf und Stadt, spielte bis spät nachmittags im Freien und kam erst gegen Sonnenuntergang nach Hause. Eine antrainierte Überängstlichkeit hält Eltern von Einzelkindern heute jedoch davon ab, diese alleine den vermeintlichen Gefahren des Alltags auszusetzen - stattdessen sitzt der Nachwuchs vor dem Fernseher, surft im Internet oder reagiert seine Langeweile ab, indem er den Eltern auf die Nerven geht und nach Bespaßung quengelt.

Werden Kinder aus solchen Kleinfamilien erwachsen, übertragen sie den innerfamiliären Anspruch nach umfassender Intensiv-Beziehung auch auf den Partner. Ihre Vorstellung lautet: Der Partner muss mir alles sein - Liebespartner, Elternersatz und ein guter Freund. Partnerschaften werden hierdurch heillos überfordert.

Eine gesunde Reduktion der Ansprüche würde lauten: Der Partner ist mir Partner; er ersetzt nicht die Nähe von Freunden und er ersetzt nicht die sorgenden Eltern. Wer sein soziales Glück also nur auf den Partner baut, wird schnell enttäuscht werden, unzufrieden sein und sich langweilen. Hier ist der Kern des Problems der sogenannten partnerschaftlichen Langeweile zu suchen, die aus dem hedonistischen Anspruch resultiert, der Partner habe für Spaß, Abwechslung und Überraschung zu sorgen.

Hat er das wirklich?

Ich behaupte: Nein.

Langeweile ist zunächst einmal kein individuelles Problem, sondern gehört zu den existentiellen Problemen jedes geregelten zivilisierten Alltags. Langeweile stachelt auf zur Revolte, so heißt es schon in Georg Büchners Theaterstück *Danton*:

> »Das ist sehr langweilig immer das Hemd zuerst und dann die Hosen drüber zu ziehen und des Abends ins Bett und morgens wieder heraus zu kriechen und einen Fuß so vor den anderen zu setzen, da ist gar kein Absehen, wie es anders werden soll. Das ist sehr traurig und dass es Millionen schon so gemacht haben und dass Millionen es wieder so machen werden ... «[102]

Das stolze Ich liebt es nicht, als gewöhnliche Meterware zu gelten, revoltiert und flieht jene Momente ohne äußere Ablenkung, die der Seele ihre Windstille und Leere zu offenbaren drohen.

Existentielle Langeweile muss also nicht zwingend auf eine gescheiterte Beziehung verweisen. Die eigene innere Ödnis kann hier ebenso verantwortlich gemacht werden wie ein kastriertes Sozialleben. Statt den Partner zu beschuldigen, sobald Langeweile droht, erscheint es sinnvoller, sich einerseits um sich selbst zu bemühen und andererseits darüber nachzudenken, ob sich Freundschaften reaktivieren lassen und das Verhältnis zu den Eltern, Geschwistern oder anderen Verwandten verbessert werden kann. Nur so lässt sich die Partnerschaft vor Auszehrung durch Anspruch-Krebs schützen.

Es ist daher nicht möglich, über Beziehungen und Partnerschaft zu sprechen und die übrigen Lebensbereiche zu ignorieren. Dieser Teil des Buches widmet sich deshalb ganz bewusst zunächst dem Umgang mit Freunden und ganz generell den Problemen, die andere Menschen uns bereiten können. Dies führt zunächst aus dem engen Bereich der Beziehungsprobleme fort; dieser Umweg dient jedoch – aufgrund der engen Verflechtung von Paar und Umwelt – letztlich zielgenau der gewünschten Neujustierung unseres Blicks auf Beziehungen und Partnerschaft.

Kein Mensch ist eine Insel, kein Leben lässt sich im Zweierkanu bewältigen und alle unsere sozialen Beziehungen färben auf unsere Liebesbeziehungen ab. Entweder macht unser Umfeld uns stark und kräftig genug, auch rauere Winde der Liebe zu ertragen, oder es schwächt und lähmt uns, worunter dann Partnerschaft und Liebe leiden. Viele Untersuchungen der Glücksforschung zeigen[103]: Um glücklich zu sein, sind Freunde am wichtigsten. Wer Freunde als Störfaktor der Liebe begreift, läuft in die Irre. Gegen Partnergier, die eine beginnende Liebe zu erdrücken droht, sind daher funktionierende Freundschaften das beste Therapeutikum.

Freundschaften zu pflegen ist allerdings eine anspruchsvolle Aufgabe. Die Isolierung moderner Paare wird nicht nur durch häufige Wohnortwechsel verursacht, durch die einmal gewonnene soziale Kontakte schnell wieder verloren gehen. Auch die sogenannte soziale Mobilität, also der soziale Aufstieg, führt oft dazu, dass alte Freundschaftsbande zerreißen.

Natürlich muss dies nicht zwangsläufig so sein: Kathrin ist 41 Jahre und kam wegen großer Schwierigkeiten mit ihrer traumatischen Vergangenheit in meine Praxis. Auffallend war, dass sie trotz all der Verletzungen der Kindheit eine jahrelange feste Partnerschaft hatte, im Beruf hochgradig erfolgreich war und über einen riesigen Freundeskreis verfügte.

Worin bestand ihr Geheimnis?

An ihrem Geburtstag erzählte sie mir: »Mich haben 38 Freunde, Freundinnen und Verwandte angerufen, um zu gratulieren.«

Ich antwortete: »Sie führen ja eine Strichliste! Ich bin dennoch beeindruckt. Wie machen Sie das?«

Kathrin erklärte: »Das ist ganz einfach: Ich kümmere mich. Ich denke regelmäßig darüber nach, welche meiner Freunde ich vielleicht länger nicht gesprochen habe. Ich erkundige mich ab und zu nach ihnen. Wenn es Probleme gibt, helfe ich, soweit ich kann. Wenn sie mich brauchen, stehe ich auf der Matte – und natürlich wissen sie, dass ich mich über den Geburtstagsanruf freue!«

Es ist nur eine kleine Geschichte, aber sie bestätigt, was in den vorigen Kapiteln bereits angedeutet wurde: Die wichtigsten Charaktereigenschaften, die Beziehungen fördern, heißen *Aktivität, Interesse* und *Zuverlässigkeit.*

Zwischenmenschliche Beziehungen werden ganz wesentlich durch eingefleischte Handlungsmuster gesteuert, die uns selbst oft kaum bewusst sind. Viele klagen über das Verhalten der anderen, ohne zu beachten, wie sehr deren Handlungen durch das eigene Verhalten beeinflusst werden: Das Tun des einen ist das Tun des anderen.[104] Um stabile Beziehungen zu schaffen, ist es wichtig, die genannten drei grundlegenden Charaktereigenschaften zu kultivieren: *Aktivität, Interesse* und *Zuverlässigkeit.* Wer Fantasy-Fan ist, kann sie sich als Zauberringe vorstellen; alle drei bedingen einander und wer nur zwei besitzt, muss sich auf die Reise begeben, um den dritten zu erwerben, auch wenn er sich hierzu mit dunklen Schatten – sprich mit eigenen Defiziten – auseinandersetzen muss.

Der erste Ring: Aktivität

Nur wer sich zeigt, kann gefunden werden. Wer sich in seiner Wohnung vergräbt, kann mehr als tausend Jahre schlafen, der Traumprinz oder die Traumfrau wird nicht kommen. Wer jagen will, muss in den Wald gehen.

Im Freundeskreis erreichen diejenigen Menschen ein hohes

soziales Ansehen, die Einladungen aussprechen und gemeinsame Aktivitäten vorschlagen, die sich um Probleme kümmern und Dinge in die Hand nehmen. Sie werden respektiert, anerkannt und genießen die meisten Sympathien. Sie sitzen nicht auf der Couch und rechnen nicht auf: *Ich bemühe mich mehr als die anderen.* Stattdessen ergreifen sie die Initiative.

Die Ausrede *Ich mache doch viel mehr als die anderen!* hat leider keine Berechtigung. Statistische Untersuchungen und therapeutische Alltagserfahrung zeigen: Die meisten Menschen denken, sie würden mehr geben, als sie von anderen zurückbekommen – diese Selbstbeurteilung kann daher nicht stimmen. In Wirklichkeit führen viele Menschen emsig Buch über die eigenen Aktivitäten und übersehen dabei die Bemühungen der anderen.

Wer sich in der Trotzhaltung *Die anderen sollen machen!* zu Hause vergräbt, ist irgendwann allein. Selbstverständlich wirkt Passiv-Verhalten auch negativ im Beruf. Wer aus Angst vor Fehlern meistens schweigt, fällt auch seinen Vorgesetzten nicht positiv auf und wird bei Beförderungen übergangen. Für leitende Positionen ist er eine Fehlbesetzung.

Business-Coach Sabine Asgodom ist der Überzeugung, dass insbesondere Frauen durch eine inaktive Haltung ihre Karrierechancen reduzieren. Wer immer still und fleißig am Schreibtisch sitze und darauf hoffe, entdeckt zu werden, könne lange warten. »Frauen glauben, Männer könnten intuitiv erraten, was sie sich wünschen: Der Chef soll spüren, dass sie Karriere machen wollen.« Nur passieren werde nichts. Denn der Chef sei Chef – und eben kein Gedankenleser. »Everybody's darling is everybody's Depp«, resümiert Asgodom.[105]

Der zweite Ring: Interesse

Ein echter »Menschenflüsterer« lässt seinen Gesprächspartner nicht auf dem Trockenen sitzen, denn Menschen leben von der Rückspiegelung des anderen. Er erzählt beim ersten Treffen daher nicht nur von sich, sondern zeigt dem anderen, dass er ihm wichtig ist. Er benutzt Menschen nicht als Spiegel seiner Heldentaten. Er sieht den anderen an, denn auch er will vom Gegenüber gesehen werden, um sich selbst zu erkennen.

Gelegentlich suchen Menschen Beratung, weil sie nicht wissen, was sie im Alltag, im Geschäftsleben oder auf Partys anderen Menschen erzählen sollen. Die Wahrheit ist: Es kommt gar nicht darauf an, besonders viel zu reden. Zuhören und interessiertes Nachfragen (auch das ist Aktivität) geben dem anderen ein sicheres Gefühl, sie beweisen Souveränität und schaffen Bindung.

»Interessiere dich für andere, wenn du willst, dass andre sich für dich interessieren sollen!«, riet schon der Freiherr von Knigge[106]. Das Interesse für andere darf jedoch nicht geheuchelt sein. Menschen haben ein sehr feines Gespür dafür, ob wir im Gespräch wirklich bei ihnen sind oder ob unser Interesse nur manipulativ ist – insbesondere, wenn wir in jeder Antwort versuchen, den Gesprächsfokus wieder auf unsere Belange zu leiten.

Natürlich gibt es auch Menschen, die uns schnell ermüden. Wer aber die meisten Menschen langweilig findet, hat wahrscheinlich nie gelernt, sich ernsthaft zu unterhalten, möglicherweise gehört er zu den Menschen, die aus seelischer Enge heraus andere Lebensweisen missbilligen – vielleicht aber macht er auch nur sein Gegenüber für die Leere zwischen den eigenen Ohren verantwortlich.

Der dritte Ring: Zuverlässigkeit

Verlässlichkeit ist der wichtigste Faktor, um Beziehungen zu stabilisieren; das liegt daran, dass wir als Säugetiere eine tiefe Prägung auf unsere Eltern haben. Wir sind jahrelang auf sie angewiesen und brauchen ihren Schutz. Wenn spätere Bezugspersonen zuverlässig sind, vermitteln sie uns daher ein ähnlich tiefes, warmes Gefühl der Bindung.

Zuverlässige Menschen schaffen es, eine Verabredung in zwei Wochen zu treffen, ohne tausendmal Textnachrichten schicken und telefonieren zu müssen. Sie sind keine Sklaven ihrer zufälligen Stimmungen und Launen, wenn es um Freunde geht. Wenn es ihnen darauf ankommt, machen sie den Termin einfach möglich. Sie erscheinen sogar sonntags morgens zu einem Umzug.

Wer sich unzuverlässig zeigt, enthält sich und anderen dieses Mittel der Bindung vor. Wenn wir zu spät kommen und eine Zusage nicht einhalten, wird unser Gegenüber das zwar tolerieren – wir alle sind ja gelegentlich unzuverlässig. Geschieht dies jedoch häufiger, kann die Bindung nicht allzu tief werden. Nur der Zuverlässige wird bei dauerhaften Partnerschaften und Freundschaften Erfolg haben, und er wird am meisten zurückbekommen.

Doch genau hier beginnt auch der Teufelskreis, denn immer mehr Menschen tragen bereits ein aus der Kindheit stammendes Vertrauensproblem mit sich herum.

Sarah berichtet einen Traum:

»Ich bin ein kleines Mädchen und stürze mit einem Flugzeug ab. Alle Passagiere sterben, nur ich überlebe. Ich renne nach Hause und rufe meiner Mutter zu: ›Ich bin abgestürzt!‹

›Draußen scheint die Sonne‹, antwortet sie.

Ich rufe noch einmal: ›Ich bin abgestürzt!‹

›Ich muss den Schrank wischen‹, sagt sie nur«

Ich frage Sarah, wie sie den Traum erkläre, und sie antwortet:

»Meine Mutter hat gekocht und alles versorgt, aber darüber hinaus waren wir ihr egal – man hat Kinder, weil man Kinder haben muss. Wir Kinder sind nebenher gelaufen. Ernsthafte Probleme haben wir mit den Eltern nie besprochen.«

Wie schon gesagt: Es ist schwierig, kleine Säugetierkinder aufzuziehen. Sie brauchen viel Liebe, Aufmerksamkeit und müssen sich auf Zuwendung verlassen können. Mäusebabys mit unzuverlässigen Eltern bekommen ein struppiges Fell. Menschenkinder mit unzuverlässigen Eltern entwickeln eine struppige Seele.

Eine unruhige Kindheit schafft einen unruhigen Menschen. Aufgrund wechselnder Lebensumstände, emotionaler Spannungen, Trennungsphasen und Scheidungen wurden die Eltern als desinteressiert und unzuverlässig empfunden. Sie zogen ihr Ding durch, das Kind tut dies als Erwachsener dann auch. Als Ergebnis zeigen sich seine Partner und Freunde ebenfalls eher »spontan« und seine ganze Welt wird zu einem unsicheren, wenig strukturierten Platz. Die innere Struktur des Betroffenen lässt keine klaren Linien erkennen und das spiegelt sich schließlich in seiner Beziehungswelt wider, in der es ebenfalls wenig Halt gibt.

Therapeuten sprechen gerne von Strukturstörung, wenn sie meinen, dass ein Mensch innerlich keine ausreichend sichere Basis entwickeln konnte, hierdurch unbewusst sich und die anderen stetig frustriert und sich so zunehmend eine beziehungskalte Umgebung schafft. Wer eine ruhelose Kindheit hatte und sich zum Ausgleich stabile Menschen sucht, dem kann die Ruhe des Gegenübers eine Sicherheit vermitteln, die der inneren Struktur eine Nachreifung und Neuordnung erlaubt. Der Unruhige darf jedoch seinem Gegenüber die Ruhe nicht neiden. In manchen Partnerschaften neigt der Unzufriedene dazu, den Glücklichen zu sticheln und zu verletzen, weil er dessen Zufriedenheit nicht erträgt. Eigentlich müsste er sich der Ruhe des Partners hingeben, doch das wäre dem stolzen Ich des Unzufriedenen Unterwerfung, die seinen Wunsch nach Gleichheit verletzt. Das Gute erscheint dem Schwachen immer auch als Vorwurf und so kann ein schwacher Mensch im tragischen Wiederholungszwang an guten Partnern immer wieder scheitern.

Angezapft und ausgelutscht: Über Energieräuber und Energiespender

Mein guter Freund Richard ist ein geradliniger Mensch. Ein Ja von ihm ist ein Ja, ein Nein ein Nein. Wenn er spricht, sieht er seinem Gegenüber in die Augen, und wenn er einem Obdachlosen auf der Straße einen Euro schenkt, fragt er diesen vorher freundlich, wieso er auf der Straße gelandet sei. Wenn man sich mit Richard in 14 Tagen um 20 Uhr verabredet, muss man den Termin nicht dreimal bestätigen – man kann sicher sein, Richard steht in 14 Tagen um 20 Uhr am vereinbarten Treffpunkt, denn er besitzt eine stabile Psyche und hat sein Leben im Griff. Alles in allem: Richard ist ein richtiger Mann! Deswegen hörte ich genau zu, als er mir eines Tages seine private Theorie über zwischenmenschliche Beziehungen erklärte.

»Weißt du, es gibt drei Sorten Menschen, mit denen wir zu tun haben: Energieräuber, Neutrale und Energiespender.«

»Was meinst du damit?«, fragte ich.

»Nun, prüfe einmal, wie du dich fühlst, wenn du etwas Zeit mit einem Menschen verbracht hast. Manchmal wirst du dich unwohl und ausgelaugt fühlen. Dieser Mensch hat dir von deiner Lebensenergie genommen, deine Akkus stehen auf null. Vielleicht hat er die gesamte Zeit nur gejammert und geklagt, oder er hat unbewusst versucht, dich runterzuziehen oder zu entwerten.«

»Das ist der Energieräuber, klar!«, sagte ich.

»Bei anderen Menschen gehst du aus dem Gespräch, so wie du gekommen bist. Du fühlst dich weder schlechter noch besser als zuvor. Der andere wirkt sich auf deine Energiebilanz also neutral aus.«

»Das sind die meisten«, antwortete ich.

»Nein«, meinte Richard, »achte einmal darauf, dann merkst du, fast jeder Mensch, mit dem du zu tun hast, verändert dich. Viele werden dir auch etwas geben. Du fühlst dich gut in ihrer Gegenwart, und nach dem Kontakt bist du fröhlicher und lebendiger. Dein Gegenüber hat dir gute Gefühle übertragen, dich inspiriert und deine Batterien aufgefüllt.«

»Damit kann ich etwas anfangen«, antwortete ich. »Aber denkst du, man sollte den Kontakt zu Energieräubern abbrechen? Darf man so egoistisch sein?«

»Nein, natürlich nicht«, antwortete Richard, »manche unserer Freunde brauchen uns einfach – und Energie abzugeben ist ja auch nur menschlich. Aber man muss auf sein Energieniveau achten. Jeder, der einige Zeit mit Energieräubern verbringt, muss sich zum Ausgleich Menschen suchen, die ein positives Energieniveau haben. Sonst geht er vor die Hunde!«

Richard ist kein Psychiater oder Therapeut, sondern arbeitet als Kriminalkommissar. Er ist also ein ganz normaler Mann, der sich Gedanken über die Menschen macht, auf die er alltäglich trifft; und seine Theorie ist überzeugend. Sie zeigt, worauf wir im Alltag achten sollten, damit wir nicht vor die Hunde gehen, wie Richard so schön sagt. Es ist gut, im Leben für Ausgleich zu sorgen. Menschen beeinflussen unser emotionales Gleichgewicht, unser Energieniveau. Selbst unsere besten Freunde können wahre Energieräuber sein. Darauf wies bereits der römische Philosoph Seneca hin

> »Freunde werden wir, soweit wie möglich, frei von Leidenschaften auswählen. Unmerklich finden ja Charakterfehler Zugang, greifen auf die Nächststehenden über und schaden durch bloße Berührung. (...) Besonders aber meide man melancholische und vor allem hoffnungslose Leute, denen jeder Anlass zu klagen gelegen kommt. Mögen seine Verlässlichkeit und sein Wohlwollen unerschütterlich sein, so ist doch ein Begleiter ohne seelisches Gleichgewicht, der über alles klagt, der Ausgeglichenheit der Seele fremd.«[107]

Unsere »Feinde« dagegen können durchaus anregend auf uns wirken: Sie spornen uns an, und unser Energieniveau wird erhöht, wir haben an ihnen schließlich eine Aufgabe zu bewältigen.

Sollen wir deshalb, wie Seneca schreibt, unsere energieraubenden Freunde meiden? Das wäre wohl übertrieben. Die meisten Menschen sind in ihrem Leben manchmal traurig oder auch depressiv und brauchen unsere Energie, unsere Unterstützung. Das heißt nicht, dass wir uns von ihnen egoistisch abwenden sollten. Im Gegenteil, andere zu unterstützen, gehört zum Wesen des Menschseins. Freunden zu helfen, baut auch uns selbst auf, denn wir sind soziale Wesen und fühlen uns gut, sobald wir andere unterstützen.

Es gibt jedoch Menschen, die uns auf versteckte Art und Weise viel Energie entziehen. Neben depressiven sind es oft narzisstische, also selbstverliebte Menschen, die uns herabdrücken, um sich selbst zu erhöhen, um also ihr Selbstwertgefühl auf unsere Kosten zu stabilisieren. Sie werden in vielen Alltagssituationen darauf hinweisen, wie großartig sie sind und wie wenig die anderen taugen. Solche Menschen können auf Dauer unserem seelischen Energiehaushalt sehr schaden.

Übrigens wissen wir mittlerweile aus der Hirnforschung sehr konkret, wie sich Menschen unbewusst gegenseitig emotional beeinflussen. Menschen sind wie Musikinstrumente: Wenn ein bestimmter Ton angeschlagen wird, schwingen die Resonanzböden der anderen Instrumente mit. Auf die gleiche Weise teilt sich jedes unserer Gefühle dem anderen mit. Wenn wir lächeln, wird auch der andere entspannt sein und lachen, blicken wir ernst, wird auch unser Gegenüber nachdenklich, und wenn wir Angst haben, spürt auch unser Gegenüber diese Unsicherheit und reagiert je nach Charakterlage besorgt, ängstlich oder versucht uns zu trösten.

Diesem Mitschwingen kann sich niemand entziehen, es ist eine wesentliche soziale Eigenschaft. Das Wort Sympathie hat hier seinen Ursprung. Sympathische Menschen sind Menschen, die gut mitschwingen, sie zeigen eine lebhafte Mimik und Körpersprache. Unsympathisch dagegen sind Menschen mit Steingesicht, Menschen, die so wenige Regungen zeigen wie geübte Pokerspieler.

Das Mitschwingen läuft vollkommen automatisch ab. In unserem Frontalhirn steuern Nervenzellen diese Funktion, sogenannte Spiegelneurone. Diese Nervenzellen spiegeln zu jedem Zeitpunkt unser Gegenüber: Sie bilden seinen Gesichtsausdruck, seine Körperhaltung und Bewegungsmuster in unserer Psyche ab und prüfen, welche Gefühle zu dieser Ausdruckshaltung passen. Während wir mit einem anderen Menschen zusammen sind, spiegeln wir also beständig dessen Gefühle. Wir sind damit dem Gefühlsstrom des anderen ausgesetzt, ob wir wollen oder nicht, und da dieser Vorgang unbewusst verläuft, merken wir meist nicht, welche Emotionen gerade in unsere Psyche fließen. Zeigt unser Gegenüber also anstrengende Gefühle wie Enttäuschung, Depression, Wut, Spott oder Hass, dann müssen auch wir – in abgeschwächter Form – diese Gefühle verarbeiten, und genau das strengt an und laugt uns aus.

Aus diesem Grund sind soziale Berufe oft sehr belastend. Auch Menschen in vergifteter Arbeitsatmosphäre haben deswegen zu leiden und werden unproduktiv. Um beispielsweise einem Burn-out vorzubeugen, müssen sie dringend dem Seelengift ihrer Arbeitsstätte positive Erlebnisse im Privaten entgegensetzen. Wohlwollende Freunde und lebensbejahende Hobbys können hier einen rettenden Ausgleich bieten.

Es ist wichtig, den negativen Gefühlen und dem Selbsthass, den manche Menschen in sich tragen, bewusst entgegenzutreten. Viele Menschen sind sich kaum bewusst darüber, wie ihre destruktiven Gefühle dazu führen, dass andere in ihrer Gegenwart ebenfalls destruktiv werden. In modernen Auslegungen der buddhistischen und auch christlichen Religion wird die Hölle zu Recht als Zustand des Bewusstseins in *dieser* Welt verstanden, als triste Seelenlandschaft, in der die egoistischen und lieblosen Emotionen der Vergangenheit das Heute zu einer selbstgeschaffenen Spiegelwelt des eigenen emotionalen Elends formen.

Im tibetischen Buddhismus findet sich ein Leitspruch, der das Energieräuber-Modell sehr schön ergänzt. Er entstammt dem Text *Sieben Punkte der Geisteserziehung* von Chekawa Yeshe Dorje (1101–1175) und lautet: »Drei Objekte, drei Gifte und drei Samen der Tugend.«[108] Buddhistische Leitsprüche dienen dazu, Wissen zusammenzufassen, um es auswendig zu lernen, weil Bücher früher kostbar und selten waren. In unserem Zitat geht es um den Austausch positiver und negativer seelischer Energien. Mit »Objekte« sind einfach Menschen gemeint und unter den *drei Objekten* werden *Freunde*, *Feinde* und *neutrale Menschen verstanden.* Man könnte – der inneren Logik des Textes folgend – die drei Objekte etwas freier als Energiespender, Energieräuber und Neutrale übersetzen. Mit den *drei Giften* werden negative Energien oder Geisteszustände bezeichnet, das sind im Buddhismus klassischerweise Gier, Wut und Unwissenheit. Gier ist die geläufige Übersetzung des Wortes *Dukkha*, womit das seelische Anhaften an Dingen, Menschen und Geisteszuständen gemeint ist. Dieses Sich-Verstricken, Haben-Wollen und Nicht-loslassen-Können verstellt nach buddhistischer Überzeugung den Blick auf die tiefere Wahrheit, dass alle Dinge flüchtig sind. Unter Wut bzw. Aggression werden alle negativen Gefühle zusammengefasst, die wir anderen Menschen gegenüber zeigen, und unter Unwissenheit wird auch die bewusste Ignoranz verstanden, sich nicht um ein tieferes Verständnis dieser Phänomene zu bemühen. Um diese Verstrickungen aufzulösen, gibt es im Mahayana-Buddhismus die meditative Übung des »Tonglen«, sie besteht darin, die negativen Gefühle des anderen »einzuatmen« und als positives Gefühl wieder »abzugeben«, um die negativen Gefühle dadurch zu neutralisieren. Unter den Samen der Tugend versteht man dementsprechend das Fehlen von Gier, Wut und Unwissenheit.

Die Übungen der buddhistischen Psychologie des Mahayana sind oft mehr als tausend Jahre alt und damit jahrhundertelang in praktischer Erprobung gewesen; Übungen, die sich als wirksam erwiesen, wurden beibehalten, Übungen ohne Effekt hingegen nicht mehr weiter überliefert. Folgt man dieser Erfahrung, dann ist es wichtig, die Übungen leicht und spielerisch durchzuführen – so vermeidet der Übende, dass ihn die negativen Gefühle vergiften; er spielt vielmehr mit ihnen, formt sie um und gibt sie als positives Gefühl dem Gegenüber (den drei Objekten) zurück. Diese Übungen haben also nichts zu tun mit moralischer Selbstkasteiung, sondern dienen der emotionalen Befreiung – denn Emotionen sind letztlich keine höheren Wahrheiten, sondern nur Interpretationen der Wirklichkeit. Sie sind also steuerbar und veränderbar.

Übrigens werden negative Gefühle häufig auch unter der Tarnkappe des Humors transportiert. Deshalb kann Humor zwar helfen, negativen Gefühlen auszuweichen, trotzdem ist Humor oft zweischneidig: Auch vermeintlich fröhliche, »witzige« Menschen können verkappte Energieräuber sein, denn ihre Späße gehen oft auf Kosten anderer. Das ist einigermaßen in Ordnung, solange die Witze allgemein bleiben. Witze über anwesende Personen dagegen sind immer entlarvend für den Sprecher. Er mag sich geistreich finden, doch unsere Spiegelneuronen speichern seine schlechten Gefühle und melden uns: Dieser Mensch hat eine hässliche Seele, denn der vermeintliche Humor soll Überlegenheit ausdrücken.

Sympathisch ist Humor, der über sich selbst lacht – falls er aus einer Position der Stärke erfolgt: Seht her, ich bin so souverän und muss mich selbst nicht allzu ernst nehmen. Vollkommen falsch wäre es jedoch, zu glauben, man müsse, um sympathisch zu sein, als Grinsekatze durch die Welt laufen. Es sind nicht nur Menschen sympathisch, die ihre positiven Gefühle offen zeigen, sondern auch die, denen man negative Gefühle wie Abneigung, Trauer und Enttäuschung ansehen kann. Es fällt dadurch leichter, sie einzuschätzen, und das gibt dem Gegenüber Sicherheit. Das Bedürfnis, sich in Beziehungen sicher zu fühlen, ist für viele ganz wesentlich, denn die meisten Menschen sind leichter zu verunsichern, als es nach außen hin den Anschein hat. Negative Gefühle werden jedoch vor allem dann »energieraubend«, wenn sie als Vorwand dienen, beständige Vorwürfe an das Gegenüber und die Welt zu richten, wenn das eigene Gesicht eine stetige mürrische Klagsamkeit zeigt.

Auch »coole Typen« haben es oft schwer, denn sie gehören zur Gruppe derer, die Gefühle mehr oder weniger bewusst verstecken. »Cool-Sein« ist das Markenzeichen pubertierender Jungs und junger Männer – kein Wunder, sie müssen ihre Unsicherheit verbergen. Manche behalten die Fassade lebenslang bei, weil sie sich ihrer Männlichkeit nicht sicher sind. Sie wirken dadurch nicht besonders sympathisch, das Cool-Sein wird zur Maske, es ist Schauspielerei und damit nicht authentisch.

Generell gilt also: Wer positive Gefühle hat und diese auch zeigen kann, ist in puncto Sympathie dem Pokerface eindeutig überlegen. Leider mussten sich manche Menschen im Lauf ihres Lebens aber ein abwehrendes Pokerface zulegen – zum Beispiel, weil ihre Eltern sie zu einem artigen, gefügigen Püppchen dressiert haben oder weil sie aufgrund ihrer ethnischen Zugehörigkeit, ihrer sozialen Herkunft oder auch Sexualität diskriminiert wurden. Um dem aggressiven Druck der Außenwelt zu entgehen, blieb ihnen nur Rebellion oder Anpassung. Wird der Weg der Anpassung an die geforderten Normen gewählt, dann kann dieser Anpassungsdruck so groß werden, dass das natürliche, entspannt fließende Seelenleben gebremst wird und unter einer Maske erstarrt. Diese Maske wirkt künstlich wie die mancher Politiker, die sich ja ebenfalls nach allen Seiten absichern möchten, um von möglichst vielen akzeptiert zu werden. In solchen Fällen spricht man in der Fachsprache von einem »falschen Selbst«.

Gefühle offen zu zeigen, ist also eine wesentliche Voraussetzung, um auf andere sympathisch zu wirken. Seine Gefühle zu zeigen heißt allerdings nicht, den anderen mit Emotionen zu überfluten – das wäre hysterischer Gefühlsterror. Sie adäquat zu äußern beinhaltet, auch dem Gegenüber ausreichend Raum zu geben, sich also auf dessen Gefühlslage einzuschwingen und zu erkennen, ob er zurückhaltend oder offen, entspannt oder gestresst, traurig oder fröhlich ist.

Sympathische Menschen nehmen die Gefühle des anderen wahr und stellen sich darauf ein. Zurückhaltenden Menschen gegenüber treten sie ebenfalls eher zurückhaltend auf, sie überfordern depressive Menschen nicht, reizen angespannte Menschen nicht noch mehr und zeigen sich extrovertierten Menschen gegenüber kommunikationsbereit und offen.

Unklare Kommunikation: SMS und andere Fallen

Laura ist verzweifelt:

»Der Typ, mit dem ich flirte, ist furchtbar. Nie ist er direkt. Gestern zum Beispiel waren wir nicht verabredet. Abends schickte er mir eine SMS: ›Mir ist langweilig.‹

Mehr nicht. Was meint er damit? Warum sagt er nicht klar und direkt, er will etwas mit mir unternehmen? Also rufe ich ihn an, doch er geht nicht ans Telefon, obwohl er zu Hause ist. Daher habe ich ihm per SMS geantwortet:

›Soll ich zu dir kommen?‹

Damit wollte ich in Wirklichkeit herausfinden, ob er mich liebt. Aber er schickt mir eine SMS:

›Ich überlasse das dir.‹

Also grübele ich nach, ob er mich nun sehen will oder nicht. So geht das immer: Er lässt kaum Telefonate zu und versteckt sich hinter SMS-Nachrichten. Der Typ ist furchtbar, und unsere Kommunikation ist auch furchtbar.«

Was Laura berichtet, ist keineswegs spezifisch für die schwierige Kommunikation mit Männern. Genauso hätte auch Lukas über den Beginn seiner Partnerschaft mit Sarah berichten können oder Svenja über ihre Flirtversuche mit Cathrin.

Es gibt eine Deutungskunst, die den modernen Therapeuten für junge Klienten unentbehrlich macht. Es handelt sich allerdings nicht um die Fertigkeit der Traumdeutung oder der Vorhersage der Zukunft, sondern um die hohe Kunst der SMS-Deutung. Statt ihrer Träume tragen Klienten heute die SMS-Kommunikation der letzten Nacht zum Psychologen – wahlweise auch den ausgedruckten E-Mail- oder Chat-Verkehr –, damit der Therapeut entschlüssele, was unter der Oberfläche der vermeintlich offensichtlichen Nachricht verborgen sei.

Es hat den Anschein, dass die vorgeblich leichte Kommunikation per SMS einigen Menschen nicht bekommt, zumindest nicht, sobald es um Liebesdinge geht. Viele haben wie Laura den Eindruck, ihr Gegenüber verstecke sich hinter den SMS und sei nicht richtig zu fassen - und liegen mit diesem Verdacht gar nicht ganz falsch.

Der Grund für das Versteckspiel hinter SMS ist allerdings häufig nicht Gleichgültigkeit und Ignoranz des Gegenübers, sondern die Tatsache, dass nicht jeder mit Nähe und Gefühlen gut umgehen kann. Wenn ein Flirtpartner also reale Kommunikation verweigert und nur Austausch per SMS anbietet, dann kann das zwar bedeuten, dass er den Kontakt reduzieren will; es kann aber ebenso gut bedeuten, dass er aus inneren Gründen unsicher darüber ist, was er fühlt und wie er handeln soll.

Oft ist unklare SMS-Kommunikation also nicht durch Ablehnung, Unachtsamkeit oder Unhöflichkeit bedingt, sondern durch seelische Unbeholfenheit. Diese kann am besten als ein *Mangel an innerer Struktur* verstanden werden. Da Flirtpartner, die sich hinter SMS oder anderer elektronischer Kommunikation verstecken, gar nicht so selten sind, lohnt es sich, auf dieses Thema genauer einzugehen.

Es gibt Menschen, die durch die Unruhe der Beziehungen in ihrer Kindheit und Jugend kaum in der Lage waren, sichere Beziehungen aufzubauen. Vernachlässigung in den ersten Lebensjahren, unverständige Eltern und chaotische Familienverhältnisse sind häufige Ursachen; auch Ausgrenzungen in der Schule und körperliche Traumatisierungen können eine wichtige Rolle spielen. Es kann aber schon ausreichen, desinteressierte Eltern erlebt zu haben, die mit materieller Verwöhnung die mangelnde Nestwärme der Familie auszugleichen versuchten. All diese Erfahrungen erschweren es Menschen, eine stabile innere Struktur aufzubauen, die ein sicheres Gefühl für Beziehungen vermittelt und eine ausreichende Selbstwahrnehmung ermöglicht. Diese recht häufige Form innerer Unreife nennt man eine *strukturelle Störung*.

Im Erwachsenenalter sind nahe Beziehungen für Menschen mit strukturellen Störungen eine einzige Achterbahnfahrt. Sie wissen nicht, ob sie auf Gefühle vertrauen können. Liebe, Wut und Hass drohen sie zu überwältigen und sie haben keinen sicheren inneren Ort, an den sie sich zurückziehen können, um ihre Gefühle zu klären.

Der Umgang mit anderen erscheint ihnen immer auch bedrohlich für ihr inneres Selbst: Da sie ihre eigenen Emotionen und die des anderen nicht sicher trennen können, werden sie von den Gefühlen des anderen »überflutet« und fühlen sich sowohl von einem Zuviel an negativen wie an positiven Emotionen verunsichert und bedroht. Weil sie sich nicht abgrenzen können, neigen sie paradoxerweise selbst dazu, dem Gegenüber ein Übermaß an Gefühlen positiver oder negativer Art entgegenzubringen, und drohen dadurch ebenfalls, den anderen emotional zu überschwemmen.

Andere Menschen mit Strukturstörung bleiben, um sich zu schützen, in ihrer Kommunikation seltsam starr und unbeweglich.

Susanne berichtet über ihren neuen Bekannten:

»Er kommuniziert so seltsam, sieht einen nicht an. Er ist wie ein Einsiedlerkrebs. Ich kann den Mann nicht gut lesen. Wir gehen am Meer entlang: Ich sage einen Satz, der plumpst dahin; er sagt einen Satz, der plumpst dahin. Am Schluss liegen am Strand lauter Häufchen einzelner Sätze, ganz ohne Verbindung. Man kann sich nicht mit ihm unterhalten. Aber ich kann doch nicht sagen, wir setzen uns ans Lagerfeuer und schreiben SMS.«

Ein Telefonat kann für Menschen mit Strukturstörung bereits zu intensiv sein, denn die Gefühle während eines Gesprächs sind nicht vorhersagbar. Der Kontakt per SMS dagegen erscheint eine wunderbare Lösung, den intensiven Affekten aus dem Weg zu gehen. Man kann den Text in aller Ruhe formulieren, ihn lossenden, auf Antwort warten, die Antwort lesen, interpretieren und sich dann genau überlegen, wie und wann man antwortet. Was leider verloren geht, ist der unmittelbare menschliche Kontakt.

Wer sich per Telefon für den Abend verabreden möchte, hört am Tonfall des Gesprächspartners, wie dieser sich fühlt und wie er gegenüber einem Treffen eingestellt ist. Die kurze SMS: »Komme heute 20 Uhr«, vermeidet dagegen diesen Austausch von emotionalen Botschaften. Durch den Mangel an Gefühlaustausch stiftet die Kurzform der Kommunikation beim Gegenüber Verwirrung, denn statt Gefühle unmittelbar zu erleben, werden Gefühle interpretiert – und genau hierdurch entsteht das Problem: Jeder liest die Gefühle des anderen entsprechend der eigenen Stimmungslage. Ein fröhlicher Mensch wird bei der SMS: »Komme heute 20 Uhr«, wahrscheinlich denken: Prima, meine Verabredung freut sich auf das Treffen! Ein pessimistischer, depressiver Mensch wird dagegen sagen: Die SMS war so kurz und knapp – wahrscheinlich will mein Gegenüber mich nicht wirklich sehen.

Wer nun widerspricht und glaubt, ein Smiley und ein paar nette Worte ermöglichten sehr wohl den Austausch von Emotionen, der unterliegt einer Verwechslung. Im Fall des Smileys versucht der Intellekt, ein eventuell reales Gefühl zu kommunizieren, doch dieses geplant kommunizierte Gefühl unterscheidet sich von der realen Emotion wie das Wort »Miau« von dem echten Maunzen einer Katze. Gefühle lassen sich durch Buchstaben nur andeuten, nicht ersetzen, sie lassen sich im Normalfall nicht steuern, sie teilen sich unmittelbar aus der Mimik, der Sprachmelodie und der Gestik unseres Gegenübers mit – und alles andere ist nur dünner Ersatz. Natürlich kann man per SMS nette Nachrichten formulieren, doch der Kommunikationspartner hat keine Chance einzuschätzen, ob diese Dinge authentisch gemeint wurden, denn er sieht die Mimik und Gestik des Absenders nicht und selbst ein Smiley kann ihm nur vorgetäuscht vorkommen. Um in kurzer Form tiefe Gefühle zu vermitteln, sind schon literarische Fähigkeiten notwendig – und die Haiku-Form der SMS beherrschen nur wenige wirklich gut.

Fällt es bereits schwer, positive SMS-Nachrichten richtig einzuschätzen, so wird die Konfusion bei negativen SMS-Nachrichten umso größer: Die kurze SMS: »Kann leider nicht kommen, sorry«, wird der Optimist bedauernd zur Kenntnis nehmen, ohne sich verletzt zu fühlen, denn das Gegenüber hat sich ja entschuldigt. Der Pessimist wird jedoch dem »sorry« nicht trauen und denken, es sei nur vorgetäuscht.

Emotional verlässlicher wäre die telefonische Absage des Treffens. Eine Absage per Telefon ist zwar schwieriger, da Gefühle der Enttäuschung oder sogar Wut bei einem der beiden Partner auftreten können, während die kurze SMS anscheinend diese Gefühle der Enttäuschung und Wut erspart. Das Telefonat verschafft jedoch nicht nur Sicherheit darüber, wie das Gegenüber wirklich fühlt, es erlaubt auch eine unmittelbare emotionale Klärung. Zudem ermöglicht es, direkt nachzufragen und einen neuen Termin zu vereinbaren oder die Sache ganz bleiben zu lassen. Das Telefonat erleichtert es also, Beziehungen sicher einzuschätzen.

Schon mehrfach kamen Klienten in meine Praxis, um anhand ausführlicher SMS- oder Chatprotokolle meine Hilfe in Anspruch zu nehmen, um den Partner »zu deuten«. Bei Telefonaten passiert das selten, Klienten berichten vielmehr: »Mein Partner hat dies und das gesagt«, weil sie hörten, in welchem Tonfall er sprach, und deshalb spüren konnten, wie ihr Gegenüber eine Sache im Gespräch gemeint hatte.

Es ist für unsere Mitmenschen wesentlich, darauf zu vertrauen, dass wir zuverlässig sind, dass sie uns emotional verstehen und dass man uns vertrauen kann. Wer kein Beziehungsautist sein möchte, überlege sich daher genau, ob er schwierige Dinge per SMS mitteilt. »So wie eine Beziehung beginnt, so geht sie auch weiter!«, behauptet mein Freund Richard, und ich glaube, seine Annahme trifft oft zu. Eine Liebesbeziehung, die ohne Versteckspiel beginnt, wäre demnach eine gute Basis für eine aufrichtige, ehrliche Partnerschaft.

Selbstbewusstsein: Das Drama der Narzissten

»Liebe erkaltet am Wert, den das Ich sich selbst zuschreibt.«

Theodor W. Adorno: *Minima Moralia*

Niemand ist eine Insel und ein Paar ist kein einsamer Inselstaat. Da unsere Psyche sensibel auf soziale Belastungen reagiert, gefährden negative Beziehungen zu Dritten auch unsere Partnerschaft. In diesem und dem folgenden Kapitel wird es daher um zwei besondere Formen des destruktiven Verhaltens in Beziehungen gehen: Narzissmus und Soziopathie. Wir können diese zerstörerischen Muster sowohl in der Partnerschaft, unserer Herkunftsfamilie, bei Freunden als auch im Beruf antreffen. Zwischen diesen beiden Verhaltensmustern gibt es zwar Übergänge und Gemeinsamkeiten, es ist jedoch sinnvoll, sie einzeln zu diskutieren, um sie wirklich zu verstehen.

Wir nähern uns hier den schwierigen und dunkleren Seiten der menschlichen Seele und das kann beunruhigen. Dennoch ist es sinnvoll, sich mit diesen Phänomenen zu befassen, da sie unsere seelische Integrität bedrohen und damit auch unsere Liebesfähigkeit beeinträchtigen können.

Ein Narzisst ist ein Mensch, der stark selbstbezogen handelt und andere Menschen nicht in ihrem eigenen Wert erkennen kann und will. Andere sind ihm nur wichtig, wenn sie – wie Werkzeuge – bestimmte Funktionen für ihn erfüllen.

Soziopathen sind Menschen, die darüber hinaus bereit sind, gegen soziale Regeln zu verstoßen, sobald sie glauben, dafür nicht zur Rechenschaft gezogen zu werden. Moralisches Handeln finden sie lächerlich, weil sie es aufgrund eines seelischen Mangelzustandes nicht verstehen. Menschen mit diesen Formen der Persönlichkeitsstörung fehlen wichtige psychische Funktionen, die anderen zur Verfügung stehen. Wie ein Farbenblinder,

der den Unterschied zwischen Rot und Grün nicht kennt, haben Soziopathen keine Vorstellung davon, was soziale Eigenschaften bedeuten, und sämtliche Versuche, ihnen dies zu erklären, sind aussichtslos. Weil es wichtig ist, sich vor Narzissten und Soziopathen zu schützen, beschreibe ich in diesem Kapitel zunächst das Problem des pathologischen Narzissmus und im nächsten Kapitel das Wesen der Soziopathie.

Um das Phänomen des Narzissmus zu begreifen, ist es zunächst hilfreich, sich anzusehen, wie unser Selbstwert-System arbeitet.

Sarah berichtet über ihre Familie:

»Mein Vater wollte, dass ich ihm ein Foto meines Büros schicke. Ich fragte: Wieso? Du wolltest nie ein Foto vom Büro.«

»Lassen Sie mich raten«, sage ich. »Er wollte prüfen, ob Sie ein Bild der Familie aufgehängt haben.«

Sarah ist überrascht: »Richtig, woher wissen Sie das?«

»Am besten eines vom Vater«, schlage ich vor.

Sarah lacht, fällt fast vom Stuhl: »Genau das hat mein Vater gesagt! Ob ein Bild von ihm mit Lorbeerkranz auf dem Haupt aufgehängt sei.«

Sarah war sehr verblüfft von meiner Interpretation, doch natürlich hatte ich geraten und lag nur zufällig richtig. Sarah hatte schon früher berichtet, ihr Vater sei dominant, rede laut und lenke in jedem Gespräch die Aufmerksamkeit auf sich. Nichts sei ihm wichtiger als sein eigener beruflicher Erfolg und wenn er über andere spreche, dann habe dies einen herablassenden und spöttischen Ton. Seine Frau habe ihn bereits vor Jahren verlassen. Von seiner Tochter und seinen zwei Söhnen verlange er stets Leistung, zudem liebe er riskante Hobbys, gehe alle vierzehn Tage zum Friseur und rühme sich seiner erotischen Abenteuer.

»Dr. Paetzold, können Sie mir das erklären? Er ist so großspurig und arrogant und frech. Was steckt dahinter?«

»Er hat kein Selbstbewusstsein.«

»Kein Selbstbewusstsein? Er strotzt doch nur so vor Selbstvertrauen!«

»Nach außen hin. Ja. In der Umgangssprache sagt man gerne: Der hat´s nötig. Wer mit seinen Leistungen prahlt, der hat es nötig, damit zu prahlen. Wer andere Menschen herabsetzt, der hat es nötig, andere herabzusetzen. Und warum hat er all das nötig? Weil es ihm an Selbstbewusstsein fehlt. Ein stolzer, überheblicher Mensch ist ein offenes Buch.«

Durch Sarahs Geschichte haben wir ein wichtiges Merkmal an der Hand, um selbstunsichere Menschen zu erkennen: Sie werten Familienangehörige, Freunde, Kollegen und Fremde ab. Selbstsichere Menschen brauchen keine Außenseiter, sie brauchen keine Lästereien, kein Kleinmachen anderer. Nur wer unsicher ist, versucht zum Ausgleich der eigenen Unsicherheit, andere noch kleiner zu machen. Das Abwerten anderer ist also ein Ausgleich für den eigenen schwachen Selbstwert. Ein entwertender Mensch leidet unter sich selbst. Er zeigt zwar mit einem Finger auf andere, doch drei Finger weisen zurück auf ihn.

Wie man sieht, hat Selbstwert viel damit zu tun, wie man andere sieht und wie man von anderen gesehen wird. Das Wort Selbstwert ist daher irreführend. Der Wert, den wir uns selbst geben und den wir Selbstwert nennen, resultiert nämlich aus der Anerkennung, die uns andere zukommen lassen. Man müsste Selbstwert sprachlich genauer als »Fremdwert« beschreiben. Dieser »Fremdwert« besteht in der Wertschätzung, die man von anderen im Verlauf seines Lebens erfahren und gespeichert hat und die man dadurch als Selbstwert verinnerlichen konnte. Verinnerlichen meint hierbei, dass wir Aussagen der anderen als Erinnerungen speichern, die unbewusst unsere Gefühle beeinflussen und die schließlich sogar als vermeintlich »eigene« Ansichten unser Denken bestimmen: *Seht, das bin ich! Andere schätzen mich, andere mögen mich, ich muss doch ein guter und wertvoller Mensch sein.*

Das Selbstwertgefühl ist unser wichtigstes, aber auch unser

problematischstes seelisches Regulationssystem. Ohne ausreichenden Selbstwert können wir nicht leben, doch nüchtern betrachtet ist das Selbstwertgefühl ein Schmeichler, der uns größer macht, als wir sind. Das Universum ist fast 14 Milliarden Jahre alt und nahezu 500 Milliarden Lichtjahre groß und nur unser Selbstwertgefühl verhindert die Erkenntnis, dass wir kaum wichtiger sind als ein Sandkorn auf dem Stern Alpha Centauri. Das Selbstwertgefühl schafft also eine lebensnotwendige Illusion, die uns im Alltag überleben lässt. Um zu funktionieren, benötigen wir die beständige Überschätzung unseres Wissens und unserer Wichtigkeit. Diese lebensnotwendige Illusion namens Ego sorgt für viele kleine Täuschungen, die uns immer wieder zu schaffen machen: Unser Ego glaubt beispielsweise gerne die Propaganda, wir hätten Ahnung vom Aktienmarkt, nur weil wir bei steigenden Kursen mit der Masse anderer Gläubiger Gewinne erzielen – und es verhindert die Erkenntnis: Nur wer bei fallenden Kursen Gewinne erzielt, gehört zu den Wissenden. Das Ego macht empfänglich für alles, was erhöht und schmeichelt – *dieses Angebot ist exklusiv, nur für unsere besten Kunden!* – und es verführt, Kleider und Anzüge zu tragen, *die man trägt*, und Autos zu fahren, *die man fährt*, statt derjenigen, die preiswert und bequem sind. Mode und Autos sind daher für Menschen wichtig, deren Ego gefüttert werden muss – dem Nobelpreisträger sind sie meist egal.

Um zu verstehen, wie unser Selbstwertsystem funktioniert, ist das Kontomodell des Selbstwerts hilfreich. Jeder weiß, wie ein Sparbuch oder ein Girokonto funktioniert. Auf das Sparbuch kommen dauerhafte Einnahmen, auf dem Girokonto wickelt man die täglichen Kosten ab. Wenn wir auf dem Sparbuch 500 000 Euro haben, bekommen wir keine Panik, falls unser Girokonto einmal 4000 Euro im Minus steht. Besitzen wir allerdings kein Sparbuch und wirtschaften nur mit dem Girokonto, können uns 4000 Euro Schulden ziemlich belasten.

Ähnlich ist es mit dem Selbstwert. Unser Selbstwertsparbuch wird vor allem in der Kindheit angelegt. Wir füllen es auf, wenn wir von Eltern, Lehrern und Freunden ausreichend Aufmerksamkeit und Lob bekommen. Durch sie lernen wir, dass wir liebenswerte, »wertvolle« Menschen sind. Wir sparen in dieser Zeit auf unserem Selbstwertkonto also ein ordentliches Vermögen, das jahrelange Zinsen trägt und uns im Erwachsenenalter Sicherheit gibt.

Haben wir von anderen in unserer Kindheit jedoch wenig Lob und Anerkennung erfahren, dann leiden wir darunter. Wir wirtschaften im Erwachsenen-Alltag nur mit dem Girokonto, ohne die Sicherheit eines Vermögens zu haben. Wir sind dann bei Abhebungen von unserem Selbstwertkonto, z. B. bei Kritik durch andere, viel empfindlicher als die »selbstwertsatten« Kinder. Weil unser Selbstwertgefühl leicht zu stören ist, brauchen wir mehr Lob, sind leichter zu kränken und ziehen uns dann verletzt zurück oder greifen unser Gegenüber an. Selbstwertsatte Menschen können das oft kaum nachvollziehen, und wir finden uns schnell in privaten und beruflichen Schwierigkeiten wieder.

Therapeuten werden recht oft gefragt: Wie kann ich meinen Selbstwert steigern? Auf diese Frage gibt es leider keine schnelle Antwort. Der Selbstwert ist eines der grundlegendsten seelischen Systeme und da er sich über Jahre aufbaut, lässt er sich nicht von heute auf morgen vergrößern.

Mit der Psyche und dem Selbstwert verhält es sich wie mit der Regierung und dem Geld. Wenn sie erst einmal ordentlich in Schulden steckt, ist es ein anstrengendes Stück Arbeit, den Haushalt wieder auszugleichen. Es gibt dabei keine schnellen Lösungen. Allerdings gibt es zwei prinzipielle Richtungen: Entweder erhöht die Regierung ihre Einnahmen, oder sie verringert ihre Ausgaben. Ähnlich ist das mit dem Selbstwert: Entweder man bemüht sich sein Leben lang um die Anerkennung der anderen, versucht im Beruf und Privatleben möglichst viel zu erreichen und »darzustellen« – oder aber, man arbeitet an seinen Ansprüchen und lernt, sich aus der Lob-Leistungs-Tretmühle zu befreien, erkennt, dass Geld, Karriere und tolles Aussehen kein Ersatz für frühere Kränkungen sind, und lernt mit weniger Anerkennung der anderen auszukommen, um seinen Selbstwert *selbst* zu bestimmen.

Der Ausstieg aus der Lob-Leistungs-Tretmühle ist der seelisch schwierigere, aber auch erfolgversprechendere Weg. Wer ihn gehen möchte, muss betrauern können, dass er im Leben nicht immer ausreichend Wertschätzung erfahren hat, ohne dabei in Selbstmitleid zu verharren. Er muss verstehen, dass man nicht von allen gemocht werden kann und dass die Liebe des Partners und die aufrichtige Anerkennung von Freunden wichtiger sind als leerer beruflicher Glanz und Starallüren. Er muss schließlich lernen, sich selbst zu lieben, mit allen Fehlern und Eigenheiten und Schwächen – ohne sich abzuwerten und ohne auf andere herabzuschauen. Er schafft also einen echten, aus sich selbst heraus definierten Selbstwert, ohne andere zu erniedrigen oder sich zu erhöhen. Dieser letzte Weg ist für die Selbstentwicklung der produktivste. Sich auf reife Art selbst zu lieben kann und muss man dabei unterscheiden von der narzisstischen Selbstliebe.

Was ist Narzissmus? Als beliebtes Schlagwort geistert der Begriff immer wieder durch die Medien, doch bleibt der Inhalt für viele oft unscharf und schwer zu fassen. Es lohnt sich daher ein kurzer Blick auf die Herkunft des Begriffs, der sich aus der griechischen Sagenwelt ableitet. Eine alte griechische Legende berichtet:

> Der schöne Jüngling Narziss wurde von der Nymphe Echo begehrt. Doch er erhörte die Nymphe nicht, worauf die Nymphe aus Kummer verstarb. Darüber empörten sich die Götter, und sie beschlossen, Narziss zu strafen: Als er sein Spiegelbild auf dem Wasser eines Teiches erblickte, verliebte er sich unsterblich in sich selbst.

Aufgrund dieser Sage werden selbstverliebte Menschen auch als narzisstisch bezeichnet. Sarahs Bericht zu Beginn dieses Kapitels zeichnet anhand ihres Vaters das Bild eines deutlich narzisstischen Menschen. Ein wichtiges Merkmal: Narzissten werten nicht nur andere Menschen ab – das machen auch depressive und andere unglückliche Menschen –, nein, Narzissten halten sich selbst für großartig und unwiderstehlich. Sie täuschen nach außen hin Selbstvertrauen vor und können daher unbeschreiblich anstrengend und nervtötend sein – gelegentlich aber auch charismatisch, also anziehend für schwache Menschen; dann eignen sie sich zum Popstar oder Politiker.

Charismatische Politiker enttarnen sich in Krisensituationen oft als beinharte Narzissten. Auch wenn sie schwere Fehler machen, sehen sie keinen Anlass zur Selbstkritik und treten (im Gegensatz zu Politikern ohne Persönlichkeitsstörung) von ihren Ämtern freiwillig nicht zurück. Paradoxerweise werden sie in dieser Haltung dann von selbstwertschwachen Wählern unterstützt, die sich gerne mit dem faszinierenden, vermeintlich starken Mann identifizieren – natürlich, um das eigene Selbstwertdefizit zu kompensieren. Absurd? Sicher, doch so arbeiten die narzisstischen Blender seit Jahrtausenden.

Es gibt ein Wort in ihrem Sprachgebrauch, dessen häufiger Gebrauch Narzissten verlässlich enttarnt: Stolz. Es stammt vom mittelniederdeutschen »Stolt« und bedeutet »prächtig, stattlich« und betont Geltung, Ansehen und Macht. An sich sind dies heute akzeptierte gesellschaftliche Kategorien, doch werden Geltung, Ansehen und Macht zur Bedrohung, wenn das Geltungs- und Machtstreben entartet und zur Manipulation anderer genutzt wird.

Da ihnen Ansehen wichtig ist, sind Narzissten gerne stolz. Sie sind stolz auf sich, auf die Firma, die Nation, die Rasse, die Partei oder die Religion. Narzisstische Charismatiker bieten dem selbstwertschwachen Gegenüber (dem schlecht verdienenden Firmenangehörigen oder dem Kleinbürger, dem Rassisten, dem Parteimitglied oder dem Gläubigen) einen Kuhhandel: Gib mir deine Zweifel, und ich gebe dir Stolz. Ich lasse dich teilhaben an unserer großartigen Firma, Partei, Religion, an unserem großartigen Land. Nicht ohne Grund zählt Stolz (Hochmut oder lateinisch: Superbia) zu den sieben Todsünden[109]: Der Starke erhebt sich über andere und verhindert hierdurch Mitgefühl und Liebe.

Sarahs Vater hatte einen spielerischen Umgang mit seinem eigenen Narzissmus, sonst hätte er nicht vorgeschlagen, sein Bild mit Lorbeerkranz aufzuhängen. Doch nicht immer fällt es so leicht, mit Narzissten umzugehen. Um ihnen ihre Rücksichtslosigkeit zu verzeihen, ist es hilfreich, sich das seelische Drama zu veranschaulichen, das hinter der vermeintlich glänzenden Fassade tobt. Narzissmus ist aus psychoanalytischer Sicht Folge unpassender elterlicher Liebe in der Kindheit. Sowohl ein Zuwenig an Anerkennung und Liebe als auch eine künstlich aufgeblähte und dadurch unglaubwürdige elterliche Liebe führen dazu, dass der narzisstische Mensch sein ganzes Leben nach Anerkennung als Liebesersatz sucht. Er konnte – wie im Kontomodell des Selbstwerts beschrieben – in seiner Kindheit kein Guthaben an Liebe und Anerkennung ansparen, da die Zuwendung der Eltern unzureichend oder unglaubwürdig war. Narzissten sind äußerst dünnhäutig und verletzlich; so suchen sie ihr Leben lang nach Anerkennung als Liebesersatz. Um sich diese Tatsache nicht einzugestehen, versteckt sich der narzisstische Mensch hinter einer großartig erscheinenden Fassade, die nicht einmal er selbst durchschaut: Er hält sich wirklich für einzigartig und besonders! Doch im tiefsten Innern kämpft er ein Leben lang dagegen, sich unbedeutend und wertlos zu fühlen. Er sucht die Anerkennung der anderen und stellt sich nach außen gerne als begabt, attraktiv und erfolgreich dar. Überhaupt vergöttert er den Erfolg. Nichts ist ihm wichtiger als Ansehen und Ruhm. In jungen Jahren träumt er von einem glänzenden Dasein, etwa als Popstar, Schriftsteller, großer Gelehrter, Nobelpreisträger oder bewunderter Millionär. Ist er körperlich attraktiv oder hat er einige Talente, kann er sich und seine Umwelt oft jahrelang in dem Glauben wiegen, er sei bedeutend, genial und unwiderstehlich.

Der Narzisst verdrängt also eine Wahrheit, die jedem menschlichen Leben zugrunde liegt: Erfolg und Attraktivität sind vergänglich. Kein Mensch ist wirklich bedeutend, wirklich wichtig, wirklich unwiderstehlich. Der Zahn der Zeit zernagt alles, unsere heutigen Erfolge sind morgen schon vergessen, mit den Jahren, die verstreichen, vergeht auch unsere Attraktivität, und nichts erscheint heute eitler als die Prominenz, die sich vor fünfzig Jahren in der Zeitung selbstgefällig feiern ließ.

Für Menschen mit stabilem Selbstwert ist das völlig in Ordnung. Sie freuen sich an den schönen Dingen der Welt, an den Erfolgen der anderen und der Attraktivität der Jugend, ohne darüber zu verbittern. Sie haben die Liebe ihrer Eltern und die kleinen Erfolge des Lebens sicher gespeichert; ihr Lebenskonto ist gefüllt.

Das Konto des Narzissten jedoch ist leer. Er ist ein Hungergeist. Es ist, als habe er nie gespart, er führt nur ein Girokonto, und sobald dies bloß kurzzeitig im Minus steht, fühlt er sich angespannt und unglücklich. Um die innere Leere nicht zu spüren, muss er sich beständig mit Außenreizen füllen – ja, um überhaupt etwas zu spüren, sehnt er sich nach der täglichen Spritze Anerkennung, die ihm bestätigt, er sei etwas wert. Wird ihm der Beifall versagt, zeigt er sich verletzt und gekränkt: Er leidet unter Applaus-Entzug, fühlt sich missachtet und missverstanden, klagt über die Unzulänglichkeit und Minderwertigkeit der anderen und flüchtet sich zunehmend in Fantasiewelten eigener Wichtigkeit und Bedeutung. Falls er als Prominenter in den Medien zu Hause ist, wird ein Narzisst nichts unversucht lassen, um in der Öffentlichkeit aufzutreten, egal wie trivial und demütigend die Veranstaltung auch ist. Der Abstieg lautet: Talkshow, Kochshow, Dschungelcamp. Selbst dort muss er brillieren und möchte als C-Promi noch Erster sein.

Neben der Angst, beschämt zu werden, sollte er versagen, spielen Neid und Zorn – zwei weitere der sieben Todsünden – eine wichtige Rolle im Leben des Narzissten. Neid ist vor allem ein Kennzeichen des gescheiterten Narzissten. Neid und Gier scheinen sich vordergründig zu ähneln, doch der Schein trügt. Gier kann ein durchaus wohlwollendes Gefühl sein: Ich kann aus Gier eine ganze Sahnetorte essen und keinerlei Problem damit haben, dass mein Nachbar ebenfalls eine ganze Torte nascht - Orgien machen mit gierigen Menschen am meisten Spaß.

Der Neidische ist auf einer Orgie fehl am Platz. Aufgrund seines Minderwertigkeitsgefühls wird er erst dann zufrieden sein, wenn er selbst zwei Torten isst und der Nachbar nur eine halbe - ja er würde auch die halbe Torte nehmen, wüsste er, sein Nachbar bekäme gar keine. Dem Neidischen ist der Verlust des anderen wichtiger als der eigene Gewinn - so erklärt sich auch die Zerstörungslust so mancher Revolution. Der Neidische ist ein ewiger Vergleicher und er hasst den anderen für das, was dieser hat. Es geht ihm also weniger um den gierigen Besitz; sein Hass - es kann sogar der Hass auf das Glück des eigenen Partners sein - offenbart vielmehr, dass ihm Besitz nur der hierarchischen Einordnung dienen soll: Sieh her, ich bin besser als du!

Narzissten, denen nichts Großes gelingt, entwickeln daher einen mäkelnden Neid. Ihnen bleibt die Bühne eines erfolgreichen Lebens versagt, und so werden sie nichts unversucht lassen, wirklich kreative Menschen herabzuwürdigen. Prinzipiell trägt jeder Mensch die gleichen Anlagen zur Kreativität in sich wie ein Michelangelo, ein Shakespeare, Mozart oder Einstein - mit einer Einschränkung: Diese eigenen kreativen Anlagen sind zwar stark genug, die Genialität anderer zu erkennen, doch leider weitaus zu schwach, zu verdünnt und diffus, um selbst Kreatives zu erzeugen. Wie beschämend! So schreibt der konservative Kulturkritiker Dávila:

> »Dass wir das Große bewundern, wenn es Größe in unserer Seele gibt, ist eine natürliche, spontane und leichte Geste. Die mühsame Aufgabe, das schwierige Unternehmen bestehen darin, es zu bewundern, wenn es in uns lediglich ein bloßes Verlangen und gleichsam die Hohlform seiner Abwesenheit gibt.«[110]

Aus diesem Reflex der Beschämung heraus neigen Menschen dazu, Schönes zu verleugnen oder auch zu zerstören. Das Zerstören des Schönen ist der Kern des Bösen – es zeigt sich bildhaft am Neid eines Barbaren, der eine prächtige römische Bibliothek voller Schätze der Kunst und der Literatur betritt: Er sieht so viel Großes und weiß doch, er wird es nie verstehen. Er wird wütend, schleudert seine Pechfackel in die Pergamentrollen und brennt alles nieder.[111] Dieses Zerstören aus Neid ist analog dem malignen, also bösartigen Narzissmus. Maligne Narzissten irren in seltsamen Abgründen. Sie zerstören Kunstwerke, sie erschießen einen Prominenten wie John Lennon, um dessen Ruhm zu teilen, oder zerstören einen beliebigen Menschen, dem sie die Jugend oder sein Anders-Sein neiden. Manchmal fällt es selbst Eltern schwer, das Besser-Sein eines Kindes zu ertragen und so konkurrieren Mütter mit der Schönheit ihrer Töchter und Firmenchefs halten ihre Söhne klein aus Neid-Angst vor deren möglichen Erfolg.

Begabte Narzissten benutzen Geld, Macht und ästhetische Ansprüche, um ihr Gleichgewicht jahrelang notdürftig aufrechtzuerhalten. Doch Reichtum und Ruhm sind wie Meerwasser, je mehr man davon trinkt, desto größer wird der Durst. Als Liebes-Surrogate können sie auf Dauer nicht darüber hinwegtäuschen, dass der Narziss nie wirklich zu lieben im Stande war. Was er für Liebe hält, ist zumeist nur Begehren: Er wünscht sich ein schönes, statusträchtiges Gegenüber, einen attraktiven oder beruflich anerkannten Partner, jemanden, »mit dem man sich zeigen kann«.

Die Lebensgefährten von narzisstischen Menschen haben kein leichtes Los. Über kurz oder lang spüren sie, dass der Narziss keinen wirklichen Kontakt zu ihnen aufbaut, dass er mit echten Gefühlen kaum umgehen kann, sie abwehrt oder sogar verspottet, und dass er erwartet, sein Partner habe wie ein Werkzeug zu funktionieren. Die Kälte und Distanz seiner Beziehungen kann der Narziss anfangs oft durch Charme überdecken, doch auf Dauer wird deutlich: Wenn er seinen Partner ansieht, erblickt er in Wirklichkeit immer nur sich, sich, sich. Seine Wahrnehmung der Welt ist also reduziert auf die Spiegelungen seines Selbst; man kann dies veranschaulichen, indem man sich zwei parallel gestellte Spiegel vorstellt, in denen eine unendliche Reihe verblassender Abbilder des Beobachters erscheinen – und der Rest der Welt vergessen ist.

Die klassische Anekdote hierzu lautet:

Der berühmte Schriftsteller Felix Feder sitzt mit einem flüchtigen Bekannten im Café. Feder hält stundenlange Monologe, ohne sein Gegenüber zu Wort kommen zu lassen. Am Ende sagt er: »Jetzt haben wir aber genug über mich geredet. Wie geht es denn Ihnen? Was sagen Sie zu meinem letzten Buch?«

Selbstschutz: Stalker und andere Soziopathen

Wer im Internet unterwegs ist, kann an recht schräge Gestalten geraten. Eine Bekannte von mir wurde mehrere Monate lang in einem Flirt-Forum anonym von einem Stalker belästigt und auch in anderen Internet-Communities denunziert; erst die Kriminalpolizei setzte dem Treiben ein Ende. Natürlich zeigte der Täter keinerlei Einsicht – das Internet hat durch seine Anonymität schon so manche arglosen Nutzer zum Freiwild gemacht.

Ein Klient hatte Bekannte, die stolz berichteten, wie sie sich mit gefälschten Profildaten in ein Dating-Portal einloggten und sich auf ein Opfer einigten, das sie von mehreren Seiten anflirteten, um dann den Kontakt abrupt und aus reiner Schadenfreude wieder abzubrechen – als der Klient dies erfuhr, beendete er den Kontakt zu beiden Bekannten. Es gibt Menschen, die keinen Trick auslassen, um missliebige Kollegen loszuwerden, die bereit sind, Versicherungsschäden zu inszenieren, auch wenn sie andere körperlich gefährden, oder die für eine Erbschaft ihre Großmutter entmündigen würden. All diese Personen zeigen soziopathische Verhaltensweisen.

Das Wort Soziopathie bezeichnet ein krankhaftes Sozialverhalten. Gerade weil sich Soziopathen im Internet und in der großstädtischen Lebenswelt gut verstecken können, sollte man wissen, wie sie »ticken«, um sich rechtzeitig vor ihnen zu schützen. Die klinische Psychologin Martha Stout beschäftigte sich jahrelang mit dem Phänomen, sie schreibt:

> »Ein Soziopath ist ein Mensch, der nicht nur lügt, sondern für den das Lügen zu seinem Lebensstil gehört. Er oder sie ist eine Person, die keine Reue kennt – egal, was sie auch verbrochen hat. Der Soziopath übernimmt keinerlei Verant-

wortung, weder für andere Menschen noch für Dinge noch für sich selbst.

Gleichzeitig sind Soziopathen oft oberflächlich sehr charmant. Unter dieser Oberfläche sind sie aber eigentlich eiskalt und kennen keine echte gefühlsmäßige Bindung zu anderen Menschen. Das Problem ist, dass viele Menschen leicht auf Soziopathen hereinfallen.«[112]

Es ist wichtig, sich klarzumachen, dass ein kleiner Teil der Menschen grundsätzlich nicht bereit ist, moralische Regeln einzuhalten. Martha Stout schätzt die Zahl auf 4 Prozent. Man kann zwar sagen, es handele sich einfach um schlechte Menschen – das mag wohl auch zutreffen –, doch mit dieser Aussage hat man noch nicht viel verstanden. Um sich vor Soziopathen zu schützen, ist es nämlich nötig, prinzipiell zu erkennen, was in ihnen vorgeht und wie ihre Psyche funktioniert.

Aus psychologischer Sicht sind Soziopathen Menschen mit einem Defizit, denn sie haben kein Gefühl für andere Menschen. Sie wissen zwar, wie andere Menschen »äußerlich« funktionieren. Sie können sich aber, ähnlich dem Narzissten, emotional nicht ausreichend in andere hineinversetzen, um Mitgefühl oder Mitleid zu spüren – über Menschen, die Mitleid zeigen, machen sie sich insgeheim sogar lustig.

Unter der Voraussetzung, dass niemand es merkt, sind Soziopathen daher bereit, gegen soziale Regeln zu verstoßen und andere Menschen beliebig seelisch, körperlich und materiell zu schädigen. Hauptsache, es dient ihrem Vorteil. Im Gegensatz zu Narzissten empfinden sie – wenn sie entdeckt werden – keine Scham. Sie haben keine Moral und kennen nur das 11. Gebot: Du darfst dich nicht erwischen lassen. Falls Soziopathen intelligent sind, können sie andere geschickt manipulieren. Sie wissen, was Menschen hören wollen und wie man ihnen schmeicheln muss, um die eigenen egoistischen Ziele zu erreichen. Schaffen es Soziopathen, eine Partnerschaft einzugehen und aufrechtzuerhalten, können sie dem Partner schwer schaden, denn sie haben keine Skrupel, ihn oder sie aggressiv zu unterwerfen.

Soziopathen kommen auf Tricks und Winkelzüge, die einem normalen Menschen kaum einfallen würden. Ein Text, der im Internet kursiert, versucht zu veranschaulichen, wie seltsam Soziopathen denken. Es handelt sich um ein Rätsel:

Dies ist die Geschichte einer jungen Frau: Während der Beerdigung ihrer Mutter traf sie auf einen Mann, den sie nicht kannte. Sie war von ihm sehr angetan und überwältigt und sie war sich so sicher, er sei der Mann ihrer Träume, dass sie sich in ihn verliebte. Doch nach der Beerdigung verschwand er und sie sah ihn nicht wieder.

Wenige Tage später tötete sie ihre eigene Schwester.

Die Frage lautet: Warum?

In der Anmerkung zum Text wird behauptet, es handele sich um einen Test, den ein amerikanischer Psychiater dazu verwendete, festzustellen, ob jemand die Mentalität eines Mörders besitzt. Die Auflösung gibt die Denkweise eines Soziopathen tatsächlich ziemlich gut wieder: Die junge Frau hoffte, der Mann würde ein weiteres Mal auf der Beerdigung erscheinen.

Soziopathen sind bereit, nahezu jedes Mittel einzusetzen, wenn ihnen ein Ziel wichtig ist. Wer also nicht auf die Lösung gekommen ist, ist wahrscheinlich eine harmlose Seele. Natürlich kann ein intelligenter Mensch die Lösung ebenfalls herausfinden. Man sollte daher nicht gleich erschrecken, wenn es einem gelingt, denn eine seriöse Quelle des Rätsels ist nicht auszumachen.

Soziopathen kennen also kein Mitgefühl, empfinden auch wenig andere Gefühle und sind deswegen bereit, ihr Gegenüber gnadenlos auszutricksen und zu schädigen. Aufgrund ihrer Gefühlsarmut bleiben sie gelassen und zittern nicht, selbst wenn sie riskante Betrugsmanöver begehen oder Gewalt anwenden. Es ist wichtig, das verstanden zu haben, um sich vor ihnen zu schützen. »Es gibt Menschen, die haben ein ausgeprägtes Gewissen, und solche, bei denen es geringer entwickelt ist – nicht jeder von uns ist eben eine Mutter Theresa. Bei Soziopathen ist da aber nichts – da ist ein Loch.«[113]

Soziopathische Verhaltensweisen sollte man immer ernst nehmen, denn wer sie zeigt, ist bereit, jedem anderen zu schaden, sollte es die Situation zulassen. Manager oder Politiker, die Konkurrenten privat ausspionieren und stalken, deren Privatleben verleumden oder sie durch nächtliche Anrufe mobben etc., sind als Soziopathen prinzipiell für das Unternehmen oder die Gesellschaft gefährlich. Persönliche Distanz und eine klare, ablehnende Haltung der Gesellschaft sowie konsequente juristische Verfolgung sind hier immer angebracht, denn Soziopathen unterlassen ihr destruktives Verhalten nur bei starkem äußerem Gegendruck.

Die Täuschung gelingt einem Soziopathen meist recht gut, denn jeder Normalbürger ist der Ansicht, man müsse dem Lügner das schlechte Gewissen ansehen – doch dieser soziale Kontrollmechanismus funktioniert natürlich nur, wenn der Lügner auch ein Gewissen hat. Die kühle, gelassene Fassade eines Soziopathen, gepaart mit charmantem Verhalten, kann die Öffentlichkeit über einen destruktiven Charakter daher oft lange Zeit täuschen.

Um sich vor Soziopathen zu schützen, muss man sie also erst einmal erkennen. Diagnostisch spricht man dann von einer soziopathischen (bzw. dissozialen) Störung, wenn mindestens drei der folgenden Kriterien durchgängig über einen längeren Zeitraum erfüllt werden[114]:

- Dickfelliges Unbeteiligtsein gegenüber den Gefühlen anderer und Mangel an Mitgefühl.
- Deutliche Verantwortungslosigkeit und Missachtung sozialer Regeln, Normen und Verpflichtungen.
- Unvermögen, längerfristige Beziehungen einzugehen.
- Geringe Frustrationstoleranz, Bereitschaft zu aggressivem, auch gewalttätigem Verhalten.
- Unfähigkeit zum Erleben von Schuldbewusstsein und zum Lernen aus Erfahrung, auch Bestrafung.

- Neigung, andere zu beschuldigen oder vordergründige Erklärungen für das eigene destruktive Verhalten anzubieten.
- Andauernde Reizbarkeit.

Soziopathen kann man leider nicht therapieren, denn sie leiden nicht unter ihrer Störung – außer sie landen im Gefängnis oder man setzt ihnen klare Grenzen. Gerade die Liebesgier, einen begehrenswerten Partner für sich zu gewinnen, kann zur Falle werden. Soziopathen sind – ebenso wie Narzissten – oft geschickt darin, den schönen Schein zu wahren. Sie wissen, wie sie sich zeigen müssen, um vorteilhaft zu erscheinen und andere zu täuschen.

Auf manche kann gerade die untergründig spürbare Gefährlichkeit von Soziopathen einen erotischen Reiz ausüben. Dies wird verständlicher, wenn man bedenkt, dass einige Charaktere sich gerne dem Reiz der Gefahr hingeben, sie machen Motorradtouren durch arabische Krisengebiete, essen vom japanischen Kugelfisch, spielen riskant an der Börse – oder finden schillernd-verwegene Partner anziehend:

Karin, 55 Jahre, ist von ihrem Partner auf die Straße gesetzt worden. Er hat die Schlösser der Wohnung ausgetauscht – und nicht nur das: Er hat Karins Auto auf seinen Namen angemeldet und will es ihr nicht zurückgeben. Da sie nicht verheiratet sind und es keine Verträge gibt, die Karin schützen, ist sie verzweifelt.

Karin berichtet:

»Mit seiner Exfrau hat er es genauso gemacht: Er war noch verheiratet, als er mich kennenlernte, und er hatte sie damals nach Strich und Faden belogen. Es ging um eine Menge Geld und er fälschte sogar eine Unterschrift. Ich dachte, er sei so verletzt worden durch seine Frau und ich heile das dann alles mit meiner Liebe. Ich war vor Liebe blind, und ich muss zugeben: Mir hatte es sogar gefallen, wie er seine Exfrau behandelte – ich hielt das für einen Beweis seiner neuen Liebe zu mir, so verblendet war ich damals!«

Man darf das Risiko nicht schönreden: Wenn ein Mensch häufig gegen soziale Regeln verstößt, ist die Gefahr groß, dass er es wieder tut. Wer einem früheren Partner bei einer Trennung absichtlich geschadet hat, der wird es mit hoher Wahrscheinlichkeit auch beim nächsten Partner tun. Der Regelverletzer wird keine Ausnahme machen, nur weil es diesmal die vermeintlich große Liebe ist. Er füttert nur das Selbstwertgefühl des neuen Partners, um ihn zu manipulieren – doch wenn er ihn fallen lässt, sind ihm frühere Versprechen egal.

In der Soziopathie begegnen wir dem eigentlichen Wesen des ethisch Schlechten – nicht das Verletzen sozialer Regeln, sondern das mangelnde Scham- und Schuldempfinden ist Kennzeichen dessen, was wir landläufig als »das Böse« bezeichnen. Das Extrembeispiel des stumpfen Soziopathen ermöglicht uns, auch die alltäglichen Formen des schlechten Charakters zu benennen. Die meisten Religionen und Philosophien sind sich einig, das Wesen des Schlechten bestehe in der Absonderung vom Mitmenschen – Theorien hingegen, die den Egoismus als Selbstzweck preisen, sind zwar in jüngster Vergangenheit modern gewesen, sie befinden sich ideengeschichtlich jedoch in der Minderheit. In der ihm üblichen Klarheit formuliert Schopenhauer, der schlechte Charakter

> »empfindet überall eine Scheidewand zwischen sich und allem außer ihm. Die Welt ist ihm ein absolutes Nicht-Ich und sein Verhältnis zu ihr ein ursprünglich feindliches: dadurch wird der Grundton seiner Stimmung Gehässigkeit, Argwohn, Neid, Schadenfreude.
> Der gute Charakter hingegen lebt in seinem Wesen in einer homogenen Außenwelt: die anderen sind ihm kein Nicht-Ich, sondern ›Ich noch einmal‹. Daher ist sein ursprüngliches Verhältnis zu jedem ein befreundetes: er fühlt sich allen Wesen im Innern verwandt, nimmt unmittelbar teil an ihrem Wohl und Wehe und setzt mit Zuversicht diese Teilhabe bei ihnen voraus. Hieraus erwächst der tiefe

> Friede seines Innern und jene getroste, beruhigte, zufriedene Stimmung, vermöge welcher in seiner Nähe jedem wohl wird.«[115]

Wenn sogar der große Pessimist und Weltverneiner Schopenhauer die Menschenliebe und deren Wohltaten für die Seele preist, dann trifft er in dieser positiven Bestimmung des Guten die Erkenntnisse der modernen Glücksforschung besser und genauer als eine freudlose Verzichtsmoral oder die Pflichtethik eines Immanuel Kant[116].

Wer weiß, vielleicht ist ja trotz der Ironie und des Spotts der vom Leben Enttäuschten wirklich etwas wahr an der These, dass das Glück nicht im Ich zu finden sei ...

V

Vom Umgang mit sich selbst

Das Ego ist das genaue Gegenteil von deinem wahren Selbst. Das Ego, das bist nicht du (...) Dieses Ego enthält all deine Wünsche und Ambitionen; es will bei allem immer an der Spitze sein. Dieses Ego beutet dich aus und gestattet dir nie auch nur einen flüchtigen Blick auf dein wahres, authentisches Selbst.

Osho

Spieglein, Spieglein an der Wand: Selbsterkenntnis

Sarah berichtet über ihre Brüder Sascha und Frank:

»Zunächst zu Sascha. Er will männlich wirken, aber er ist jungenhaft und schlank – mit seinen 31 Jahren wirkt er wie 23. Also rennt er ins Fitnessstudio und versucht Muskeln aufzubauen. Er spricht vulgär, rasiert sich eine Glatze, trägt eine schwere Lederjacke und nervt mich und alle Frauen, die er kennenlernt, durch dominantes Gehabe. Er hat ein völlig unkritisches Verhältnis zu sich selbst!

Bei Frank läuft es auch nicht besser: Frank ist 38, schwul und steht auf diese zwanzigjährigen blonden Typen. Also denkt er, er muss genauso rumlaufen, ja er verkleidet sich als Teenager, lässt seine Hose halb über den Hintern hängen, redet über Mode-Labels, trägt eine Teenie-Frisur, hört Teenie-Musik und sieht Teenie-Fernsehen und merkt nicht, dass er in altersentsprechender Kleidung viel interessanter wäre für die wenigen jungen Männer, die auf Ältere stehen. Auch er will nicht wahrhaben, dass alles nicht passt, zeigt keine Einsicht und merkt nicht, wie andere über ihn lachen.

Sowohl Sascha als auch Frank beklagen sich natürlich, keine Partner zu finden. Keine Frau mit Format kann einen Mann wie Sascha ernst nehmen, also gerät er nur an ganz stumpfe Trullas, und auch Franks Bubi-Nummer ist mehr als durchsichtig. Alle ihre Beziehungen dauern nur ein paar Monate und bleiben oberflächlich.«

»Haben Sie versucht, mit beiden über das Thema zu reden?«, frage ich.

»Bis jetzt noch nicht«, antwortet Sarah. »Ich glaube, das würde sie kränken. Natürlich, irgendjemand sollte wohl mal mit ihnen reden. Aber ich trau mich nicht, ich will sie ja nicht verletzen!«

Sascha und Frank erkennen nicht, wie sie auf andere wirken, denn beide haben kein realistisches Bild von sich selbst. So viel Eisen Sascha auch stemmen mag, aus einem sehr schlanken Typ lässt sich kein Muskel-Macho modellieren. Und umgekehrt schnitzt man aus einem Mann mittleren Alters keinen 20-Jährigen, da hilft Frank die gesamte Maskerade nichts.

Sascha und Frank wollen etwas darstellen, was sie nicht wirklich sind - vielleicht haben sie dies ein wenig bei ihrem selbstverliebten Vater gelernt -, sie versuchen, sich und andere durch Maskerade zu täuschen. Leider täuschen sie mit der künstlichen Kulisse vor allem sich selbst. Für ihre Umwelt dagegen ist offensichtlich, dass es einen Bruch im Wesen von Sascha und Frank gibt, und das macht es den anderen schwer, ihnen wirklich nahezukommen. Sascha und Frank zeigen eine Maske ihres Selbst und wirken auf andere dadurch nicht authentisch. Sie tragen wesensfremde Kleidung, täuschen Charaktereigenschaften vor und fällen ein hartes, abwertendes Urteil über den Menschen, der sie eigentlich sind. Als Gefangene ihrer eigenen Wunschwelt halten sie sich für das, was sie zu sein wünschen, und fallen auf ihren eigenen Werbefilm herein. Das Wissen um die Person, die sie eigentlich sind, ist ihnen durch die gewohnheitsmäßige Täuschung verloren gegangen und nur ihre stetige Unzufriedenheit weist auf die unbewussten Widersprüche ihres Lebens hin.

Anna berichtet über ihre Freundin Marlene:

»Sie gibt Geld aus, das sie nicht hat, und wartet auf den Traumprinz, den sie nie bekommt. Sie hat einen Schuhtick, einen Handtaschentick und einen Creme-Röhrchen-Tick. Sie mäkelt viel an sich herum, obwohl sie perfekt ist. Wenn sie von der Arbeit kommt, muss sie grundsätzlich duschen. Dann springt sie in ihre Jeans, die sind so eng, dass ich denke, sie verletzt sich dabei. Sie ist immer auf Highheels, immer geschminkt, immer perfekt. Männer werden von ihr so unter Druck gesetzt, die trauen sich doch gar nicht, so einer Frau auch mal in Jogginghose entgegenzutreten. Deswegen bekommt sie keinen ab. Einfach mal locker sein? Das kann sie nicht. Daher ist auch kein Mann bei ihr locker.

Die Frau hat eigentlich was im Hirn. Liest Bücher auf Englisch und Französisch. Ihr Problem: Die Männer trauen sich nicht an sie heran – und falls doch, dann wird es gleich Sex. Klar: Sie sieht ja auch viel zu gut aus, um mit einem Mann nur zu sprechen.«

Ich bin von Annas plastischer Darstellung ihrer Freundin beeindruckt und frage: »Haben Sie mit Ihrer Freundin schon einmal auf diese Art und Weise das Thema besprochen?«

»Nein, das kann ich nicht. Sie würde sagen: Du machst das doch genauso wie ich. Und das stimmt. Wir rüschen uns nicht für uns selbst auf. Wir rüschen uns nur für die Männer auf. Alles andere ist nicht ehrlich.«

Selbsterkenntnis ist eine schwierige Sache. Elegant hat das Schopenhauer formuliert:

> »Wie man das Gewicht seines eigenen Körpers trägt, ohne es, wie doch das jedes fremden, den man bewegen will, zu fühlen; so bemerkt man nicht die eigenen Fehler und Laster, sondern nur die der Andern. – Dafür hat aber Jeder am Andern einen Spiegel, in welchem er seine eigenen Laster, Fehler, Unarten und Widerlichkeiten jeder Art deutlich erblickt. Allein meistens verhält er sich dabei wie der Hund, welcher gegen den Spiegel bellt, weil er nicht weiß, dass er sich selbst sieht, sondern meint, es sei ein Hund.« [117]

Der Hund, der das eigene Spiegelbild anbellt. Ein schönes Bild für das, was in der Psychoanalyse Projektion genannt wird: Die Fehler, die ich bei anderen suche und finde, haben oft etwas mit mir zu tun.

So wird ein aggressiver Mensch dazu tendieren, andere Menschen für aggressiv zu halten. Ein innerlich feindseliger und schwacher Mensch wird sich schnell durch fremde Menschen, z. B. Immigranten, bedroht und angegriffen fühlen. Ein Mensch mit Minderwertigkeitsgefühlen, der gerne über anderen stehen möchte, wird dazu neigen, sich durch andere gekränkt, also erniedrigt zu fühlen. Ein Mensch mit unbefriedigten, frustrierten Liebeswünschen wird gerne die Partnerschaft anderer Menschen missgünstig kommentieren. Menschen, die ihre Partnerschaft glücklich und liebevoll leben, können ihm ein Dorn im Auge sein. Auf der anderen Seite: Ein liebevoller Mensch wird oft das Gute in anderen Menschen suchen und finden. Ein Mensch mit sicherem Selbstwertgefühl braucht auf Kritik nicht gekränkt zu reagieren. Ein Mensch mit befriedigender Partnerschaft hat es nicht nötig, das Liebesleben anderer herabzusetzen.

Unsere Grundeinstellungen und Gefühle bestimmen also, wie wir die Welt interpretieren, und damit, wie wir unser Gegenüber einschätzen. Jeder Mensch färbt die Welt durch die Brille seines emotionalen Temperaments: Angst-Rot, Neidisch-Grün oder in einem gutmütigen Hoffnungs-Blau. Dementsprechend lebt er in einer Angstwelt, Neidwelt oder Hoffnungswelt. Sein Gegenüber wiederum wird geneigt sein, die Farbe zurückzuspiegeln. Unsere Grundeinstellungen und die Welt verschränken sich also in einem gegenseitigen Wechselspiel. Wohl deshalb hat Schopenhauer an anderer Stelle gesagt: »Was aber die Leute gemeiniglich ihr Schicksal nennen sind meistens nur ihre eigenen dummen Streiche.«[118]

Sascha und Frank zum Beispiel machen es sich schwer, eine Liebe zu finden. Sie versuchen anders zu erscheinen, als sie sind. Ihr Angebot an die Welt ist das der Täuschung, sie wirken dadurch wenig authentisch. Wahrscheinlich werden unverfälschte, entspannte Menschen nicht viel mit Sascha und Frank anfangen können. Menschen, die sich an der Fassade orientieren, werden dagegen mit Sascha und Frank gut zurechtkommen. Dies bestätigt den beiden wiederum: Die Oberfläche, die Mode, der äußere Schein sind wichtig in dieser Welt. Sie finden also in den Köpfen der anderen genau die Ostereier wieder, die sie vorher selbst versteckt haben, da sie unbewusst mögliche Partner und Freunde mit einem anderen Weltbild vergraulen.

Der hier beschriebene Teufelskreis macht es schwer mit der Selbsterkenntnis, denn diese setzt die Rückmeldung der anderen voraus, doch wir suchen uns immer wieder Menschen, die in unser Weltbild passen, und wir provozieren in anderen immer wieder genau die Reaktionen, die unser Verhalten bestätigen. Man kennt das aus dem Bereich der politischen Weltanschauungen: Konservative Menschen bestätigen sich so den drohenden Untergang des christlichen Abendlandes, ökologisch orientierte den Untergang der Natur, Liberale die Überlegenheit freier Märkte und Linke den Untergang des Kapitalismus.

Ebenso wie unsere politischen Anschauungen lassen wir uns auch unsere seelischen Grundeinstellungen von anderen gerne bestätigen: Der Narzisst wird sich Gleichgesinnte suchen, um sich gemeinsam über die mittelmäßige Welt zu erheben, der Depressive wird an andere so hohe Forderungen richten, dass diese ihn immer wieder enttäuschen, die Partymaus findet andere Feier-Elsen, um zu tanzen, als ob es kein Morgen gäbe, und der Aggressive trifft auf der Straße einen Gegner, der ihm bestätigt: Die Welt ist gefährlich und ein Mann muss kämpfen.

Zudem leben wir in kulturellen Rollen, die wir uns anfangs zwar wählen, deren Gruppenzwang im Lauf der Jahre aber mehr und mehr unser Verhalten bestimmt: Einzelne Berufe wie etwa Handwerker, Banker, Lehrer, Politiker, einzelne Hobbys wie klassische Musik, Fußball, Internet-Games und bestimmte regional-ethnische Zugehörigkeiten wie Berliner, Bayer, Sachse oder Immigrant führen jeweils zu Mitmenschen und in Milieus, in denen kleine, aber feine Unterschiede des sprachlichen Tons und Umgangsstils mehr und mehr das eigene Verhalten feilen und schleifen, bis es dem Gruppengefühl geschmeidig entspricht. Sehr einprägsam formulierte dies der Schriftsteller Martin Walser:

> »Die große Konditionierungsmaschine Gesellschaft, die man auch eine gewaltige Klimaanlage nennen könnte, hat die natürliche Tendenz, das Bewußtsein eines jeden ganz zu beherrschen. Unser Bewußtsein ist montiert aus konkurrierenden Jargons. (...) Was wir denken, wie wir urteilen, scheint davon abzuhängen, welchem Jargon wir am meisten ausgeliefert sind.« [119]

Ob in Zustimmung oder Ablehnung einer gesellschaftlichen Rolle – man bleibt gefangen in dem Wechselspiel der Jargons, Bilder und Vorurteile, die den eigenen Lebensentwurf immer mitbestimmen. Aus dem Teufelskreis der ewigen Bestätigung der eigenen Gewöhnlichkeit kann man sich nur befreien, wenn man in seinem Leben eine Vielzahl alternativer Lebensentwürfe und Jargons zulässt, wenn man dafür sorgt, einen bunten Freundeskreis zu haben: nachdenkliche Freunde, die einen kritisieren, freundliche Freunde, die trösten, konservative Freunde, die vor Risiken warnen, risikofreudige Freunde, die einen aus der Lethargie reißen, ältere Freunde, die man um Rat fragen kann, und jüngere Freunde, die verhindern, dass man das Leben zu ernst nimmt. Für Akademiker können einfache, geerdete Leute sehr hilfreich sein und für Provinzler der Kontakt zu Ausländern.[120]

Der Königsweg zur Selbsterkenntnis ist die Kommunikation mit anderen. Einsame Grübeleien in Vollmondnächten haben zwar ihren poetischen Reiz, führen uns jedoch in Fantasiewelten, statt die Wirklichkeit zu spiegeln. Menschen, die nie kritisiert werden, haben keinen Grund, seltsame Verhaltensweisen zu korrigieren. Sie tendieren zu einer gewissen Verschrobenheit – deswegen sind einsame alte Menschen, Professoren, unabhängige Künstler und Millionäre gelegentlich etwas wunderlich. Wirkliche Selbsterkenntnis ist dagegen ein anspruchsvoller Weg. Wir müssen bereit sein, unsere liebgewonnenen Täuschungen zur Seite zu schieben. Man sollte überlegen, ob man das will – der Kaiser kann am Ende ziemlich nackt dastehen.

Selbsterkenntnis erfordert Aufrichtigkeit. Aufrichtig zu sein bedeutet vor allem, nicht *sich selbst* zu täuschen. Im Vergleich zur Unaufrichtigkeit oder Selbsttäuschung ist die Lüge ein bewusster und klarer Akt: Wer lügt, weiß, was er tut. Wer dagegen unaufrichtig ist, versteckt die Wahrheit nicht nur vor anderen, sondern vor allem vor sich selbst. So kann ein Mensch zu Beginn eines Flirts sehr genau wissen, dass der ausgewählte Flirtpartner aus bestimmten Gründen auf keinen Fall für eine stabile Beziehung taugt, etwa weil er nicht verlässlich ist oder weil er das Wiederholungsmuster eines Beziehungsspiels bedient wie etwa *Alkoholiker und Retter*, *Gewalttäter und Opfer* oder andere. Zu Beginn der Beziehung ist die Wahrheit also bekannt, sie wird jedoch zur Seite geschoben, mit der Begründung, der Flirt sei doch nur Spiel und nicht ernst gemeint. Später wird diese Wahrheit jedoch verdrängt und vergessen, man verliebt sich, leidet und vermag sich später an diesen ersten Moment der aufrichtigen Wahrheit nicht mehr zu erinnern. Im weiteren Verlauf wird die Unzulänglichkeit des Partners dann lange Zeit verleugnet und schöngeredet – eine wolkige, ausweichende Sprache verrät dies jedem aufmerksamen Zuhörer, der den vermeintlich unverschuldet Liebesleidenden schon länger kennt. Der Philosoph Sartre wies darauf hin, dass die Sprache des Unaufrichtigen undeutlich, unklar und verschwommen ist.[121] Der Lügner wählt klare Worte, der Unaufrichtige dagegen muss seine eigenen Zweifel in Wortnebel hüllen, um vor allem sich selbst zu täuschen. Nur so kann er beispielsweise von anderen eine Moral fordern, die er selbst nicht einzuhalten bereit ist.

Wenn in Beratungsgesprächen ein Klient immer undeutlicher in seinen Äußerungen und Zielen wird, dann spürt der Berater, dass sein Gegenüber etwas abwehren möchte, etwas, das er zwar ahnt, jedoch unangenehm findet oder fürchtet und nicht wahrhaben möchte. Man unterscheidet hier verschiedene Abwehrmechanismen wie Verdrängung, Vermeidung, Projektion, Abspaltung, Intellektualisieren etc. Das Gespräch kann beispielsweise vollkommen emotionsfrei und pseudorational werden oder auch – in genau entgegengesetzter Richtung – in Emotionen ertrinken, die aufgesetzt und unecht wirken. Ziel jeder guten Therapie ist es daher, diese Abwehrmechanismen aufzudecken, um den Klienten näher an seine eigenen Bedürfnisse, Wünsche und auch Fehler und Schwächen heranzuführen, sodass er diese nicht unter hohem seelischem Aufwand verleugnen muss.

Unaufrichtigkeit hat viele Masken. Eine häufige Maske ist die der hundertprozentigen Überzeugung. Wer hundertprozentig von etwas überzeugt ist, verleugnet die grundsätzliche Fehlbarkeit und Schwäche, der jeder Mensch unterliegt. Der aufrichtige Mensch dagegen weiß um seine eigene Subjektivität und Fehlbarkeit. Er weiß darum, dass unser alltägliches Denken nur Meinung und Interpretation, aber nie letztgültige Wahrheit ist. Selbsterkenntnis bedeutet also, vor allem das eigene Denken kritisch zu bewerten. David Brooks, Kolumnist der New York Times, schreibt über US-Präsident Barack Obama:

> »Obama ist jedenfalls gut in Metakognition, der Fähigkeit, über das eigene Denken nachzudenken. Er kann seine Denkprozesse und die darin enthaltenen Vorurteile beschreiben, und aus diesem Prozess folgert er, wie er sein Problem analysieren muss. So funktioniert modernes Denken.«[122]

Die Arbeit an unseren Selbsttäuschungen ist lohnend, denn Selbsterkenntnis macht unabhängig. Sie führt heraus aus den Scheinwelten und Lebenslügen und das ist für jede Partnerschaft wichtig. Niemand kann es gelingen, einen aufgesetzten glänzenden Schein im Lauf einer intimen Beziehung über mehr als ein paar Monate aufrechtzuerhalten. Wenn der Partner schließlich erkennt, wie alltäglich-normal man wirklich ist, dann bröckelt und kracht mit der schönen Fassade auch die Beziehung. Wer aus Liebesgier also schauspielernd und mit dem Schlachtruf »It´s showtime!« auf Partnersuche geht, darf sich nicht wundern, wenn am Ende der Vorhang fällt und der Clown wieder traurig und einsam in der Garderobe sitzt.

Verstrickungen: Schuldgefühle und die Big-Five-Blockade

Oft scheitern Menschen in ihren Beziehungen nicht an äußeren Ursachen. Sie wirken vielmehr innerlich gelähmt und gefangen; sie stehen mit dem Leben in innerem Konflikt. Ein Therapeut merkt dies am Widerstand, mit dem der Klient sich praktikablen Lösungen entgegenstemmt. Von außen betrachtet entsteht der Eindruck, am Unglück festzuhalten sei wichtiger, als sich von ihm zu lösen. Unglück erscheint als ein so wesentlicher Bestandteil der Weltsicht des Klienten, dass er das Leiden nicht ohne weiteres loslassen kann. Bei genauerer Analyse finden sich zumeist mehrere destruktive innere Grundeinstellungen: die Big-Five.[123]

1. Selbstvorwürfe: Der Fokus des Bewusstseins ist hierbei auf die Vergangenheit gerichtet: Häufig wirft man sich etwas vor, was man gar nicht anders hatte machen können oder wollen. Man führt Krieg gegen sich selbst.
   Leitgefühle sind hier: Schuld und Scham.
2. Vorwürfe an andere: Eltern, Vorgesetzte, Partner oder Kinder haben einem Unrecht angetan. Dies wird nicht verziehen. Als Resultat bleibt man geschwächt in der Opferrolle und ist nicht bereit, Lösungen wie Ausgleich, Vergeben und Vergessen zu akzeptieren, denn dies würde ja bedeuten, die Vorwurfshaltung abzulegen.
   Leitgefühle: Schuldvorwürfe, Kränkbarkeit, Wut und Rache.
3. Minderwertigkeitskomplexe: Sie resultieren aus schlechter Behandlung und abwertenden Äußerungen, vor allem durch Eltern, Lehrer und Gleichaltrige in der Kindheit.
   Leitgefühle: Sich bewertet fühlen, sich schnell schuldig fühlen, sich kindlich fühlen und soziale Ängste.
4. Übergroße Erwartungshaltungen: Man legt Ziele fest, die *andere* erfüllen müssen, erst dann kann das eigene Leben geändert

werden. Dies bedeutet: Man selbst muss nichts ändern – erst müssen der Partner, der Chef, die Kollegen, die Eltern, die eigenen Kinder, Tante Ottilie oder der Staat dies und das und jenes tun.
Leitgefühle: Kränkbarkeit, Erlösungshoffnungen und Schuldzuweisungen an andere.

5. **Sich verpflichtet fühlen:** Man glaubt, man sei anderen verpflichtet, die unzufrieden, unglücklich und erfolglos sind – und man dürfe deswegen ebenfalls nicht zufrieden, erfolgreich und glücklich sein. Meist fühlt der Betreffende sich Eltern oder dem Partner verpflichtet; es kann sich aber auch um abstraktere Dinge handeln wie die Nation, eine Religion oder die Unglücklichen der ganzen Welt.
   Leitgefühle: Loyalität (d. h. anderen etwas schulden), Anhedonie (d. h. nicht genießen können), politisch: Fanatismus.

Liegen alle fünf Lösungsblockaden vor, dann sprechen Therapeuten mit Humor – wie beim Poker – von einem »Full House«.

Analysiert man die genannten Leitgefühle genauer, erkennt man: Alle Blockaden hängen im weitesten Sinne mit einer schuldhaften Verstrickung zusammen:

- Man gibt sich die Schuld oder den anderen (1, 2, 3);
- denkt, die anderen schulden einem etwas (4);
- oder man selber sei anderen schuldhaft verpflichtet (5).

Die Big-Five-Lösungsblockaden sind zumeist sehr stabil. Oft ist man nicht bereit, sie aufzugeben, weil dies bedeuten würde, man habe sich jahrelang in seiner Grundeinstellung zum Leben getäuscht.

Sabine, 55 Jahre:

»Das Gut-Fühlen ist ein Feld, auf dem ich mich nicht auskenne. Ich kenne nur meine negativen Gefühle. Oft denke ich, ich habe es gar nicht verdient, gute Dinge für mich zu tun und für mich zu sorgen. Es ist kein gutes Gefühl, sich gut zu fühlen. Es macht mich unsicher. Wenn ich gute Dinge für mich tun könnte, ersticke ich diese Gedanken. Sofort. Ich begehe einen richtigen Gedankenmord!«

Je mehr wir in eine Sache oder ein Verhalten an Zeit und Emotionen investieren, umso stärker neigen wir dazu, diese Sache oder dieses Verhalten fortzuführen, auch wenn es sich erweist, dass es letztlich nicht lohnt. So halten am Aktienmarkt Käufer auch bei sinkenden Kursen an ihrer Aktie fest, obwohl ihr Wert sich ausschließlich aus der Zukunftserwartung speist und nicht aus fehlerhaften Investitionen der Vergangenheit. Ähnlich verhält es sich mit unseren Emotionen: Die Vorstellung, man könne sich jahrelang geirrt haben, das eigene Leid könne vielleicht unnötig gewesen sein, kann so stark kränken, dass die Seele sich intensiv dagegen wehrt, die Blockade aufzulösen. Wenn ein Therapeut hier zu früh auf Veränderung drängt, ohne den Schmerz ausreichend gewürdigt zu haben, kann auch der Helfer unter Beschuss geraten: »Was, du willst mir mein Unglück nehmen? Nimmst du meinen Schmerz nicht ernst?« Zudem verlangt die Auflösung der Blockaden sowohl auf der Ebene des Verstandes als auch auf der Ebene der Gefühle einigen Veränderungswillen und Wagemut: Der Betreffende muss lernen, sowohl seine Gedanken als auch seine Gefühle in Frage zu stellen – das ist eine anspruchsvolle und verunsichernde Aufgabe, nicht jeder ist dazu bereit.

Auf gedanklicher, also rationaler Ebene muss erkannt werden, dass man die objektiven Fakten (*ich wurde verletzt / ich habe andere verletzt*) von der Interpretation trennen kann (*deswegen bin ich auch heute noch schuldig / deswegen sind andere auch heute noch schuldig*). Dinge, die geschehen sind, kann man nicht ändern, seine Gefühle hierzu jedoch durchaus. Nicht jeder ist allerdings in der Lage, seine Gedanken so rational zu sortieren und die negativen Gefühle loszulassen.

Beim Loslassen des Unglücks und der Schuld kann es hilfreich sein, sich klarzumachen, dass Gefühle nicht die *äußere* Wirklichkeit darstellen, sondern immer nur eine *innere* Deutung, eine Interpretation der Wirklichkeit anbieten. Deshalb ist es sinnvoll, notwendig und möglich, Schuldgefühle zu bearbeiten und in Frage zu stellen. Das gelingt nicht jedem, denn Schuldgefühle sind – wie gesagt – äußerst zäh. Es lohnt sich daher, über das Thema Schuld genauer nachzudenken.

Für konservativ und streng erzogene Menschen sind Schuldgefühle nicht ungewöhnlich, genauso wie für Menschen mit herabsetzenden (narzisstischen) Eltern. Auch wer ausgegrenzt und gemobbt wurde, kann starke Schuldgefühle entwickeln. Menschen mit starken Schuldgefühlen übernehmen die Werturteile der Eltern oder der Umgebung; sie bilden ein überstarkes Gewissen aus – man nennt dies in der Psychoanalyse auch ein strenges *Über-Ich*. Das Über-Ich ist also unsere innere Moral-Instanz.

Ein strenges Über-Ich richtet sich im Erwachsenenleben oft strafend gegen einen selbst, sobald man den hochgesteckten Idealvorstellungen, wie das Leben zu führen sei, nicht gerecht werden kann. Man entwickelt ein diffuses Gefühl der Schuld und kann sich anderen Menschen dadurch nicht so frei und entspannt zeigen, wie man es eigentlich möchte. Bestimmte triebhafte Impulse wie aggressive Gefühle oder sexuelle Wünsche können dann besonders starke Schuldgefühle verursachen. Diese Schuldgefühle lösen sich oft von ihrem aggressiven oder sexuellen Ursprung und färben den ganzen Alltag depressiv und ängstlich.

Sibylle, 48 Jahre:

»Ich kann machen, was ich will: Ich fühle mich immer für die Stimmung meines Mannes verantwortlich.

Wenn er nach Hause kommt und schweigt, dann fühle ich mich schon schuldig. Er versucht mich dann zu beruhigen, erklärt, er habe nur Stress auf der Arbeit gehabt und brauche eine Stunde für sich. Doch meine Kinderseele glaubt das nicht, wird unsicher und ich grübele, was ich wohl falsch gemacht habe.«

Auf der anderen Seite kann eine strenge Erziehung auch dazu führen, dass man selbst eine moralisierende Strenge gegenüber anderen Menschen zeigt. Man verteilt dann unnötig oft Schuldpäckchen und hält es für selbstverständlich, dass die Umwelt sich nach den eigenen moralischen Normen zu richten habe. Durch diese *Über-Ich-Strenge* werden die Beziehungen zu anderen unnötig belastet.

Eckhart, 36 Jahre, kommt aus einer strenggläubigen evangelikalen Familie:

»Ich gerate immer wieder mit neuen Kollegen in Konflikt. Sie können es nicht ertragen, dass ich aufmerksam auf sie achte, damit keine Fehler passieren.«

»Vielleicht brauchen die neuen Kollegen einfach mehr Spielraum, um sich in Ruhe einzuarbeiten?«

»Ich verlange nichts von ihnen, was ich nicht auch von mir verlange.«

»Dazu haben Sie kein Recht.«

»Wie bitte?«

»Jeder Mensch ist anders. Ihr Leitsatz: ›Ich verlange nichts von anderen, was ich nicht auch von mir verlange‹, kann nicht funktionieren. Menschen sind verschieden. Wirklich verschieden. Wir können daher nicht automatisch fordern, andere müssten so fühlen, denken oder handeln wie wir selbst.«

»Aber Sie schlagen mir als Therapeut doch auch vor, die Dinge so zu sehen wie Sie.«

»Ja, aber es sind, wie Sie selber sagen, nur Vorschläge. Ich kann mich in allem irren, was ich sage – wie jeder Mensch. Ob Sie als Gegenüber meine Anregungen, Vorschläge und Interpretationen annehmen, steht Ihnen immer frei. Würde ich etwas von Ihnen fordern, dann würden Sie sich verschließen und nichts wäre erreicht.«

Menschen mit strengem Über-Ich sind Menschen, die die Wahrheit kennen. Meinen sie. Ein Netz aus sicheren Regeln und Normen soll ihre Wirklichkeit stabilisieren, kontrollieren und beherrschbar machen. Andere Menschen, die sich diesen Regeln nicht unterwerfen, halten sie für moralisch schwach und schuldig. Die Erkenntnis, dass ein weniger strenger Mensch freier und glücklicher sein könnte, stellt für den strengen Menschen eine unbewusste Versuchung und damit eine Zumutung und Bedrohung dar.

Es wäre natürlich falsch, Schuldgefühle und moralische Forderungen generell für problematisch oder »neurotisch« zu halten. An sich sind Schuldgefühle eine ganz normale Sache. Sie dienen dazu, das soziale Miteinander zu regulieren. Menschen ohne jegliche Schuldgefühle sind zutiefst gestört, denn wer Schuldgefühle nicht kennt, ist bereit, jede moralische Regel zu brechen. Er landet, wie bereits beschrieben, als Soziopath entweder im Gefängnis, oder er macht eine Karriere in Berufen, in denen es auf vollkommene Skrupellosigkeit ankommt.

Ein Zuviel an Schuldgefühlen kann jedoch sehr belastend sein: Menschen, die sich jederzeit und für alles verantwortlich und schuldig zeigen, neigen zur übermäßigen Selbstbezichtigung, sie fühlen sich permanent gedemütigt und schlecht behandelt, können Zuspruch nicht wahrnehmen und erwarten von anderen nur Kritik.

Sabine:

»Man wird einohrig und hört gar nicht, dass die anderen einen akzeptieren.«

Diese einseitige Wahrnehmung macht den Schuldgeplagten nicht nur depressiv, er geht zudem der Umgebung durch sein stetes Zusammenzucken und Entschuldigen ordentlich auf die Nerven. Der Betroffene wiederum spürt diese Genervtheit und Ablehnung der Mitmenschen und fühlt sich hierdurch noch mehr bewertet; er merkt jedoch nicht, wie er diese Wirklichkeit selbst konstruiert hat – man nennt diesen Prozess auch eine selbsterfüllende Prophezeiung. Am Ende der Entwicklung steht oft der soziale Rückzug.

Es ist ein Zeichen von Reife, beide Extreme zu vermeiden und weder sich noch den anderen ein Übermaß an Schuld für die selbstverständlichen Belastungen, Konflikte und Verletzungen zu geben, die ein durchschnittliches menschliches Leben mit sich bringt. Je näher sich Menschen kommen, desto wahrscheinlicher sind Konflikte: Es gibt keine Nähe ohne Verletzungen.

Es ist gleichgültig, ob wir uns selbst oder anderen die Schuld an den vielen Ereignissen geben, die in einem Leben schieflaufen können. Schuld ist selten ein konstruktives Gefühl, denn Schuldzuweisungen sind nicht lösungsorientiert und helfen nicht weiter.

Für eine positive persönliche Entwicklung ist es daher wichtig, Schuldgedanken zu reduzieren. Wer sich und seine Mitmenschen besser versteht, kann auf übermäßige Schuldzuweisungen verzichten. Damit ist der Anfang gemacht, um Verantwortung für sich selbst und andere zu übernehmen. Wer sagt: »Ich übernehme für etwas Verantwortung«, fühlt sich völlig anders als jemand, der sagt: »Ich habe an etwas Schuld«. Verantwortung unterscheidet sich von Schuld. Schuld sagt: Du hast dies und das moralisch falsch gemacht, jetzt musst du bestraft werden. Verantwortung sagt: Du hast dies und das aus Unwissen oder Schwäche oder negativen Gefühlen heraus verursacht, verstehe das zuerst, akzeptiere, dass es geschehen ist, und mache es in Zukunft besser.[124] Sich verantwortlich zu zeigen ist reifer, als mit Schuld hausieren zu gehen. Schuld fokussiert auf die Vergangenheit, Verantwortung zu übernehmen weist in die Zukunft.

Für Menschen, die psychisch oder körperlich traumatisiert wurden, kann es allerdings sehr wichtig sein, die Schuld eindeutig zuzuordnen, um wieder seelische Stabilität und Stärke zu gewinnen. Doch selbst im Rahmen einer Therapie führt das Thema Schuld alleine irgendwann nicht mehr weiter. Dann wird es Zeit, loszulassen – denn das Leben speist sich zwar aus der Vergangenheit, wird aber in Richtung Zukunft gelebt.

Nachdem wir die Vergangenheit erfasst, erarbeitet, verstanden und nachgefühlt haben, ist es möglich, sich von ihr zu lösen und sie »erwachsener« abzulegen. So paradox es auch klingen mag: Es lohnt sich, den Wunsch aufzugeben, eine schöne Vergangenheit gehabt zu haben. Wir können die Vergangenheit nicht ändern – und die Trauer um die Vergangenheit blockiert die Freude an der Gegenwart. Es ist sinnvoller, eine gute Zukunft vorzubereiten, als in der Reue um die Vergangenheit stecken zu bleiben. Anstatt die Vergangenheit zu beklagen, ist daher folgender Gedanke hilfreich: Wie muss ich jetzt leben, damit ich in zehn Jahren nicht den heutigen Tag, die heutige Zeit bereue.

Jede Veränderung bedeutet, sich aus der Komfortzone eingeschliffener Gedankenmuster herauszubewegen. Zwar suggerieren uns diese alten Muster, wenn man sein Leben ändere, springe man mit geschlossenen Augen von der Klippe, doch in unserer wenig bedrohlichen westlichen Wohlstandswelt springen wir am Ende doch nur mit offenen Augen vom Einmeterbrett.

Loslassen: Wir können nichts kontrollieren

Wir können zwar versuchen, die schlimmsten Fehler im Leben zu vermeiden, unsere egozentrischen Ansprüche mildern, uns vor destruktiven Menschen schützen und Schuldzuweisungen reduzieren und dennoch gibt es für das Gelingen zwischenmenschlicher Beziehungen keine Garantien. Letztlich können wir das kurzfristige Verhalten anderer Menschen genauso wenig vorhersagen wie den Verlauf einer lebenslangen Beziehung. Ich teile insbesondere die Ansicht von Michael Mary[125], dass man das komplexe Gefühl der Liebe nicht mit einfachen Formeln, Definitionen oder Philosophien beschreiben, geschweige denn steuern kann – und zwar aus einem einleuchtenden Grund: Um eine Sache zu kontrollieren, muss man alle ihre Variablen überblicken. Das kann uns vielleicht bei einem Computerspiel gelingen, nie jedoch bei dem komplexen und vielschichtigen biologischen Wunderwerk namens Mensch.

Um das zu veranschaulichen, gebe ich Klienten gerne die folgende Aufgabe: »Stellen Sie sich einen der besten Schachspieler der Welt vor, und schätzen Sie, wie viele Züge auf dem Schachbrett sein Superhirn kontrollieren kann.« Die Antworten auf diese Aufgabe fallen sehr unterschiedlich aus. Realität ist, dass selbst ein Weltklassespieler ein Schachbrett keine zehn Züge im Voraus kontrollieren kann. Er sieht acht mal acht Felder, auf denen sich 16 eigene Figuren und 16 Figuren des Gegners bewegen. Schon nach wenigen Zügen wird die Lage so unübersichtlich, dass selbst Großcomputer lange rechnen müssen, um alle Spielvariationen zu erfassen. Der Schachspieler kann vielleicht ahnen, vermuten und prophezeien, wie sich das Spiel entwickelt – aber kontrollieren kann er das Schachbrett nicht.

Jedes menschliche Leben ist bei weitem komplizierter als ein Schachbrett. Unser tägliches Handeln wird von weitaus mehr als acht mal acht Eigenschaften (Variablen) bestimmt. Eine Unmenge an vergangenen Erfahrungen, aktuellen Informationen, gedanklichen Assoziationen, an hormonellen Einflüssen und Zufällen des Augenblicks begleitet jede Handlung, jede Entscheidung und jeden unserer täglichen Schritte – und natürlich treffen wir jeden Tag mehr als zehn Einzelentscheidungen (»Spielzüge«) und wir haben mit mehr als einem Gegenüber (»Spieler«) zu tun, der wiederum auch wie wir mit weitaus mehr als einem Gegenüber zu tun hat.

Die Entwicklung jeder Partnerschaft und jedes sozialen Netzes ist daher bereits nach kurzer Zeit nicht mehr vorhersagbar. Garantiert. Auch wenn unsere eitle Seele sich gerne weise Fähigkeiten wie Intuition und Gedankenleserei einredet, leuchtet der Scheinwerfer unseres Bewusstseins immer nur eine sehr bescheidene Strecke unseres Lebensweges aus.

Unsere Psyche kann also etwas so Simples wie ein Feld von 64 schwarzen und weißen Quadraten kaum überblicken. Wieso kommen wir dann auf die übermütige Idee, wir könnten auch nur unsere nahe Zukunft sicher vorhersagen und beeinflussen? Nur ein ordentlicher Cäsarenwahn (= maligner Narzissmus gepaart mit Soziopathie) kann zur Annahme verleiten, man sei tatsächlich in der Lage, die eigenen Lüste, Begierden, Besitz- und Herrschaftsansprüche gegen die ganze übrige Menschheit durchzusetzen. Da die wenigsten als Diktatorensohn oder Milliardenerben ins Leben treten, ist Cäsarenwahn für psychisch schwer Erkrankte reserviert – doch das Extreme dieses Beispiels sollte uns nicht über unsere kleinen diktatorischen Alltagsfantasien täuschen.

Natürlich ist es unsere Aufgabe, unser Bestes zu geben und das Beste zu hoffen. Dennoch können wir immer nur ahnen, vermuten und prophezeien, was geschehen wird, denn unser Wissen bleibt begrenzt; daran ändern übrigens auch esoterische Wunderwünsche nichts. Wir sollten also dankbar sein für jede zwischenmenschliche Beziehung, die funktioniert – doch kontrollieren können wir sie nicht.

Wie schon am Anfang des Buchs beschrieben, widerspricht dies unserer intuitiven Gewissheit, die Welt sei kontrollierbar und es laufe etwas grundsätzlich falsch, wenn unser Kontrollieren nicht erfolgreich ist. Ich erlaube mir daher an dieser Stelle ein paar Anmerkungen zum Thema Erfolg einzuschieben. Unsere Zivilisation vergöttert den Erfolg, insbesondere den Erfolg des Einzelnen, des Individuums; historisch gesehen galt dies bereits für die Menschen der griechisch-römischen Antike und später insbesondere für die protestantisch geprägte westliche Welt.[126] Auf dem Ratgebermarkt finden sich dementsprechend viele Bücher erfolgreicher Prominenter, die berichten, wie sie es nach oben geschafft haben und worin es bestehe, das Geheimnis ihres Erfolges. Sie sind überzeugt: Erfolg ist planbar.

Erfolg ist in der Tat planbar. Vertieft man sich in die entsprechende seriöse Literatur, dann gehört dazu vor allem eines: Man benötigt erstens eine günstige Geburt mit ein paar guten Genen und zweitens von Mama und Papa einen Silberlöffel in den Mund. Wer also Hindu ist, sollte im jetzigen Leben jede Menge günstiges Karma ansammeln, um in die Oberschicht geboren zu werden, denn ein durchschnittlich intelligentes Kind der Oberschicht hat ungleich bessere Chancen, wohlhabend zu sterben, als ein durchschnittlich intelligentes Kind aus einem Vorstadtghetto.

Alle übrigen Erfolgsrezepte klingen zwar durchaus vernünftig, der schreibende Erfolgsmensch täuscht jedoch sich und seine Leser, wenn er vergisst, dass auf einen Gewinner 99 Menschen kommen, die es nicht »nach oben« schaffen – in den USA besitzen beispielsweise ein Prozent der Bevölkerung 40 Prozent des Vermögens, in jedem Dax-Unternehmen schafft es nur eine Handvoll Akademiker bis zur Vorstandsetage und von tausenden Politikern jedes Landes ist nur einer der Regierungschef.

Die Illusion besteht darin zu glauben, der Erfolgreiche habe ein besonderes Rezept. Natürlich erfordert jeder Erfolg sowohl Talent als auch Disziplin, doch diese Tatsache ist auch den wenig

Erfolgreichen bekannt, die mit großen Plänen und Idealen ins Leben starten. Die statistische Wahrheit lautet: Die meisten Musiker werden nicht berühmt, die meisten Schauspieler arbeiten für niedrigste Einkommen, die meisten Firmengründungen gehen nach wenigen Jahren pleite, die meisten Akademiker bleiben auf mittleren Positionen hängen und die meisten Schriftsteller können von ihren Honoraren alleine nicht leben – auch wenn sie »alles richtig« machen, Tag und Nacht arbeiten und ein Maximum an Ausbildung, Zeit und Arbeit in ihr Talent investieren. Der Erfolg ist ein statistisch wenig relevanter Einzelfall. Wer vermeiden will, seelisch zu scheitern, sollte bereit sein, auch mit einer durchschnittlichen Karriere glücklich zu werden – und, um sich die Flausen auszutreiben, auch ruhig einmal ein paar Verlierer interviewen.

Vielleicht lesen sich diese Aussagen zunächst etwas enttäuschend. Doch der Enttäuschung geht immer eine Täuschung – zumeist eine Selbsttäuschung – voraus. Wahrscheinlich würde ein typischer Erfolgsmensch auf den Rat, vorsichtig zu sein, weil es im Leben Risiken gibt, folgendermaßen antworten:

»Alles, was du darlegst, ist einleuchtend, aber sei nicht allzu furchtsam und ziehe nicht alles gleichermaßen in Erwägung! Wolltest du ja bei jeder Aufgabe, die dir entgegengebracht wird, alle Möglichkeiten gleichermaßen nach allen Seiten erwägen, würdest du überhaupt nie etwas zustande bringen. Es ist besser, das Ganze mutig zu wagen (...) Wie sollte denn ein Mensch das Unfehlbare kennen? Ich glaube es auf keinen Fall. Denen freilich, die handeln wollen, fällt in der Regel der Gewinn zu, auf die aber, die alles überlegen und zaudern, will dies nicht zutreffen.«

Die Einwände des Erfolgsmenschen klingen zunächst plausibel. Die in vielen Variationen wiederholte Erfolgsformel scheint zu lauten: Man muss etwas riskieren, die Gunst des Augenblicks nutzen. Wer wagt, gewinnt. Sorge dich nicht: Handele. Lebe!

An dieser Stelle ist es angebracht, den Sprecher der oben genannten Erfolgsbotschaft zu benennen. Es handelt sich um den persischen Großkönig Xerxes, der mit einem riesigen Heer im Jahr 480 v. Chr. die Griechen angriff und trotz seiner Überlegenheit grandios scheiterte.[127] Xerxes war zu diesem Zeitpunkt wahrscheinlich der mächtigste Mann der Welt. Er hatte bis zum Zeitpunkt dieser Rede im Leben Glück gehabt – das heißt vor allem eine gute Geburt als Sohn des Perserkönigs Dareios. Nach dieser Rede hatte er allerdings Pech. Bei den Griechen verhielt es sich umgekehrt: Sie hatten zunächst Pech – sie waren heillos zerstritten und wählten eher zufällig die richtige Strategie – und dann Glück, denn zwei Stürme zerschlugen die Flotte der Perser. Auch die Griechen verließen sich auf ein flottes *»Wer wagt, gewinnt«*, und dementsprechend schrieb der griechische Historiker Herodot mit seinen *Büchern der Geschichte* einen richtigen Erfolgsbestseller.

Rein statistisch gesehen handelt es sich bei »Wer wagt, gewinnt« um ein Motto, das sich aus dem sogenannten Survivorship-Bias[128] ableitet: Hierunter versteht man kurzgefasst den statistischen Fehler, der entsteht, wenn man nur die Sieger interviewt. Der Sieger jedes Wettkampfs wird uns wahrscheinlich sagen: »Wissen Sie, ich habe einfach alles gegeben, auf meine Ernährung geachtet und ausreichend geschlafen.« Und der Verlierer hat sich nicht bemüht, Nougatriegel gegessen und die Nächte auf Partys verbracht?

Wem all das zu negativ klingt, dem sei gesagt, dass es durchaus sinnvoll ist, sich anzustrengen und sein Bestes zu geben. Nur dann, wenn wir alles versucht haben, machen wir uns später keine Vorwürfe, falls eine Sache misslingt. Alte Menschen bereuen vor allem die Dinge, die sie nicht gemacht – *»hätte ich doch studiert«, »hätte ich doch meiner ersten Liebe einen Antrag gemacht«* – als die Dinge, die sie zumindest versucht haben. Wer sich bemüht, hat selbstverständlich die Chance auf Erfolg. Er sollte sich jedoch von der kindlichen Fantasie verabschieden, man habe Anspruch auf Erfolg.

Es gibt keine Erfolgsgarantien, denn unser Biocomputer, das Gehirn, ist angesichts der Komplexität der Welt einfach zu winzig. Was können schon 1,5 Liter Hirn ausrichten gegen die riesige Welt dort draußen. Jeder Gedanke, man könne das eigene Leben und die Umwelt *wirklich* kontrollieren, ist Größenwahn – selbst ein Hitler oder Stalin konnte das nicht – und dieser Größenwahn endet früher oder später in Schmerz und Enttäuschung.

Keinen Schmerz und keine Enttäuschung erlebt nur, wer auf diesen Größenwahn verzichtet. Wer dankbar ist für das, was er hat. Wer den Partner (die Freunde, die Eltern, die Kollegen, die Regierung, Tante Ottilie) nicht verantwortlich macht für das eigene Glück. Wer kindliche Allmachtswünsche loslässt – die Fantasie, der Partner sei so etwas wie ein Elternersatz, und garantiere Schmerzfreiheit, dauernde Bespaßung und einen steten Fluss an erotischem Knistern.

Ich habe es an anderer Stelle bereits gesagt und wiederhole es hier gerne noch einmal: Ob wir einen anderen Menschen lieben oder nicht, hängt wesentlich davon ab, was zwischen unseren beiden Ohren passiert; wir sind für unsere Liebe also selbst verantwortlich.

Und ich höre schon die vielen »Aber ... «:

- »Aber wenn er sich nicht mehr für mich interessiert ... «
- »Aber wenn sie nicht mehr mit mir spricht ... «
- »Aber wenn er mich nicht mehr begehrt ... «
- »Aber wenn sie immer zankt ... «

Diese Einwände mögen zwar alle zutreffen, doch das Beispiel vieler Menschen zeigt, dass wir auch im Scheitern noch lieben können, ja selbst noch in der Trennung. Ich behaupte nicht, dass wir in solchen Momenten lieben *müssen*, das wäre moralisierend. Einseitig zu lieben wird heute jedoch allzu schnell als Zeichen seelischer Unreife oder geringer Selbstachtung gedeutet, während es früher als Zeichen eines großen Charakters galt.[129] Es ist daher wichtig, sich klarzumachen, dass Menschen trotz aller »Aber« lieben *können*, denn die Fähigkeit zu lieben ist eine Eigenschaft unserer Seele und damit ein Prozess, der nur in uns stattfindet und sonst nirgendwo im Universum.

Noch einmal: Wir können Beziehungen nicht kontrollieren. Wir können versuchen, die schlimmsten Fehler zu vermeiden und dann nur noch: lieben und das Beste hoffen. Wenn wir uns nicht einreden, es gäbe Garantien und die Möglichkeit der Kontrolle, dann können wir sogar das Ende einer Beziehung überleben.

Inge, 63 Jahre, eine christlich geprägte Klientin, berichtet nach ihrer Trennung:

»Ich war in der Kirche. Plötzlich habe ich verstanden, was ich tun muss. Ich habe gebetet und gesagt: ›Gott, heute gebe ich dir meine Beziehung zurück.‹ Ab diesem Zeitpunkt war ich frei. Von diesem Moment an konnte ich meine Beziehung loslassen.«

Nicht viele können heute mit einem christlichen Kontext etwas anfangen. Das ist aber auch nicht nötig, es gibt genügend andere Vorbilder. Sowohl die klassischen philosophischen Weisheitslehren als auch die mystischen Strömungen der meisten Religionen betonen: Weisheit beruht auf Gelassenheit und Gelassenheit auf Loslassen-Können. Wer im Leben nicht lernt, materielle Güter, Ansichten und Gewohnheiten auch loszulassen, der verhärtet und verbittert. Er klammert sich an Dinge und Menschen wie an einen Rettungsring und muss täglich fürchten, sie aufzugeben und zu verlieren.

> »Richte doch deinen Blick auf das Weltall: nackt wirst du die Götter sehen, die alles geben, nichts besitzen. Wirst du einen für arm halten oder den unsterblichen Göttern ähnlich, der sich aller Güter des Zufalls entledigt hat?«
> (Seneca)[130]

> »Was wir da meinen, der Mensch solle dieses fliehen und jenes suchen, etwa diese Stätten und diese Leute und diese

Weisen oder diese Menge oder diese Betätigung – nicht das ist schuld, daß dich die Weise oder Dinge hindern: du bist es (vielmehr) selbst in den Dingen, was dich hindert, denn du verhältst dich verkehrt zu den Dingen.
Darum fang zuerst bei dir selbst an und laß dich! Wahrhaftig fliehst du nicht zuerst dich selbst, wohin du sonst fliehen magst, da wirst du Hindernis und Unfrieden finden, wo immer es auch sei.«

(Meister Eckhart)[131]

»Jene, die den Weg der Achtsamkeit gehen,
Haften nicht an Orten, Menschen, Dingen,
Wie Schwäne erheben sie sich vom See,
lassen Orte, Menschen, Dinge los.«

(Dhammagada)[132]

Wie wichtig die Kunst des Loslassens für ein erfülltes, langes Leben ist, zeigen Ergebnisse der Altersforschung. Zwar gibt es viele Parameter, die Einfluss darauf haben, ob wir etwa zehn Jahre länger leben: Es handelt sich um die üblichen Verdächtigen wie nicht rauchen, gesunde Ernährung, Bewegung etc. Auf diese Art und Weise können wir ein Leben vielleicht von 75 Jahren auf 85 Jahre verlängern. Seltsamerweise sind diese gesunden Lebensweisen für die Frage, ob man darüber hinaus hundert Jahre und älter wird, statistisch wieder weniger wichtig. Sehr langes Leben beruht einerseits auf einer guten genetischen Ausstattung. Andererseits zeigen Hundertjährige jedoch bestimmte persönliche Eigenschaften: »Wir haben ein paar interessante Persönlichkeitsmerkmale gefunden«, sagt Tom Perls, 50, von der Boston University, der die New England Centenarian Study leitet, die größte Hundertjährigen-Studie der Welt mit rund 2600 Teilnehmern. »Unsere Probanden sind in der Regel extrovertiert und kontaktfreudig und haben ein stabiles soziales Netz.«[133] Außerdem seien sie nicht neurotisch – sie haderten nicht mit den Widernissen des Lebens, und sie beherrschten die Kunst des Loslassens. Ähnliches berichtet der Kieler Mediziner Stefan Schreiber: »Diese Wachheit des Geistes, die Offenheit, das ist bemerkenswert – zumal diese Leute ja kein einfaches Leben hatten, sie haben Kriege, Hunger und Armut erlebt.«[134]

In Beratungsgesprächen mit älteren Menschen zeigt sich oft, dass Erinnerungen an den Beruf und vermeintliche Erfolge zusammenschnurren und den Erinnerungen an wenige schöne Momente mit Partnern, Freunden und Verwandten weichen, die ganz unspektakulär, dafür aber menschlich waren. Die Kunst, loszulassen, ist also eine Frage der richtigen philosophischen Einstellung dem Leben gegenüber.

Die ewige Party: Über Unglück und Glück

Olaf führt ein zurückgezogenes Leben: »Ich schütze mich vor allem. Das gibt mir Sicherheit. Aber ich bin nicht glücklich. Warum hat die Natur das so eingerichtet? Warum bin ich nicht glücklich? Warum sind wir alle nicht glücklich? Warum ist das Leben keine einzige Party, auf der alle friedlich und euphorisch sind, chillen und Spaß haben?«

»Weil niemand Lust auf den Stress hat, die Party zu organisieren«, antworte ich, halb im Spaß und halb im Ernst.

Hart, aber wahr: Unglück gibt es umsonst, Glück muss man erwerben. Olafs Frage: »Warum sind nicht alle glücklich?«, ist in keiner Weise naiv. Schon seit Jahrtausenden beschäftigen sich Philosophen mit der Frage, warum es scheinbar mehr Leid als Glück auf der Welt gibt und was dagegen zu tun ist. Zuletzt haben sich auch Hirnforschung und Sozialpsychologie mit der Frage nach dem Glück auseinandergesetzt und beide vereint sind zu interessanten Ergebnissen gekommen.

Zunächst einmal lohnt es sich zu betrachten, wer unsere Vorfahren waren. Sie waren Helden! Reine Überlebenskünstler! Unsere Urahnen waren nämlich genau diejenigen pfiffigen Typen, die dem Säbelzahntiger entkommen sind, die alle Hungersnöte der Eiszeit und Steinzeit überstanden haben, die sämtliche Rivalitäten und Kämpfe überlebten, die schlau genug waren, nicht den falschen Pilz, die falschen Beeren und das vergammelte Fleisch zu essen, die nicht so dumm waren, auf zu dünnes Eis zu tapsen oder mit dem Braunbären fangen zu spielen, und die nicht versucht haben, die kleine süße Schlange zu streicheln. Jeder von uns kann also stolz auf seine Vorfahren sein.

Leider haben sie uns über all die Jahrtausende vor allem eines vererbt: eine ordentliche Portion Vorsicht, Ängstlichkeit und

Pessimismus – und das ist gut so, denn es erhält uns am Leben. Auch heute brettern nur die angstfreien Jungs mit dem breiten Grinsen alkoholisiert in die Leitplanken. Nachwuchs Fehlanzeige.

Das Problem: In einer weitgehend abgesicherten Welt, wie wir sie in Westeuropa erleben, passt eine an der Steinzeit ausgerichtete Vorsicht und Ängstlichkeit oft nicht mehr in den Alltag. Im Supermarkt werden wir kaum Dosen mit giftigen Pilzen finden, auf Braunbären treffen wir nur noch im Zoo, und Konflikte am Arbeitsplatz werden nicht mehr mit der Keule ausgetragen. Trotzdem wirkt unser Steinzeitprogramm fort und bestimmt auch das Maß an Glück, das wir im Leben erreichen. Man kann verallgemeinert sagen: Negative Gefühle haben eine permanente Schutzfunktion, positive Gefühle dagegen sind Belohnungsreize für besondere Situationen. Wenn der Honig süß ist, springt zwar ein Belohnungsreiz an, der uns weiternaschen lässt, diese Naschlust muss jedoch jederzeit vom negativen Gefühl zu vieler Bienenstiche unterbrochen werden. Schmerz ist stärker als Lust – und dieses Übergewicht bestimmt wesentlich unser Handeln.

Wenn Olaf in der Disco auf die Idee kommt, Laura anzusprechen (positiver Reiz: Lust), daraufhin jedoch die Fantasie entwickelt, eine Abfuhr zu bekommen (negativer Reiz: Schmerz), dann wird er – wenn sich sein Steinzeitprogramm durchsetzt – dazu neigen, auf den Flirt zu verzichten, denn seine Gefühle sagen ihm: Negativer Reiz schlägt positiven Reiz, Schmerz schlägt Lust. Er hat nur dann eine Chance, diesem Dilemma zu entkommen, wenn er beginnt, nachzudenken:

1. Entkatastrophisieren: Nein, es droht kein langsamer und schmerzvoller Tod, sollte Laura mich ablehnen.
2. Chancenabwägung: Ich habe nicht viel zu verlieren, aber einiges zu gewinnen.
3. Steinzeitpessimismus überwinden: Ich muss mein negatives Gefühl überwinden, um an den Honig (Laura) zu kommen.

Hier sind wir bei einem weiteren wichtigen Punkt: Ohne Anstrengung und ohne Widerstände entwickeln wir eher wenig gute Gefühle:

Im spanischen Marbella traf ich in einer Bar auf Peter, einen Millionenerben. Er fragte nach meinem Beruf. Ich war unvernünftig und verriet ihm, ich sei Psychiater. Also schüttete er sein Herz aus und erzählte seine Lebensgeschichte: Er sei unendlich reich und brauche nicht arbeiten; doch was nütze ihm dies? Frauen interessierten sich nur für sein Geld und er könne mit seinem Leben nichts anfangen.

»Jeden Morgen aufstehen und nicht wissen, wozu, das ist eine Qual!«, wiederholte er immer wieder.

Er habe ein Kind adoptiert, wohltätige Projekte gestartet, die ganze Welt bereist und finde dennoch seine Mitte nicht. Es sei ihm alles gleich, weil ihn keine Sache der Welt wirklich anstrenge und etwas koste.

Wohltätigerweise lud er mich zu einem Gin Tonic nach dem anderen ein – doch es war hierfür zu heiß und ich hatte nicht das Training einer Millionärsleber; also kapitulierte ich, ging angeschlagen zurück ins Hotel und war unpässlich für den nächsten Tag am Strand.

Aus diesem Ereignis konnte ich drei Lehren ziehen:

- Erzähle im Urlaub nicht jedem deinen Beruf.
- Vorsicht beim Zechen mit Millionären.
- Und: Gratis-Drinks machen nicht immer glücklich.

Noch einmal: Ohne Anstrengung keine guten Gefühle! Da positive Empfindungen und Glück von der Natur als Belohnungsreiz vorgesehen sind, können sie nur das Ergebnis von *Handeln* sein, das unserem Körper und unserer Psyche guttut. Bei diesem Handeln müssen wir neben etwaigen pessimistischen Überzeugungen (Olaf: »Laura will mich wahrscheinlich gar nicht«; Peter: »Es ist gleichgültig, was ich tue.«) noch ein weiteres Steinzeitprogramm überwinden: das Energiesparprogramm. Unsere Vorfahren mussten sich durch tausende Hungersnöte retten. Hungersnöte sind Energiekrisen des Körpers. Da die meisten Aktivitäten den Körper Energie kosten, haben nur diejenigen überlebt, die sehr sorgfältig mit ihren Energien umgingen. Daher scheuen wir nichts mehr, als Energie aufzuwenden. Der innere Schweinehund sagt bei jeder Gelegenheit: »Muss das sein? Warte lieber ab. Lass die Dinge laufen. Warte, bis dir die süßen Trauben in den Mund fallen.« Und so stehen viele mit offenem Mund da und warten – doch was passiert? Nichts.

Das Energiesparprogramm war früher nützlich, in Zeiten der Kalorienschwemme führt es nur zu Figurproblemen. Deswegen wird niemand glücklich, der mit der Chipstüte zu Hause auf dem Sofa sitzt. Irgendwann fehlt etwas. Man wird gereizt und depressiv, weil Faulenzen und Essen im Lauf der Zeit immer weniger als Belohnungsreiz wirken. Starke Belohnungsreize dagegen stellen sich nur durch Selbstüberwindung ein: Hobbys starten, die Wohnung verlassen, Freunde und Freundinnen treffen, joggen, in die Disco gehen und flirten, eine neue Sprache lernen, die Koffer packen und reisen. Alles das setzt voraus, sich anfänglich anzustrengen, um erst später von den Glücksgefühlen zu profitieren.

Fassen wir zusammen:

- Aufgrund unseres Steinzeit-Angst-Programms überwiegt auch noch heute ein negatives Gefühl alle positiven Gefühle, es kann einem sprichwörtlich ein schlechtes Ereignis den ganzen Tag ruinieren. Negative Gefühle haben eine Schutzfunktion, positive Gefühle dienen als Belohnung für sinnvolles Handeln.
- Aufgrund unseres Steinzeit-Energiespar-Programms finden wir tausend Ausreden, uns um dieses sinnvolle Handeln zu drücken. Dadurch fehlen Belohner-Reize und Glücksgefühle, wir werden mürrisch und unglücklich.

Natürlich sind wir nicht blinder Spielball unserer Steinzeitprogrammierung. Wir sind Menschen und haben zwei mächtige

Werkzeuge: unseren freien Willen und unseren Verstand. Unser Verstand kann sich willentlich entscheiden, die Angstgefühle rational zu kontrollieren und die Unlustgefühle zu überwinden. Mit etwas Training ist unsere Psyche dazu in der Lage – falls wir unter keiner seelischen Störung leiden und diese Gefühle nicht zu intensiv sind. Es bedarf aber einer klaren Willensentscheidung und des Verzichts auf sämtliche Ausreden. Auch hier gilt: »Ohne Arbeit keine Kekse.«

Zum anderen ist es hilfreich, die eigene Einstellung gegenüber dem Unglück zu prüfen und zu trainieren, den alltäglichen Frustrationen und Belastungen nicht zu viel Aufmerksamkeit zu widmen: Leiden ist eine seelische Aktivität. Je mehr Aktivität wir dem Leiden widmen, umso größer wird es. Je mehr wir also Alltagsängsten und negativen Gefühlen Zeit und Beachtung schenken, desto stärker breiten sie sich in uns aus. Unser Gehirn baut dann diejenigen Nerven-Netzwerke aus, die zum Leiden genutzt werden. Erste unglückliche Gedanken bilden zunächst kleine neuronale Verknüpfungen; doch je häufiger wir diese schmalen Leidens-Trampelpfade nutzen, desto schneller wachsen sie zu vielspurigen Leidens-Autobahnen, auf denen sich die entsprechenden negativen Gedanken und Gefühle Wettrennen ohne Tempolimit liefern. Aufmerksamkeit ist daher der Dünger, der schlechte Gefühle und Gedanken wachsen und gedeihen lässt, bis wir aus dem rasenden Chaos dunkler Empfindungen nicht mehr hinausfinden. Gerade unter Menschen, die viel freie Zeit zur Verfügung haben, gibt es einige, die selbst kleinsten Widrigkeiten des Lebens mit großer Empörung entgegentreten: Das Phänomen des »nörgelnden Rentners«, der morgens beim Bäcker schon drängelt, der mit Nachbarn in Streit gerät, sich über alles und jeden erregt, Parksünder meldet und Leserbriefe an Presse, Funk und Fernsehen schreibt, hat hier seinen Ursprung.

Wer sich gegen jedes kleine Ungemach empört, lebt daher schlechter als ein Mensch, der akzeptiert, dass Frustrationen genauso ein Bestandteil des Lebens sind wie Freude und Glück.

Bereits die antiken Philosophen konzentrierten sich darauf, unglückliche Gedanken zu begrenzen. Insbesondere die Stoiker betrachteten die Vermeidung von Schmerz als wichtigstes philosophisches Ziel. Sie unterschieden zwischen den Gütern, die für ein vernünftiges und schönes Leben natürlich und notwendig sind (z. B. Gesundheit, Nahrung, Unterkunft und Freunde), und jenen, die nicht natürlich und notwendig sind (z. B. Ruhm, Luxus, äußerer Erfolg). So trainierten sie ihren bewussten Verstand, sich auf den möglichen Verlust der nicht notwendigen Güter einzustellen, um ihn so vor seelischem Schmerz zu immunisieren.

Mit dieser Grundeinstellung kann man zwar keine wonnetrunkenen Glückszustände provozieren – wer dies möchte, dem bleibt nur der Drogenkonsum –, doch sind Rausch und Ekstase auch nicht das Ziel der antiken Philosophie, sondern vielmehr *Ataraxia*, also Seelenfrieden. Dieser Seelenfrieden entspricht demnach am ehesten der besonnenen Mitte zwischen depressivem Dauerleid und ekstatischer Euphorie. Nichts Spektakuläres also auf den ersten Blick. Das antike Ideal der ausgeglichenen Seele scheint jedoch angesichts der wankelmütigen Achterbahnfahrt, die unsere Glücksgier provoziert, ein zumindest erreichbares Ziel zu sein.

Modern ausgedrückt handelt es sich bei der antiken Lebensphilosophie um psychologische Lehren. In ihrer vorsichtigen Zurückhaltung hinsichtlich des weltlichen Erfolges unterscheidet sich diese antike Psychologie allerdings deutlich von heutigen psychologischen Grundannahmen.[135] Die moderne Psychiatrie und Psychotherapie sind keineswegs wertfrei, wenn sie gesellschaftlichen Misserfolg mit Krankheitsdiagnosen belegt (»Schulversagen«, »Burn-out«, »Rentenbegehren«) und sozialen Erfolg mit seelischer Gesundheit assoziieren. Eine Psychologie, die sich in diesem Punkt nicht prüft, folgt nur dem aktuellen gesellschaftlichen Mainstream, auch wenn sie meint, statistisch korrekt oder werteneutral zu sein. Sie macht sich unkritisch zum Diener der modernen Tendenz[136], den Wert eines Menschen anhand seines materiellen Erfolgs zu messen. Zwar klingt dieses Gleichsetzen von *erfolgreich funktionieren* und *seelisch gesund sein* in unseren Ohren plausibel, doch beweist dies nur, wie selbstverständlich wir das Moralsystem des Erfolgs verinnerlicht haben. Das ausschließlich am Erfolg orientierte marktwirtschaftliche Konkurrenz-Ideal hat sich zwar weltweit verbreitet – dennoch sollten wir nicht vergessen, dass auch andere Menschenbilder existieren, die den einzelnen Menschen nicht anhand seiner äußeren Erfolge bewerten, sondern anhand seiner seelischen Eigenschaften.

Von der antiken Grundeinstellung können wir daher auch heute noch lernen. Wenn wir die Wohlstandsillusion aufgeben, wir könnten die materielle Welt oder unsere Beziehungen nach Wunsch gestalten und kontrollieren, dann sind wir wirklich frei. Es handelt sich dabei jedoch, wie schon beschrieben, nicht um eine Freiheit *zu* etwas, sondern um eine Freiheit *von* etwas, als nicht um die Freiheit nach Belieben zu wünschen, sondern um die Freiheit *von* genau diesen quälenden kindlich-unerfüllbaren Wünschen. Die Freiheit *zu* etwas ist die Freiheit, die wir vom Lottogewinn erträumen, die Sehnsuchtslust nach dem Haus mit Swimmingpool, der ewigen Bespaßung und den Luxusreisen. Die Freiheit *von* etwas wäre dann diejenige Freiheit, die ein des fetten Lebens überdrüssiger Millionär wählt, der erkennt, dass all dieser Tand seine Seele nicht glücklich macht. Das kommt naturgemäß selten vor, denn wie bereits gesagt: Seinen Besitz zu mehren, ist wie Salzwasser trinken, man wird immer durstiger davon. Reichtum ist sicher angenehm, seelisch gesehen jedoch eine Scheinfreiheit: Die Vorstellung, Handlungsfreiheit bestehe darin, sich alle erwünschten Dinge und Menschen aneignen zu können, ist eine starke Illusion, die keine Chance auf Realisierung hat. Der Irrsinn, der diesem Machtanspruch an die Welt zugrunde liegt, wurde bereits ausführlich besprochen: Konsumsucht hat mit Freiheit nichts zu tun.

Der Autor Christian Rickens, der ein Buch über die Lebenswelt von Millionären geschrieben hat[137], berichtet in einem Interview: »Vor dem Tod haben sie Angst. Je toller sie sich fühlen, desto mehr sehen sie es als Affront, dass der Mensch nach 80 Jahren stirbt.«[138]

Es gibt nichts Seltsameres als alte reiche Menschen, die meinen, durch Medizin und Biotechnologie den Tod überlisten zu können. Ihr Technikglaube verhält sich umgekehrt proportional zu ihrer seelischen Reife. Die harmlosen Fälle hoffen, durch Radikalfänger, Anti-Aging, strengen Vegetarismus oder Überdosen von Vitamin C ein paar Jahrzehnte länger durchzuhalten, bis die allmächtige Wissenschaft unsere Gene auf ewige Existenz programmieren kann. Die pathologischen Fälle meinen, sie könnten durch Gewebeproben oder Kryo-Konservierung, also banale Tiefkühl-Lagerung, ihre Körper und Seelen in eine weite, ferne Zukunft retten. Ihre Fantasie malt sich aus, eine ferne Zivilisation lasse sie wie Phoenix aus der Asche steigen und sie könnten in hunderten Jahren ihr Leben der Gier unsterblich fortführen. Ihr Irrtum besteht zum einen in der Annahme, eine zukünftige Technologie sei hierzu fähig. Doch das ist de facto nicht der Fall, denn ein totes Gehirn ist wie ein Computer-Arbeitsspeicher ohne Strom: Die Daten sind nicht mehr zu retten. Um dieses Problem zu umgehen, müsste man den Menschen schon bei lebendigem Leib und klarstem Bewusstsein schockfrosten – den Mut oder Wahn, dies zu tun, zeigte bisher keiner –, aber selbst dann wäre ein Erfolg äußerst fraglich, denn wie jeder aus der eigenen Küche weiß, ist gelungenes Einfrieren leichter als appetitliches Auftauen.

Die größere Anmaßung besteht jedoch darin, zu glauben, unsere Nachfahren hätten ein besonderes Interesse daran, tausende gieriger alter Menschen einen nach dem anderen wieder auferstehen zu lassen. Würden wir Heutigen denn unsere Sippschaften der letzten Jahrhunderte alle wieder an Bord wünschen? Man denke nur an die Erbstreitigkeiten …

Die Kryo-Konservierung ist eine Ersatzreligion, die vergessen machen will, dass ein Mensch nicht einfach aus Körper und Gehirn besteht, sondern aus der Summe aller zeitgebundenen Erfahrungen und Interaktionen, aller mit *dieser* Welt verwobenen Wünsche, Erinnerungen, Zartheiten und Antipathien. Wie soll dieser Mensch-Umwelt-Komplex in die Zukunft transportiert werden? Jede Topfpflanze verblüht ohne Mutterboden – es bedarf also schon eines ordentlichen Autismus, um sich ein Leben in der Zukunft ohne die Wurzeln der Gegenwart vorstellen zu können. Autismus ist an dieser Stelle vielleicht ein gutes Stichwort: Man sehe in die Gesichter der Menschen, die solche Projekte planen, und denke ein wenig nach.

Wer nicht zu sterben versteht, der sollte sich statt der Medizin lieber eine anständige Religion zulegen – nicht jeder kann schließlich wie ein stolzer Römer stoisch den Tod verachten.

Der Grundkonflikt besteht philosophisch gesehen darin, dass wir Menschen dem unbegrenzten Sein als begrenzte Wesen gegenüberstehen. Wir können uns auf den Times Square stellen und Polka tanzen, wir können uns zehnmal liften lassen, elfmal heiraten und zwölf Milliarden Euro Vermögen aufhäufen: Wir sind und bleiben unbehaarte Primaten, die irgendwann faltig und grau in die letzte Kiste sinken. Wer das nicht akzeptiert, muss atemlos kämpfen, wählt den Weg eines übersteigerten Egozentrismus – und verfällt, wenn dieser Weg scheitert, in Depressionen, Süchte oder den Ausweg des Selbstmords. Er verlässt die Welt auf einem dieser Wege, da er das große SO-IST-ES, das die Welt seinen Kinderwünschen entgegenstellt, nicht akzeptieren mag. Wer das So-ist-es der materiellen Grenzen akzeptieren kann, hat es dagegen leichter mit der Welt und damit auch mit der Liebe. Ein vom wütigen Kontrollieren befreites Leben ist durchaus möglich, auch wenn es derzeit wenig Fürsprecher besitzt.

War es das?

Sind das bereits die Wege, um mit den Begrenzungen des Lebens fertigzuwerden?

Gibt es nur den Weg des gierigen Hungers auf der einen Seite sowie den Weg der Liebe und der weisen Begrenzung unserer Wünsche auf der anderen?

Sind unsere Grenzen wirklich so eng?

Nein. Zum Glück nicht. Die recht unspektakuläre seelenruhige Zufriedenheit muss nicht alles sein, was durch ein philosophisches Leben erreicht werden kann. Sie stellt vielmehr die Basis dar, den besonnenen Ruhepol, von dem aus unsere Alltagserfahrung ihre engen Grenzen auszuloten und zu überschreiten versucht. Wir können dem So-ist-es nicht auf der materiellen Ebene entkommen, wir können aber unsere engen Grenzen zumindest seelisch überwinden. Hiervon handelt das letzte Kapitel.

Ankommen: Zufriedenheit und Transzendenz

Eine Klientin:

»Ich fragte eine Freundin: Wo ist meine Lebensfreude geblieben? Da merkte ich auf einmal, meine Frage ist Unsinn. Die Wahrheit ist: Ich hatte nie Lebensfreude. Das, was ich für Lebensfreude hielt, war immer nur Kasperei gewesen, Ablenkung, Täuschung. In meinem Leben fehlt die Mitte und es fehlt der Sinn. Ich weiß nicht, ob ich so bin, wie ich mich nach außen zeige. Deswegen bin ich nie zufrieden.«

Im Lauf unserer Lebensjahre legen wir uns eine Rolle zu, anhand derer uns die anderen identifizieren und in der sie uns wiedererkennen – doch diese Rolle kann irgendwann zum Fluch werden, denn wir werden sie nicht mehr los. Dann fangen die Tagträume an:

- Was, wenn ich ein anderer wäre?
- Wenn ich andere Eltern gehabt hätte?
- Wenn ich im Süden lebte?
- Wenn ich mich mehr angestrengt hätte?
- Wenn ich studiert hätte, ein Anwalt oder Arzt geworden wäre?
- Wenn ich mich weniger angestrengt hätte und mehr gelebt hätte?
- Wenn ich faul geblieben wäre – ein Tagträumer, Lebenskünstler oder Fantast?

Diesen Träumen liegt als Gefühl zugrunde: *Dort, wo ich bin, bin ich nicht wirklich ICH.*

Wen der Alltag befriedigt, wer glaubt, die richtige Wahl getroffen zu haben, wer meint, am richtigen Ort, mit dem richtigen Partner und dem richtigen Beruf zu leben, den berühren diese Fragen nicht. Er lebt im »richtigen«, satten, erfüllenden Leben. Soziale Rollen sind heute aber nicht mehr von Geburt an gegeben. Technischer Fortschritt und materieller Wohlstand ermöglichen dem Einzelnen große Handlungsspielräume und damit – im Gegensatz zur gesamten früheren Menschheitsgeschichte – ungeahnte Wahlmöglichkeiten. Aufgrund dieser Möglichkeiten müssen die meisten jedoch auch die Frage ertragen, ob sie die vermeintliche Freiheit denn »richtig« nutzen, ob sie ihr Leben »richtig« führen. Viele leben daher im Selbstzweifel – und zum Trost sei ihnen gesagt, dass dieser Zweifel wahrscheinlich die Mehrheit ihrer Mitmenschen umtreibt: Kaum einer, der sich nicht immer wieder in Frage stellt.

Wo der große Ausbruch, das Aussteigen, das Auswandern, die radikale Änderung der eigenen Prioritäten nicht möglich ist, wird entweder weitergeträumt – manche Menschen werden nie ganz wach – oder der innere Rückzug gewählt. In einer Umwelt, die Selbstverwirklichung zu verweigern scheint, sind solche kleinen Fluchten nicht nur sinnvoll, sondern seelisch sogar notwendig. Um die Außenwelt nicht mehr zu spüren, ziehen sich viele in ihr privates Nest zurück und richten sich dort warm und behaglich ein – oder sie gehen auf große Reise in die Welt der Kunst, der Musik, der Philosophie und aller anderen ästhetisch ansprechenden Dinge, um auf diese Weise die Zumutungen des Alltags hinter sich zu lassen. Besonders schön hat diese Wege des Glücks der Schriftsteller Jean Paul beschrieben:

> »Ich konnte nie mehr als drei Wege, glücklicher (nicht glücklich) zu werden, auskundschaften. Der erste, der in die Höhe geht, ist: so weit über das Gewölke des Lebens hinauszudringen, dass man die ganze äußere Welt mit ihren Wolfsgruben, Beinhäusern und Gewitterableitern von weitem unter seinen Füßen nur wie ein eingeschrumpftes Kindergärtchen liegen sieht. – Der zweite ist: gerade herabzufallen ins Gärtchen und da sich so einheimisch in eine Furche einzunisten, dass, wenn man aus seinem warmen Lerchennest heraussieht, man ebenfalls keine Wolfsgruben, Beinhäuser und Stangen, sondern nur Ähren erblickt, deren jede für den

> Nestvogel ein Baum und ein Sonnen- und Regenschirm ist. – Der dritte endlich – den ich für den schwersten und klügsten halte – ist der, mit den beiden andern zu wechseln.«[139]

Was Jean Paul hier als ersten Weg umschreibt, ähnelt der *philobatischen Grundhaltung*, wie sie der Psychoanalytiker Michael Balint[140] als Sehnsucht nach den »objektlosen friedlichen Weiten« einer harmonisch-störungsfreien Welt beschreibt. Der zweite Weg, der Weg des Rückzugs ins private Glück, entspricht der *oknophilen Grundhaltung*: Den Oknophilen ängstigt die mögliche Weite, Kälte und Leere der großen Welt und er flüchtet in die Wärme des heimischen Nests und der haltgebenden Beziehung, mit der er am liebsten verschmelzen möchte.

Natürlich liegt eine Gefahr darin, sich durch Rückzug zu schützen vor einer Welt, die immer wieder beunruhigt, verunsichert und in Frage stellt, in der der eigene Status nicht als selbstverständlich und »von Natur« gegeben erscheint. Gerade *weil* soziale Rollen heute vielfältig ausgeformt und oft unscharf begrenzt sind, fühlen sich Menschen unsicher hinsichtlich der Frage, wer oder was sie sind und was ihre Lebensmitte ausmacht. Viele neigen deswegen dazu, sich seelisch zu verbunkern, sich krampfhaft eine angepasste Normalität aufzubauen oder sich so zu definieren, wie es die Außenwelt erwartet und verlangt.

Dabei sind wir alle weitaus mehr als die zufällige Rolle, die wir seit unserer Geburt im gesellschaftlichen Gefüge einnehmen. Wir sind mehr als nur »Angestellter« oder »Chef«, mehr als nur »Christ« oder »Moslem«, mehr als nur Europäer, Amerikaner, Asiat. Ja, wir sind sogar mehr als nur Mann oder Frau und als denkende und lesende Wesen sogar mehr als nur Kinder dieses Jahrhunderts. All das sind bunte Hüllen, Masken und Etiketten unseres Egos – doch in Wirklichkeit sind wir alle mehr, viel mehr. Um dieses »mehr« in uns zu erkennen, ist es notwendig, den Ballast des Alltags und die Verstrickungen mit der Welt immer wieder loszulassen und zur Seite zu schieben. Es ist paradox, aber erst aus der Distanz zur Welt kann eine Offenheit und Ruhe entstehen, die es erlaubt, sich dem Leben wieder zu öffnen. Dieses Distanzieren, die Sehnsucht nach philobatischen friedlichen Weiten, dieses Über-die-Welt-Hinausschreiten kann auch als Transzendieren bezeichnet werden.[141] Der erste Weg zum »glücklicher werden«, den Jean Paul beschreibt, wäre also die Fähigkeit zur Transzendenz, die Fähigkeit, seine eigene enge Welt zu überwinden und so eine gesunde Distanz zu sich und den Dingen zu finden.

Diese Fähigkeit zur Transzendenz ist sicher nicht jedem in gleichem Maß gegeben. Sigmund Freud spürte nichts hiervon in seiner Brust und er berichtet fast resignierend[142]: »Die Idee, dass der Mensch durch ein unmittelbares, von Anfang an hierauf gerichtetes Gefühl Kunde von seinem Zusammenhalt mit der Umwelt erhalten sollte«, klinge fremdartig und das Gefühl »von etwas Unbegrenztem, Schrankenlosem, gleichsam ›Ozeanischem‹« habe ihm nicht geringe Schwierigkeiten bereitet: »Ich selbst kann dieses ›ozeanische‹ Gefühl nicht in mir entdecken.« Er wisse wohl, dass Millionen von Menschen dieses Lebensgefühl in sich tragen. Freud löste sein psychologisches Dilemma, indem er folgerte, es müsse sich bei dem, was andere Menschen ihm berichten, wohl um Gefühle aus der frühen Kindheit handeln, um Gefühle aus einer Zeit, als noch keine Grenze zwischen Ich und Welt bestanden habe.

Freud offenbarte in diesen Überlegungen recht viel über sich selbst: Er war ein Kind des Abendlandes, ein Mann mit klarem, abgegrenztem Ich. Es wollte ihm nicht in den Sinn kommen, es könne als Entwicklungsschritt eines *reifen* Lebens gelten, von diesem stolzen Ich abzusehen und mittels Verstand *und* Gefühl den Weg zum anderen zu finden. In der Tat gelingt vielen Menschen diese Öffnung nach außen erst, nachdem sie die notwendigen Egoismen des jungen Erwachsenenalters überwunden haben. Man spricht dann von Altersmilde und Altersweisheit. Und manchen gelingt dieser Übergang nach außen nie. Um zu erkennen, was ihm fehlte, hätte Freud einen Mangel an sich selbst diagnostizieren müssen, was ihm, dem erfolgreichen Begründer der Psychoanalyse, unmöglich war. Also degradierte er diese ihm fremde Erfahrungswelt und deutete sie um: Das, was in vielen Kulturen als Endziel einer *reifen* seelischen Entwicklung galt, wurde für Freud zum bloßen Nachklang einer unreifen Entwicklung, zur emotionalen Erinnerung an eine frühkindliche Strukturlosigkeit. Freud erklärte damit eine Progression zur Regression, wodurch der freudianischen Psychoanalyse ein ganzer Erfahrungskontinent verschlossen blieb – erst Carl Gustav Jung sollte dies in seinen Werken korrigieren. Immerhin: Liest man Freuds Ausführungen mit Bedacht, dann stößt man immer wieder auf Sätze, in denen Freud sich deutlich unsicher zeigte: »Ich wiederhole das Bekenntnis, dass es mir beschwerlich ist, mit diesen kaum fassbaren Größen zu arbeiten.«[143]

Der transzendente Weg ist zwar nicht jedem gegeben, doch wer ihn wählt, den führt er über das abgegrenzte Ich hinaus – und unter anderem führt er auch zur Menschenliebe. Zugegeben, Menschenliebe ist ein etwas altmodischer und auch sperriger Begriff. Wenn wir an das Gewimmel auf diesem Planeten denken, fühlen wir uns heillos überfordert mit der Forderung, all diesen Menschen auch noch Wohlwollen entgegenzubringen. Eher noch soll uns die erotische Liebe zu einem einzigen Menschen ein geeignetes Medium sein, die Welt zu transzendieren. Dies gilt als schwer genug und folgt überdies der romantischen Tradition, aus der Liebe oder dem erotischen Akt die höchsten Forderungen an das Leben abzuleiten. Doch Vorsicht: Liebe wird so zum Religionsersatz. Sie soll das Leben zwar erlösen und transzendieren – doch dass Liebe genauso gut auch Unglück, Wahn und Verwirrung bedeuten kann, hört dieser Götterglaube nicht gerne. Wer also das Leben transzendieren will, sollte gut überlegen, ob er die Liebe und seinen Partner damit nicht überfordert.

Wenn schon Transzendenz, dann bitte am geeigneten Objekt. Man kann – den großen philosophischen Traditionen folgend – davon ausgehen, dass die Welt eine Einheit bildet, die nicht nur von Materie, sondern auch von einer nicht-materiellen (also geistigen) Struktur getragen wird. Im Alltag ist diese Meinung wenig populär – man denkt eher mechanisch wie die Handwerker, da man ja von materiellen Dingen und Problemen umgeben ist. Dafür können sich Quantenphysiker diesen Ansichten problemlos anschließen, denn auch für sie ist die Unterscheidung von Materie und der ihr zugrunde liegenden Struktur kein wirkliches Problem, sondern eine veraltete Denkgewohnheit unseres steinzeitlichen Nervensystems.[144] Diese geistige Struktur ist für uns Menschen erstens relevant und zweitens erfahrbar. Erfahrbar bedeutet hier nur, dass wir sie teilhabend wahrnehmen können, nicht dass unsere sprachliche Logik sie schlüssig und umfassend beschreiben kann. Um das Beispiel des Schoko-Muffin aus dem ersten Buchteil wieder aufzugreifen: Ich kann den Schoko-Muffin wahrnehmen, auch ohne ihn umfassend erklären und in seine Bestandteile zerlegen zu können. Genauso verhält es sich mit der Welt: Wir können sehr deutlich wahrnehmen, dass dort draußen eine faszinierende, komplexe Struktur unseren Kosmos aufbaut, ohne diese jedoch umfassend beschreiben zu können. Vielleicht neigen wir dazu, sie als chaotisch abzutun, doch wie bereits beschrieben: Wenn wir Struktur nicht zu erkennen vermögen und über mangelnde Ordnung klagen, dann beschreibt der Begriff »mangelnde Ordnung« am ehesten unsere intellektuelle Schwäche – und nicht die Außenwelt.

Das berühmteste – und wohl auch schwierigste – Buch der Philosophiegeschichte ist Immanuel Kants *Kritik der reinen Vernunft*. Dieses Buch ohne Vorbereitung lesen zu wollen, wäre ebenso schlau, wie barfuß zum Gipfel des Mount Everest zu steigen. Man kann die *Kritik der reinen Vernunft* jedoch einfach aufschlagen und die ersten Sätze der Vorrede zur ersten Ausgabe von 1781 lesen. Sie beschreiben sowohl die Fragestellung des Buchs als auch das grundsätzliche menschliche Dilemma, dem wir in der einen oder anderen Form in den vorigen Kapiteln bereits begegnet sind:

»Die menschliche Vernunft hat das besondere Schicksal (...): dass sie durch Fragen belästigt wird, die sie nicht abweisen kann; denn sie sind ihr durch die Natur der Vernunft selbst aufgegeben, die sie aber auch nicht beantworten kann, denn sie übersteigen alles Vermögen der menschlichen Vernunft.«[145]

Wir können also die richtigen Fragen stellen, ohne jedoch Anspruch auf die richtigen Antworten zu haben. Wir können daher über die Antworten auf gewisse Fragen – gibt es die unsterbliche Liebe? worin besteht der Sinn des Lebens? hat diese Welt einen höheren Zweck, und wenn ja, was habe ich damit zu tun? – auf einer logischen Ebene nichts Sicheres wissen, denn unser Gehirn ist für diesen Erkenntnisprozess wohl einfach zu klein; wir können jedoch über diese Weltfragen herrlich spekulieren, um so geistig offener zu werden. Spekulieren bedeutet, Fragen zu stellen, die von unserem Erkenntnisvermögen zwar nicht sicher beantwortet werden, die als Fragen aber, samt ihren möglichen Antworten, dennoch interessant und relevant sind.[146]

Die tröstende Kernaussage besteht also darin, dass wir Menschen nicht nur durch Materie und mechanische Ursache-Wirkungsbeziehungen erklärbar sind – geboren, gelebt, gestorben –, sondern seelisch teilhaben können an der komplexen Struktur des Universums. Menschsein bedeutet mehr, als sinnlos isoliert und verloren durch den Kosmos zu torkeln. Wir können uns um das Ganze dieser Welt bemühen, es in unsere Erfahrung integrieren und das Wissen um den bescheidenen Ort unserer Existenz in konzentrischen Ringen erweitern.

Es ist eine seltsame Sache: Je mehr Wissen und Erfahrung ein Mensch gesammelt hat, umso klarer sind ihm seine Grenzen. Das Wissen um die Welt arbeitet daher auch unserer gewohnheitsmäßigen Selbstüberschätzung entgegen, es übt in Zurückhaltung – und so werden wir uns selbst und dem Gegenüber angenehmer.

Folgenden Dialog habe ich einem alleinerziehenden Vater und seinem Sohn abgelauscht:

Sohn: »Warum leben wir eigentlich?«
Vater: »Du bist sechs, du darfst das noch nicht fragen.«
Sohn: »Was ist die Belohnung, wenn wir alt sind?«
Vater: »Das kommt drauf an, was du schaffst in deinem Leben.«

Man sieht hieran, dass philosophische Fragen die Eigenschaft haben, schon Kinder zu beschäftigen – und dennoch nicht kindisch sind. Also, warum leben wir eigentlich?

Und was ist die Belohnung, wenn wir alt sind?

Wer dem Anpassungsdruck widersteht und Statusspielen – mein Haus, mein Partner, mein Doktortitel – nicht verfällt, findet vielleicht die Zeit und Kraft zu entdecken, was im Leben wirklich wichtig ist.

Zum Schluss

Phaidros: Du meinst, dass man am Schluss die Hörer in einer Zusammenfassung an das Gesagte erinnere?
Sokrates: Dies meine ich ...

Platon: *Phaidros*

In den Teilen I bis V wurde für verschiedene Lebensbereiche gezeigt, welche Einflüsse, Einstellungen und Leidenschaften unsere Beziehungen fördern und welche sie gefährden. Destruktiv – aber veränderbar – sind alle Faktoren, die auf einer Ich-Haltung beruhen, denn das ICH-ICH-ICH führt zu Optimierungswahn und Gier und steht dem Wir der Liebe prinzipiell entgegen. Kurz gefasst: Je größer die Egos, desto kleiner die Liebe – wenn beide Partner toll sein wollen, dann spiegeln sie sich zwar im gegenseitigen Glanz, doch dieser kalte Glanz hat wenig zu tun mit wärmender Liebe.

Aus vielen Gesprächen mit den unterschiedlichsten Klienten haben sich ein paar Leitsätze herauskristallisiert, die ich dem Leser nicht vorenthalten möchte. Wer nicht jede Aussage teilt, kann sie zumindest als anregendes Ferment nutzen, falls irgendwann die gewohnten Pfade nicht weiterführen:

1. Liebe lässt sich nicht planen.
2. Wir haben kein Recht auf etwas, bloß weil wir es uns wünschen.
3. Unterschiede zwischen Partnern sind normal. Sie sind erst dann ein Problem, wenn man sie für ein Problem hält. Wenn man einen Unterschied akzeptiert, ist er kein Problem.
4. Menschen sind verschieden. Wirklich verschieden. Man kann nicht fordern, andere müssten so fühlen, denken und handeln wie man selbst.
5. Keiner kann Gedanken lesen. Auch unser Partner nicht. Über Bedürfnisse muss man daher sprechen.
6. Ob wir fähig sind zu lieben, hängt von uns selbst ab, nicht von unserem Gegenüber. Unser Partner ist nicht für unser Glück verantwortlich.
7. Es gibt keine Nähe ohne Verletzungen, Konflikte sind unvermeidlich.
8. Es ist schwer genug, sich selbst zu ändern. Wieso sollte es gelingen, seinen Partner zu ändern?

9. Das Leben ist nicht gerecht. Wer hat das auch behauptet? Schuld verharrt in der Vergangenheit. Lösungen führen in die Zukunft.
10. Das Leben ist wie ein Kinobesuch: Am Ende geht der Projektor aus, doch das entwertet nicht den Film, den man erleben durfte. Auch für die Liebe gilt: Dass etwas schlecht endet, heißt nicht, dass es insgesamt schlecht war.
11. Sich mit anderen zu vergleichen, ist die sicherste Methode, unglücklich zu werden.
12. Kein Mensch ist mehr wert als der andere. Jeder Mensch ist einzigartig. Wer das zutiefst versteht, wird glücklich. Sofort.

Das Leben ist zwar anstrengend, aber auch schön. Weil unsere Zeit begrenzt ist, reicht das vollkommen aus. Partner sind keine Wunscherfüllungs-Automaten. Die unablässige Partneroptimierung, die permanente Beziehungsrevolution, schafft permanentes Unglück. Wir lieben mal mehr, mal weniger, manchmal auch gar nicht – und all das ist normal.

Erotische Spannung alleine kann eine Beziehung nicht dauerhaft tragen, es bedarf im Alltag vielmehr auch der Kontinuität und der sicheren Bindung – ganz einfach deshalb, weil unsere tiefsten Säugetiergefühle konservativ sind und Kontinuität und Bindung ausgesprochen schätzen. Doch der erotischen Liebe erscheint alles Verlust, was nicht um ihrer selbst willen geschieht, und so kann das erotische Liebesbegehren sich zum alleinigen Herrscher aufschwingen, der gierig über den Wert der Bindung zu richten trachtet.

Wer, statt eine realistische Partnerschaft einzugehen, den lebenslangen Drahtseilakt einer optimalen Liebesperformance bevorzugt, der mag das tun – er sollte sich nur klarmachen, wie leicht ein Seiltänzer stürzen kann.

Danksagung

Ich danke meinen Probelesern, insbesondere Christoph Hanckel, Benjamin Nur und Harald Paetzold, sowohl für die wiederholte kritische Lektüre des Manuskripts, als auch für ihre große Geduld mit dem drängelnden Autor.

Weiterhin danke ich meiner Agentin Heike Wilhemi sowie Martin Scherer vom Diederichs Verlag dafür, dass sie sich ohne Zögern für das Manuskript eingesetzt haben, sowie Frau Anna Egger für das kompetente Lektorat. Meinen Klienten danke ich für die Freude, jeden Tag von neuem etwas über unsere wunderbaren Unvollkommenheiten zu lernen.

Anmerkungen

I Suchen und finden

1 Alle Namen sind anonymisiert.

2 Siehe: Bärbel Mohr: *Bestellungen beim Universum. Ein Handbuch zur Wunscherfüllung*. Aachen 2004.

3 Gegen positives Denken ist natürlich nichts einzuwenden, solange es nicht blind für Konflikte macht.

4 Rainer Maria Rilke: »*Erste Duineser Elegie*«. In: *Gedichte*. Frankfurt a. M. 1986.

5 Irvin D. Yalom: *Existentielle Psychotherapie*. Köln 2000, p. 206.

6 Eine sehr differenzierte Arbeit hierzu: Sven Hillenkamp: *Das Ende der Liebe. Gefühle im Zeitalter unendlicher Freiheit*. Stuttgart 2009.

7 Baruch de Spinoza: »Ethik«. In: *Sämtliche Werke*. Stuttgart 1871.

8 Immanuel Kant [1789]: *Kritik der praktischen Vernunft*. Hamburg 1990.

9 Eva Illouz: *Der Konsum der Romantik*. Frankfurt 2007.

10 »Snoozeln« bedeutet in der Alten- und Behindertenpflege, dem Menschen einen ruhigen, geschützten Raum mit sanften Sinnenreizen – Gerüchen, leiser Musik, sanfter Massage – anzubieten. Der Ausdruck kommt aus dem Holländischen (»snoezelen room«).

11 Siehe hierzu z. B. Erich Fromm [1955]: »Wege aus einer kranken Gesellschaft«. In: *Gesamtausgabe Band IV*. München 1989, p. 117 ff.

12 Vgl. dazu Michael Winterhoff: *Warum unsere Kinder Tyrannen werden*. Gütersloh 2008; Bernhard Bueb: *Lob der Disziplin. Eine Streitschrift*. Berlin 2008; Amy Chua: *Die Mutter des Erfolges. Wie ich meinen Kindern das Siegen beibrachte*. Zürich 2011.

13 Das Gedicht »Ein Gleiches« schrieb Goethe am Abend des 6. September 1780 an die Holzwand einer Jagdhütte:

»Über allen Gipfeln / Ist Ruh, / In allen Wipfeln / Spürest du / Kaum einen Hauch; / Die Vögelein schweigen im Walde. / Warte nur, balde / Ruhest du auch.«

14 »Neue Erkenntnisse zum Liebesleben der Neandertaler«. *Welt Online*, 20. Dezember 2010: (http://www.welt.de/wissenschaft/article11747880/Neue-Erkenntnisse-zum-Liebesleben-der-Neandertaler.html); zuletzt aufgerufen am 7. November 2011.

15 Eva Illouz: *Warum Liebe weh tut*. Frankfurt a. M. 2011.

16 Ebd. p. 25.

17 Indem Illouz bestimmte Grundannahmen macht, erzeugt sie in ihrer Analyse Aussagen, die sich im Rahmen dieser Grundannahmen bewegen – das

Eigeninteresse verzerrt hier den Blickwinkel: Illouz behauptet eine generelle Bindungsunwilligkeit der Männer; die einzige Studie, die sie hierzu anführt, sagt jedoch aus, Männer seien bindungswilliger als Frauen. Illouz lässt dies unkommentiert stehen und unterfüttert ihre These stattdessen mit Einzelinterviews erfolgreicher Männer. Eine andere Statistik: Zwei Drittel aller Scheidungen sowohl in den USA als auch in Deutschland werden von Frauen eingereicht – auch dies wird nicht hinreichend diskutiert. Nicht die Bindungswilligkeit, sondern die Zufriedenheit in Beziehungen erscheint hier als das relevantere Problem. Illouz' zentrale These, Männer seien bindungsunwilliger als Frauen, ist daher zumindest mit einem Fragezeichen zu versehen.

Es ist darüber hinaus schade, dass Eva Illouz den nicht-soziologischen Wissenschaften nur mäßige Geltung einräumt. Sie hält psychologische, biologische und evolutionäre Erklärungen des Geschlechtsunterschieds für »aufgebauscht« (p.426) oder »tautologisch« (p.135), ohne hierbei ein Kriterium rationaler Wertung zu benennen oder zu erklären, worin denn das Aufbauschen oder die Tautologie bestehe. Laut Illouz kanalisieren Männer und Frauen »Sexualität unterschiedlich, weil sie unterschiedliche Strategien verfolgen, um Statusgewinne zu erzielen« (p.194). Zweck ihres Buches sei es, »die Soziologie dorthin zu bringen, wo traditionell die Psychologie regiert« (p.428). Es geht Illouz also letztlich um einen Statusgewinn für die Soziologie. Sie vertritt einen soziologischen Reduktionismus und begibt sich damit auf eine Ebene mit den reduktionistischen Machtansprüchen der Neurobiologen – frei nach dem Sprichwort »Dem Hammer ist die ganze Welt ein Nagel«. Letztlich ist ein Verständnis des Menschen nur über ein Menschenbild zu erreichen, das die Geltung unterschiedlicher Theorien für unterschiedliche emergente Erklärungsebenen toleriert, ohne Vorherrschaft für das eigene akademische Feld zu fordern.

18 Die Kulturwissenschaftlerin Barbara Vinken sieht einen Feminismus, der sich zu sehr auf die Ehe konzentriert, äußerst kritisch:

»Ich nenne diese Art von Feminismus Pamela-Feminismus. Pamela ist diese Romanheldin aus dem 18. Jahrhundert, wo Richardson 100 000 Seiten braucht, um ein Dienstmädchen nicht von ihrem Herrn missbrauchen zu lassen, sondern dass es in die Ehe mündet. Ich finde, dieser Pamela-Feminismus ist im Augenblick ganz stark auf dem Vormarsch, wo außerhalb der Ehe jede Art von erotischer Sphäre verachtet wird und darin immer ein Machtübergriff gesehen wird.«

Barbara Vinken im 3Sat-Interview, Sendung *Kulturzeit,* 1. Juli 2011: http://www.3sat.de/mediathek/?mode=play&obj=26059); zuletzt aufgerufen am 5. November 2011. Barbara Vinken führte dieses Interview im Zusammenhang mit der Missbrauchsdebatte um den französischen Politiker Strauß-Kahn.

19 Donald G. Dutton, Arthur P Aron: »Some Evidence for Heighthened Sexual Attraction under Conditions of High Anxiety«. In: *Journal of Personality and Social Psychology*. Vol. 30 1974, p. 510–517.
20 Lara Fritsche: »Bauchgefühl oder Google?« In: *Neon*, März 2011.

II Zusammenbleiben

21 Manfred Spitzer: »Die Dunbar Zahl, zur Größe von Gehirnen und Freundeskreisen«. *Nervenheilkunde*. 9/2011, p. 713–717.
22 Intuitiv mögen wir die Vorstellung zwar nicht, aber dennoch gilt: Ein zwielichtiger Politiker kann einen Staat stabil verwalten (Kaiser Augustus), eine unglückliche Schauspielerin kann in komödiantischen Filmen glänzen (Marilyn Monroe) und schwäbelnde Autoren können vollendetes Hochdeutsch schreiben (Schiller, Hegel, Hauff). Der personalisierende Rückschluss vom Produkt auf den Erschaffer kann also oft enttäuschen.
23 Christiane Oliver: *Jokastes Kinder. Die Psyche der Frau im Schatten der Mutter*. München 1991.
24 »Beziehungsforscher Gottman: ›Oft sind Chefs ziemlich einsam‹«. In: *Harvard Business Manager*, 2/2008. Nachzulesen unter: *Spiegel Online*, 10. Februar 2008. (http://www.spiegel.de/wirtschaft/0,1518,532689-2,00.html); zuletzt aufgerufen am 15. November 2011.
25 Arthur Schopenhauer: *Werke, Bd.4: Parerga und Paralipomena I*. Zürich 1988, p.453.
26 Eric Berne: *Spiele der Erwachsenen*. Reinbek 2002; Rainer Sachse: *Persönlichkeitsstörungen. Psychotherapie dysfunktionaler Interaktionsstile*. Göttingen 1997; Rainer und Claudia Sachse: *Wie ruiniere ich meine Beziehung – aber endgültig*. Stuttgart 2005.
27 Richard F. Thompson: *Das Gehirn*. Heidelberg/Berlin 2010.
28 »Hamburg fehlt ein bisschen kölsche Leichtigkeit«. In: *Hamburger Abendblatt*, 17. Januar 2011.
29 »Epigenetik: Gewalt an Schwangeren hat Folgen für die Kinder«. In: *Deutsches Ärzteblatt*, 19. Juli 2011. (http://www.aerzteblatt.de/v4/news/news.asp?id=46682); zuletzt aufgerufen am 16. November 2011.
30 John F. Winkler: *Der gefesselte Eros. Sexualität und Geschlechterverhältnis im alten Griechenland*. Essen 2002, p. 75–106.
31 Norah Vincent: *Mein Jahr als Mann*. München 2009.
32 Albert Camus: *Der Mythos von Sisyphos*. Hamburg 1959.
33 Ebd.
34 Siehe Aristoteles: *Politik III, VIII, 1337-9*, Übers.: E. Rolfes. Hamburg 1981; sowie: Franz Schupp: *Geschichte der Philosophie im Überblick*. Hamburg 2003, p. 317 ff.

35 Wie diese »typischen« Freizeitbeschäftigungen von der Werbeindustrie seit Anfang des 20. Jahrhunderts mit partnerschaftlicher Romantik verbunden wurden, zeigt Eva Illouz: *Der Konsum der Romantik*. Frankfurt 2003.
36 Ulrich Clement: *Guter Sex trotz Liebe. Wege aus der verkehrsberuhigten Zone*. Berlin 2008.
37 Richard A. Isay: *Schwul sein. Die psychologische Entwicklung des Homosexuellen*. München 1989.
38 Siehe den Film: *Der Fall Chodorkowski* (2011) von Cyril Tuschi. Gewinner des internationalen Dokumentarfilmpreises 2011.
39 Manfred Spitzer: »Geld und Glück, Karies und Kriminalität - Selbstkontrolle fürs Leben und Überleben«. In: *Nervenheilkunde*. 9/2011, p. 649-655.
40 Robert Epstein: *The Case Against Adolescence: Rediscovering the Adult in Every Teen*. Fresno 2007.
41 »Standpunkt: Mythos Teenagergehirn«. In: *Gehirn und Geist*. Serie Kindheitsentwicklung Nr. 4/Pubertät - So finden Jugendliche ihren Weg. 2009, p. 40ff.
42 Cathrin Gilbert: »Weit draußen«. *Der Spiegel*, 19/2011. (http://www.spiegel.de/spiegel/print/d-78413765.html); zuletzt aufgerufen am 15. November 2011.

III Sexualitäten

43 Volkmar Sigusch: *Auf der Suche nach der sexuellen Freiheit. Über Sexualforschung und Politik*. Frankfurt/New York 2011, p. 101.
44 Siehe die Polizeiliche Kriminalstatistik (PKA) des Bundeskriminalamtes. (www.bka.de); zuletzt aufgerufen am 15. November 2011.
45 Ebd.
46 John C Norcross, Guy D. James: *Lassen Sie es in Ihrer Praxis*. Bern 2010, p. 69.

Selbstverständlich muss auch der Autor als praktizierender Psychiater und Psychotherapeut diesen Einwand immer mitdenken. Aus diesem Grund wurde im vorliegenden Text auf eine möglichst große Vielfalt an akademischen und nicht-akademischen Quellen Wert gelegt, um so der Eindimensionalität psychologischer Behauptungsliteratur zu entgehen.
47 »Woody Allen: Mir geht's besser als meinen Filmfiguren«. *Die Zeit* 50/2009. (http://www.zeit.de/2009/50/Woody-Allen-50/seite-2); zuletzt aufgerufen am 07. November 2011.
48 Peter Watson: *Ideen. Eine Kulturgeschichte von der Entdeckung des Feuers bis zur Moderne*. München 2005; p. 255.
49 Altes Testament: Levitikus 19,27.
50 Altes Testament: Levitikus 20,10.
51 Maike Vogt-Lüerssen: *Der Alltag im Mittelalter*. Norderstedt 2001, p 119.

52 Ebd. p. 121.
53 Ebd. p. 128.
54 Sehr anschaulich beschreibt dies zum Beispiel Stefan Zweig in: *Die Welt von gestern*; Frankfurt 1970.
55 Andreas Lehmann, Christiane Scheffler, Michael Hermanussen: »*The variation in age at menarche: an indicator of historic developmental tempo*«. In: *Anthropologischer Anzeiger*, 68/2010, p. 85-99.
56 Studie der Bundeszentrale für gesundheitliche Aufklärung 2009 (http://www.forschung.sexualaufklaerung.de/3822.html); zuletzt aufgerufen am 15. November 2011.
57 »Eines der handgreiflichsten Ergebnisse der ›Authoritarian Personality‹ war, dass Personen von jener Charakterstruktur, die sie als totalitäre Gefolgsleute prädisponiert, in besonderem Maß von Verfolgungsfantasien gegen das ihrer Ansicht nach sexuell Abwegige, überhaupt von wilden sexuellen Vorstellungen geplagt werden, die sie von sich selbst abweisen und auf Außengruppen projizieren.« Theodor W. Adorno: *Eingriffe. Neun Kritische Modelle*. Frankfurt a. M. 1996, p. 102.
58 Barbara Vinken im 3Sat-Interview, Sendung *Kulturzeit*, 1. Juli 2011.
59 Robert C. Solomon: »*Sexuelle Paradigmen*«. In: Phillip Balzer, Klaus Peter Rippe (Hrsg.): *Philosophie und Sex*. München 2000, p. 46 ff.
60 Schon Nietzsche geht mit dem vermeintlichen Besitzdenken hart ins Gericht:

»... erwägt man, daß der Liebende auf die Verarmung und Entbehrung aller anderen Mitbewerber ausgeht und zum Drachen seines goldenen Hortes werden möchte, als der rücksichtsloseste und selbstsüchtigste aller ›Eroberer‹ und Ausbeuter: [...] so wundert man sich in der Tat, daß diese wilde Habsucht und Ungerechtigkeit der Geschlechtsliebe dermaßen verherrlicht und vergöttlicht worden ist, wie zu allen Zeiten geschehen, ja daß man aus dieser Liebe den Begriff ›Liebe‹ als den Gegensatz des Egoismus hergenommen hat, während sie vielleicht gerade der unbefangenste Ausdruck des Egoismus ist.« Friedrich Nietzsche: *Die fröhliche Wissenschaft*. Stuttgart1886/1976, p. 47.
61 Suzanne Brogger ... *sondern erlöse uns von der Liebe*. Düsseldorf/Wien 1978.
62 Stefanie Schramm: »Monogamie ist nicht natürlich«. In: *Die Zeit*, 15/2011. (http://www.zeit.de/2011/15/Ps-Treue-Interview); zuletzt aufgerufen am 8. November 2011.
63 »Nur 38% der Bundesbürger zweifeln daran, dass Treue funktioniert. Doch jede/r zweite geht heute fremd. Männer sind dabei führend, aber nur leicht. Frauen haben längst aufgeholt.«

Roland Mischke: »Warum uns Treue immer so schwerfällt«. *Welt Online*, 23. Februar 2011 (http://www.welt.de/vermischtes/partnerschaft/article

12615460/Warum-die-Monogamie-Liebe-und-Sex-zerstoert.html); zuletzt aufgerufen am 15. November 2011.

64 Illouz, 2011.

65 Eine auch für Laien gut lesbare Zusammenfassung: Thomas Metzinger: *Der Ego-Tunnel*. Berlin 2009.

66 Catherine Millet: *Das sexuelle Leben der Catherine M.* München 2003; Catherine Millet: *Eifersucht*. München 2010.

67 Theodor W. Adorno: *Minima Moralia*. Frankfurt 1951, p. 29 f.

68 Natasha Vargas-Cooper: »Das Märchen vom guten Sex«. In: *Neon*. April 2011.

69 Ebd.

70 Illouz 2011, p. 314 ff.

71 Siehe z. B.: Louann Brizendine und Sebastian Vogel: *Das männliche Gehirn*. Hamburg 2010.

72 Anja Wagenblast: »Aggression ist kein Urtrieb des Menschen«. *Welt Online*, 27. Juli 2011. (http://www.welt.de/gesundheit/psychologie/article13508673/Aggression-ist-kein-Urtrieb-des-Menschen.html); zuletzt aufgerufen am 15. November 2011.

73 Hauke G. Hoos, Cordula Meyer: »Herr über Leben und Tod«. *Der Spiegel*, 28/2011, p. 60, bzw. (http://www.spiegel.de/spiegel/print/d-79408596.html); zuletzt aufgerufen am 15. November 2011.

74 Barbara Sichtermann, Joachim Scholl: *50 Klassiker – Erotische Literatur*. Hildesheim 2011, p. 126.

75 Ebd.

76 Peter Fiedler: *Sexuelle Orientierung und sexuelle Abweichung*. Weinheim/Basel 2004.

77 Immanuel Kant [1783]: »Prolegomena zu einer jeden künftigen Metaphysik, die als Wissenschaft wird auftreten können«. In: Wilhelm Weischedel (Hersg.): *Schriften zur Metaphysik und Logik. Werkausgabe Band V*. Frankfurt 1978, p. 117f.

78 Baruch de Spinoza: *Ethik in geometrischer Ordnung dargestellt*. Hamburg 2007, p. 91f.

79 Siehe z. B.: »Schlacht am Venushügel«. In: *Der Spiegel*, 19/2011, p.118 ff.

80 An dieser Stelle wird ein Mangel der deutschen Sprache spürbar. Es fehlen geeignete Worte für die schönsten Körperteile. Dies erkannte schon Goethe: »Gib mir statt der Schwanz ein ander Wort o Priapus / Denn ich Deutscher ich bin übel als Dichter geplagt. / Griechisch nennt ich dich phallos, / das klänge doch prächtig den Ohren / Und lateinisch ist auch Mentula ein leidlich Wort.« (Venezianische Epigramme 64).

81 Herbert Marcuse: *Triebstruktur und Gesellschaft*. Frankfurt 1969.

82 Ebd.

83 Sigusch, p. 114.

84 So war gelebte Bisexualität in der vorchristlichen Antike fester Bestandteil der bürgerlichen (Athen) und auch militärischen (Sparta) Welt. »Die Beteiligten waren im Allgemeinen nicht homosexuell im heutigen Verständnis - die Vorstellung einer ›homosexuellen Natur‹ kannten die Griechen nicht - noch war die gleichgeschlechtliche Liebe eine Gegenkultur. Die meisten Männer heirateten und hatten Geschlechtsverkehr mit ihrer Ehefrau, mit Sklavinnen und Kurtisanen und von Zeit zu Zeit eben außerdem mit Männern.« Robin Lane Fox: *Die klassische* Welt. Stuttgart 2010, p. 59.

Nicht der bisexuelle bzw. homosexuelle Akt war problematisch, sondern nur die eventuelle Störung der sozialen Hierarchie. Die passive Rolle, die von einem jüngeren Mann eingenommen wurde, stellte das soziale Gefüge nicht in Frage (Michel Foucault: *Sexualität und Wahrheit Bd. 3: Der Gebrauch der Lüste.* Frankfurt a.M. 1989).

85 Fiedler, p. 88 ff.

86 Fiedler, p. 70 ff.

87 Ebd.

88 Sigusch, p. 115. Hervorhebung durch den Autor.

89 Sigusch, p. 113.

90 Diese Fantasie der Eroberung ganz Europas entspringt keineswegs einer neuzeitlichen Denkungsart. So zitiert der antike Historiker Herodot den persischen König Xerxes wörtlich, nach der Eroberung Griechenlands habe dieser vor, ganz Europa zu unterwerfen: »Es wird ja dann die Sonne über keinem Land aufgehen, das an das unsrige grenzt, vielmehr werde ich sie alle für euch zu einem einzigen Land zusammenfügen, wenn ich durch ganz Europa gezogen bin.« (...) »Wie die Sonne aufging, betete Xerxes, während er aus einer goldenen Schale ein Trankopfer in das Meer goß, zur Sonne, es möge ihm kein solches Mißgeschick begegnen, das ihn veranlasse, die Unterwerfung Europas eher abzubrechen, als er an dessen Enden angelangt sei.« (Herodot: *Die Bücher der Geschichte VII-IX.* Stuttgart 1958.) Wäre Alexander weniger größenwahnsinnig gewesen, hätte die dauerhafte Unterwerfung und Sicherung Europas für ihn durchaus eine Option darstellen können.

91 John Winkler stellt hierzu fest, dass es damals »offensichtlich eine überaus tiefe Beklommenheit gegenüber Fellatio und Cunnilingus gab, die gewissermaßen auf einer Stufe mit Inzest als etwas Verbotenes, Schockierendes und Unaussprechliches behandelt wurden«. Siehe Winkler, p. 64.

Winkler zeigt in seinem eleganten Buch weiterhin, dass gelegentlich antibisexuelle Äußerungen, wie z. B. beim späten Platon, als Minderheitenmeinung schon damals eher exotisch waren. Winkler empfiehlt zudem, selbst diese Äußerungen nicht überzubewerten, sie enthielten »hohe Anteile an Bluff« und seien »zum größeren Teil ein wenig wie Stammtischgeplauder unter Männern.« (ebd. p. 108) Erst später wurden sie – aufgrund der gesellschaftlichen Aufwertung der Schriftkultur und der christlichen Sexualmoral – als normativ interpretiert bzw. umgedeutet.

Selbst bei Oralverkehr handelte es sich in Griechenland um kein Tabu im totalitären religiösen Sinn. Es war eher so, dass Männer bei passiv-dienend ausgeübter Sexualität, wozu auch die Fellatio zählte, als vulgär bzw. schwach und unmännlich galten, während alle aktiv ausgeübte Sexualität unproblematisch war: »Nach Ausweis der Vasenbilder waren Vaginal- und Analkoitus die üblichen und akzeptierten Arten des Geschlechtsverkehrs. (...) Cunnilingus war ebenso wie Fellatio keine anständige Form des Geschlechtsverkehrs.« Reinsberg, p 136f.

92 Auch der Begriff »Dialektik« hat starke Bedeutungswandlungen erfahren. Erst die Philosophie Hegels hat den Begriff in der beschriebenen Form verwendet, um die Dynamik einer vernunftorientierten Entwicklungsgeschichte zu beschreiben.

93 Oft wird Psychiatern von anderen Ärzten vorgeworfen, ihre Begriffe seien nicht objektivierbar, man könne mit ihnen daher keine empirische Forschung betreiben. Ein neurologischer Kollege wies in diesem Zusammenhang zu Recht darauf hin, dass der Begriff »Schmerz« ebenfalls in keiner Weise objektivierbar sei – und dennoch stelle er eines der wesentlichsten Krankheitskriterien dar.

94 Franz Schupp: *Geschichte der Philosophie im Überblick, Band 2. Christliche Antike und Mittelalter*. Hamburg 2003, p. 476.

95 Fritz Morgenthaler: *Heterosexualität, Homosexualität, Perversion*. Frankfurt a. M. 1987, p. 48.

96 Udo Lindenberg: *Am Trallafitti-Tresen*. Hamburg 2008.

97 Gunther Schmidt: *Das neue Der Die Das: Über die Modernisierung des Sexuellen*. Gießen 2007, pp. 145 ff.

98 Udo Lindenberg: *Ganz egal*. EastWest 2002.

IV Vom Umgang mit Menschen

99 Eva Illouz: *Die Errettung der modernen Seele*. Frankfurt 2009.

100 Illouz, 2011, p. 398.

101 Peter Handke: *Kindergeschichte*. Frankfurt 1981, p. 50.

102 Georg Büchner: *Dantons Tod*. Stuttgart 2002, p. 31.

103 Wer sich für die Glücksforschung interessiert: Stefan Klein: *Die Glücksformel oder: Wie die guten Gefühle entstehen*. Reinbek 2003.

104 Helm Stierlin: *Das Tun des Einen ist das Tun des Anderen: Eine Dynamik menschlicher Beziehungen.* Frankfurt 1976.

105 Barbara Hans: »Frauen im Beruf«. *Spiegel Online*, 3. Februar 2011. (http://www.spiegel.de/panorama/gesellschaft/0,1518,743032,00.html); zuletzt aufgerufen am 23. November 2011.

106 Adolph Freiherr von Knigge [1798]: *Über den Umgang mit Menschen.* Ditzingen 1991, p. 40.

107 Lucius Annaeus Seneca: *De tranquillitate animi. Über die Ausgeglichenheit der Seele.* Stuttgart 1989.

108 Chögyam Trungpa: *Erziehung des Herzens.* Freiburg 2000.

109 »Nach zunehmender Schwere aufgelistet waren es die Wollust, Völlerei, Habgier, Trägheit, der Zorn, Neid und der Hochmut. Damit war allen deutlich gemacht, dass geistige Sünden schwerer wogen als fleischliche.« Watson, p. 385.

110 Nicolás Gómez Dávila: *Notas. Unzeitgemäße Gedanken.* Berlin 2006, p. 65.

111 Natürlich hatten Bücherverbrennungen auch in der Antike bereits ideologische Gründe – Ideologie zeigt sich jedoch zumeist als kollektiver Narzissmus: »Die Methode der Büchervernichtung wurde im antiken Christentum von allen gegen alle praktiziert.« (...) Eine riesige Bücherverbrennung erfolgte – zusammen mit vielen Hinrichtungen – unter dem arianischen Kaiser Valens im späteren 4. Jahrhundert. Fast zwei Jahre lang wütete der christliche Regent »wie ein wildes Tier«, ließ foltern, strangulieren, lebendig verbrennen, köpfen. Bei ungezählten Durchsuchungen hat man Bücher aufgespürt und vernichtet (...). Ganze Bibliotheken flogen im Osten (...) ins Feuer oder wurden von den Besitzern aus panischer Angst selbst beseitigt.« Karlheinz Deschner: *Kriminalgeschichte des Christentums, Band 3. Die Alte Kirche.* Reinbek 1990, p. 552 ff.

112 Martha Stout: »Wo andere ein Gewissen haben ist da nichts«. In: *Technology Review*, 30. Januar 2007. (www.heise.de/tr/artikel/Wo-andere-ein-Gewissen-haben-ist-da-nichts-279417.html); zuletzt aufgerufen am 23. November 2011

113 Martha Stout: *Der Soziopath von nebenan. Die Skrupellosen: ihre Lügen, Taktiken und Tricks.* Wien 2006.

114 WHO: *Internationale Klassifikation psychischer Störungen. ICD-10, Kapitel V.* Horst Dilling et al. (Hersg.). Bern 2009.

115 Arthur Schopenhauer: *Die beiden Grundprobleme der Ethik. Tl.2 Preisschrift über die Grundlage der Moral.* Hamburg 2006.

116 Es muss Schopenhauer bewusst gewesen sein, dass er die von ihm geforderte Offenheit selbst nicht erfüllen konnte: Von Zeitgenossen wird er als unduldsam und launisch beschrieben; der langjährige öffentliche Misserfolg seiner Philosophie scheint hier eine wichtige Rolle zu spielen. Schopenhauer tritt uns in seinen Briefen als im Selbstwert gekränkter Mensch entgegen, der um diese Kränkung zwar wusste, sich ihrer jedoch nicht erwehren konnte. Er wusste also um die Utopie des besseren Lebens, ohne sie selbst verwirklichen zu können. Dies ist übrigens ein schönes Beispiel dafür, dass die Wahrheit einer These nicht davon abhängt, ob der Autor ihre Schlussfolgerungen im eigenen Leben realisieren konnte – im heutigen psychologisierenden Feuilleton und den entsprechenden personalisierenden Talkshows hätte es Schopenhauer sicher schwer gehabt.

V Vom Umgang mit sich selbst

117 Arthur Schopenhauer: *Parerga und Paralipomena I*; *Werke, Bd.4.* Zürich 1988, p. 449.

118 Arthur Schopenhauer: *Aphorismen zur Lebensweisheit.* Frankfurt/M., Leipzig 1976, p. 206.

119 Martin Walser: *Erfahrungen und Leseerfahrungen.* Frankfurt 1965.

120 Natürlich gibt es hier Grenzen: Mit Nationalsozialisten, religiösen Fanatikern, Anhängern der Folter etc. wird man nicht unbedingt seine Freizeit verbringen, geschweige denn diskutieren wollen.

121 Jean-Paul Sartre: *Das Sein und das Nichts. Versuch einer philosophischen Ontologie.* Reinbek 1993, p. 119 ff.

122 »Obama findet sich großartig«. In: *Der Spiegel*, 23/2011, p. 85.

123 Eigentlich werden unter den Big-Five die fünf grundlegenden Charaktereigenschaften Extraversion, Neurotizismus, Verträglichkeit, Offenheit und Gewissenhaftigkeit verstanden. Ich lehne mich mit der hier verwendeten Definition an die Darstellung der Big-Five bei Michael Bohne an. Siehe: Michael Bohne: *Bitte klopfen! Anleitungen zur emotionalen Selbsthilfe.* Heidelberg 2010.

124 So kann man zum Beispiel auch die Frage der Schuld am Holocaust produktiv handhaben: Deutsche, die damals nicht erwachsen waren oder die später geboren wurden, haben sicher keine Schuld daran – doch sie sollten Verantwortung dafür übernehmen, dass sich faschistische Tendenzen in Deutschland nicht wiederholen.

125 Michael Mary. *Mythos Liebe.* Köln 2004, p. 194.

126 Max Weber: *Die protestantische Ethik und der Geist des Kapitalismus: Vollständige Ausgabe.* München 2006.

127 Herodot überliefert die genannte Unterhaltung des Xerxes, der die warnenden Einwände seines Onkels über die Risiken des Lebens in den Wind schlägt. Herodot: *Die Bücher der Geschichte VII-IX*, Stuttgart 1958.

128 Rolf Dobelli: *Die Kunst des klaren Denkens.* München 2011.

129 Illouz 2011, p. 299.

130 Seneca, *Über die Ausgeglichenheit der Seele.* Stuttgart 1989.
131 Meister Eckhart: *Deutsche Predigten und Traktate.* Zürich 1979.
132 Dhammapada: *Die Weisheitslehren des Buddha.* Freiburg 2005.
133 Samiha Shafy: »Happy und ihre Brüder«. In: *Der Spiegel,* 38/2010 bzw. (http://www.spiegel.de/spiegel/print/d-73892422.html); zuletzt aufgerufen am 15. November 2011.
134 Ebd.
135 Hiervon sind auch die psychoanalytischen Schulen und Verfahren nicht gefeit. Bereits Sigmund Freud assoziierte (in der fünften Vorlesung der Clark-Lectures; Sigmund Freud: *Gesammelte Werke, Bd. VIII,* Frankfurt1999, p. 52ff.) emotionale Gesundheit mit gesellschaftlichem Erfolg. Freud war sich des Grundwiderspruchs allerdings bewusst, wie sein Werk: »Das Unbehagen in der Kultur« (*Gesamtausgabe, Bd. XIV*) zeigt. Freuds Schüler Adler weist in seinen Werken dann verstärkt »auf den sozialen Faktor im Umgang der Neurose und auf ihre sozialen Defekte« hin. (Henry F. Ellenberger: *Die Entdeckung des Unbewußten.* Zürich 1985, p. 818.)
136 Weber, 2006.
137 Christian Rickens: *Ganz oben: Wie Deutschlands Millionäre wirklich leben.* Köln 2011.
138 »Ein Affront, dass man sterben muss«. Interview in: *Der Spiegel,* 16/2011 bzw. (http://www.spiegel.de/spiegel/print/d-78076151.html); zuletzt aufgerufen am 15. November 2011.
139 Jean Paul [1796]: *Leben des Quintus Fixlein.* Berlin und Weimar 1984.
140 Michael Balint: *Angstlust und Regression. Beitrag zur psychologischen Typenlehre.* Hamburg 1972.
141 Wolfgang Paetzold: »Psyche und Transzendenz im gesellschaftlichen Spannungsfeld heute«. Im gleichnamigen Buch, Hrsg. von Helga Egner. Düsseldorf, Zürich 2000, p. 56–79.
142 Sigmund Freud: *Das Unbehagen in der Kultur. Studienausgabe Band IX.* Frankfurt 1974, p. 197 ff.
143 Ebd.
144 Fritjof Capra: *Das Tao der Physik.* Frankfurt 1987.
145 Immanuel Kant: *Kritik der reinen Vernunft.* [1781], Hamburg 1998.
146 Karl R. Popper: *Die Welt des Parmenides. Der Ursprung des europäischen Denkens.* Hrsg. von Arne F. Petersen. München/Zürich 2005; p. 38f.